FINANCIAL MANAGEMENT
긍정 재무관리

문규현 • 강상구

신영사

머리말

어떻게 하면 책을 쉽고 재미있게 기술할 수 있을까? 학생들은 왜 점점 재무관리를 싫어하고 피해가려고 할까? 저자가 오랜 기간 고민해 온 질문들이다. 그리고 학생들은 지천에 널린 재무관리 교재를 통해 공부하는 것을 어려워한다. 저자가 얻은 결론은 서적들이 대부분 피교육자의 입장이 아닌 교육자 입장에서 기술되었기 때문이다. 저자는 25년 동안 학생들과 가급적 공감하면서 교육하려고 노력했다. 본 교재는 교양수준에서 재무관리를 이해하려는 독자들의 눈높이에 맞게 저술되었다. 그렇다고 재무관리에서 꼭 다루어야 할 내용들을 빠뜨리지는 않았다. 저자는 다음과 같은 사항들에 역점을 두고 이 책을 저술하였다.

첫째, 대화식 기술을 통해 학생들이 편안히 읽고 학습할 수 있게 하였다.

둘째, 가급적 한 학기에 마칠 수 있는 분량으로 구성했다.

셋째, 충분히 풀 수 있는 기출문제와 상세한 해답을 제시함으로써 학생 스스로 학습할 수 있게 구성했다.

넷째, 재무계산기를 이용하여 어려운 문제를 쉽게 해결할 수 있는 방법을 제시하였다.

이와 같은 노력에도 불구하고 본서는 여러 면에서 부족함과 불편함이 많을 것으로 사료된다. 이러한 점들은 앞으로 보완할 것을 약속드린다. 막상 출간을 앞두고 보니 기대감과 설렘보다는 아쉬움과 부끄러움이 앞선다. 독자 여러분의 기탄없는 지적과 질책을 바랄 뿐이다. 그리고 교재에서 등장하는 학생들의 이름은 일반적으로 많이 사용되는 이름으로 특정인으로 한정하지 않음을 밝혀둔다.

끝으로 본서의 출판을 위해 많은 도움을 주신 신영사의 권영섭 사장님, 원고를 꼼꼼히 검토하고 오자, 탈자 하나까지 수정해 주신 박지영 국장님과 편집부 여러분께 감사의 말씀을 표한다.

2022년 2월

문규현 · 강상구

차 례

제 1 장 재무관리의 개념

제 2 장 화폐의 시간가치

제 3 장 화폐의 시간가치 응용

제 4 장 재무제표의 이해

제 5 장 현금흐름 추정

제 6 장 자본예산: 확실성하의 투자결정기준

제 7 장 자본예산: 불확실성하의 투자결정기준 Ⅰ

제 8 장 자본예산: 불확실성하의 투자결정기준 Ⅱ

제 9 장 채권의 가치평가

제 10 장 주식의 가치평가

제 11 장 자본비용

제 12 장 자본구조이론

chapter

1

재무관리의 개념

학습내용

수빈 제1장에서는 뭘 이해해야 하나요?

교수 본장에서는 기업재무관리의 기본으로 재무관리의 목적, 개념, 기능에 대해 공부합니다. 또한 주식회사의 특성과 기업의 자금흐름에 대해 공부합니다.

1. 재무관리의 목적
2. 재무관리의 기능
3. 재무관리의 이해
4. 주식회사
5. 기업의 자금흐름

1 재무관리의 목적

교수 재무관리는 경영학의 주요 각론인 인사조직, 마케팅, 생산관리 및 회계학의 한 분야로 기업의 자금과 관련된 분야입니다. 즉, 돈과 관련된 학문입니다. 따라서 기업에서의 돈은 사람에 비유하면 몸의 피와 같은 역할을 하게 됩니다. 돈을 다루는 재무관리는 자연스럽게 기업의 목적에 기여해야 되겠죠. 기업의 목적이 뭘까요?

수빈 최대한 이익을 많이 내는 거겠죠?

교수 헉! 어떻게 알았어요? 네, 맞습니다. 우리가 다 아는 것처럼 전형적인 기업의 목적은 이익 극대화에 있습니다. 그러면 우리가 이번 학기에 공부하는 재무관리의 목적은 뭘까요?

수빈 글쎄요?

교수 가장 일반적으로 재무관리의 목적은 기업소유주의 재산의 시장가치를 극대화시키는 것입니다. 기업의 주인은 보유한 재산의 시장가치를 어떻게 높일 수 있을까요? 즉, 재무관리의 목적을 달성하기 위해 무엇을 해야 할까요? 이는 재무관리의 기능과 연관성이 있습니다.

2 재무관리의 기능

교수 기업의 소유주가 재산의 시장가치를 최고로 높이는 방법은 2가지로, 여러분의 가정과 비슷합니다. 일반적으로 가정에서 재산을 늘리려면 가계는 소득을 높이는 방법과 지출을 줄이는 방법을 택합니다. 기업도 마찬

가지입니다. 먼저 기업이 소득을 높이려면 수익이 많이 발생하는 사업을 선정해야 합니다. 선정된 사업을 통해 제품을 생산하고 판매하기 위해서는 현실적으로 공장이나 기계와 같은 제반시설이 필요하겠지요. 이러한 제반시설을 갖추는 데 비교적 많은 자금이 필요할 겁니다. 이러한 자금을 끌어오는 데 비용이 발생하겠지요. 이때 가능한 한 최소의 비용을 들여 자금을 조달하는 것이 중요하겠습니다. 다른 비용으로는 우리가 생활하는 데 거의 매일 비용이 발생합니다. 예를 들어 학생들은 차비, 점심값, 음료값 등을 매일 지출합니다. 기업도 마찬가지로 기업 활동을 수행하는 데 매일 비용이 발생하죠. 예를 들어 원자재비, 인건비, 외상매입금 등이 있어야 공장을 운영하게 되고 기업이 돌아가게 됩니다. 이처럼 재무관리의 주요 의사결정은 크게 세 가지로 나누어 정의할 수 있습니다.

첫 번째, 이익을 많이 낼 수 있는 사업을 선정하고 투자를 결정하는 것으로 자본예산(capital budgeting), 자본계획(capital planning), 혹은 자본운용을 꼽을 수 있습니다.

두 번째, 앞에서 선정한 사업에 대한 자본예산을 실행에 옮기기 위해 자금을 끌어들이는 것과 관련된 자본조달(capital raising), 자본구조(capital structure)입니다. 가능한 한 낮은 금융비용으로 자금을 조달하는 것이 중요하겠지요.

세 번째, 매일 기업 활동을 하는 데 들어가는 자금과 관련된 순운전자본관리(net working capital management)입니다.

수빈 그런데 이런 일은 주로 누가 담당하게 되나요?

교수 여러분, 혹시 기업에서 회계담당자(controller)와 재무담당자(treasurer)가 하는 일의 차이를 아시나요?

대기업에서는 최고재무경영자(CFO : chief financial officer)가 거시적으로 재무정책이나 재무계획을 수립합니다. 최고재무경영자 아래에 실무를 담당하는 회계담당자와 재무담당자가 있습니다.

회계담당자는 회계업무, 세금 관련 업무, 경영정보시스템 업무 등을 담당합니다.

재무담당자는 현금관리, 신용관리, 자본계획, 자본지출계획 등을 담당합니다.

그러나 일반적으로 중소기업에서는 경리담당자가 재무업무와 회계업무를 포괄적으로 수행합니다.

수빈 아, 네.^^

3 재무관리의 이해

수빈 그런데 우리가 재무관리를 배우게 되면 뭘 할 수 있고 어떤 점에서 도움이 되나요?

교수 좋은 질문입니다. 먼저 재무관리에 관한 지식을 바탕으로 종사할 수 있는 직종은 증권회사, 은행, 보험회사 등의 전문금융기관입니다. 중소기업이나 대기업과 같은 일반기업에서는 재무와 관련된 부서에서 근무하게 됩니다. 더불어 재무관리는 기업뿐만 아니라 개인 생활과도 밀접한 관련성을 가지고 있습니다. 일상생활에서 용돈 관리를 체계적으로 할 수 있으며, 학자금대출, 자동차할부대출, 주택담보대출 및 노후연금의 설계를 본인이 바라는 대로 구상할 수 있습니다. 따라서 재무관리의 지식은 개인의 삶을 보다 윤택하게 꾸리는 데 많은 도움이 됩니다.

수빈 와, 열심히 해야겠네요! 그럼 대학 생활에서 재무관리 분야와 관련된 교과목들은 어떤 것들이 있으며 어떤 내용을 배우는가요?

교수 학부에서 일반적으로 개설된 재무관리에 관한 교과목들은 다음과 같습니다.

- 기업재무(corporate finance)
- 투자론(investments)

- 금융기관론(financial institutes)
- 국제재무(international finance)
- 경영분석(business analysis)

먼저, 이번 학기 동안 집중적으로 배우게 되는 기업재무는 기업 활동에서 발생하는 재무와 관련된 내용을 포함합니다. 즉 기업에서 발생하는 자본계획, 자본조달 및 순운전자본관리에 대해 자세하게 공부하게 됩니다.

두 번째, 투자론은 금융상품에 관한 내용을 포함합니다. 가장 기본적인 금융상품인 채권과 주식을 포함한 포트폴리오(portfolio) 등을 공부합니다. 이런 기초자산을 근거로 만들어진 파생금융상품(derivative financial products)도 소개합니다.

세 번째, 금융기관론은 전문적으로 금융과 관련된 업무를 담당하는 기업들에 관한 내용입니다. 일상에서 우리가 밀접하게 업무를 보는 은행, 보험회사, 신용카드회사, 증권회사 등이 여기에 포함됩니다.

네 번째, 국제재무는 기업재무가 국내 기업에 국한되어 있다면 국제재무는 국제적으로 기업 활동을 하는 데 필요한 기업의 재무관련 업무의 내용입니다. 예를 들어 삼성전자가 미국에서 기업 활동을 하는 데는 원화가 아닌 미국달러가 필요하겠지요. 따라서 달러를 통한 자본계획, 자본조달 및 순운전자본관리가 이루어집니다. 이처럼 국제적으로 기업 활동을 하는 기업은 환율(exchange rate)과 해당 국가의 정치적 문제를 추가로 고려하게 됩니다.

마지막으로 경영분석에서는 재무제표분석에서 다루어지는 양적 분석을 포함하여 질적인 기업분석이 추가로 다루어진다는 점에서 더 포괄적 분석이 이루어지게 됩니다. 주로 재무제표분석에서는 재무제표를 중심으로 각종 회계자료를 수요자의 요구와 필요에 맞게끔 비율로 제공하게 됩니다. 경영자의 의사결정에 도움이 되는 질적 분석의 내용도 경영분석에 포함됩니다.

4 주식회사

수빈 이번 학기에 기업재무를 공부한다고 하셨는데 구체적으로 어떤 종류의 기업을 말하는 건가요?

교수 기업은 크게 개인기업과 주식회사로 분류할 수 있습니다. 개인기업은 가장 원시적인 기업의 형태로, 개인이 투자하고 이익도 개인이 가져갑니다. 어렵게 생각할 필요 없이 우리 주위에 있는 대부분의 식당, 호프가게, 커피숍, 미용실 등과 같은 것이 개인기업에 속합니다. 재무관리 측면에서 개인기업의 가장 큰 장점은 개인소득세를 한 번만 내면 됩니다. 반면 단점은 자금조달의 한계, 부채에 대한 무한책임 등을 들 수 있습니다. 다음으로 주식회사입니다. 이번 학기에 우리가 공부할 기업재무에서 기업은 주식회사를 말합니다. 주식회사의 주요 특징은 소유와 경영의 분리, 부채에 대한 유한책임, 자본의 증권화를 들 수 있습니다. 따라서 주식회사의 가장 큰 장점은 부채의 유한책임과 더불어 기업경영에 필요한 자금을 훨씬 쉽게 조달할 수 있다는 점입니다. 단점은 이중과세로, 주식회사가 내는 법인세와 배당금으로 인한 개인소득세가 발생합니다. 주식회사의 특징을 좀 더 자세히 살펴보기로 하겠습니다.

1) 소유와 경영의 분리

수빈 소유와 경영의 분리는 무엇을 의미하나요?

교수 기업의 주인(돈을 투자한 자본가 혹은 출자자)과 기업을 경영하는 사람이 다르다는 의미입니다. 즉, 기업의 주인[1]과 분리되어 전문경영자가 기업을 경영하는 제도를 말합니다. 삼성전자를 예로 들어보면 여러분이 삼

1) 주식회사에서 주인은 주식을 보유한 사람을 말하며 주주라고 합니다. 영어로는 stockholder, 혹은 shareholder라고 합니다.

성전자의 주식 1주를 보유하고 있어도 여러분은 삼성전자의 주인이 되는 겁니다. 그럼 삼성전자의 주인은 얼마나 많을까요? 수십만 명이 넘겠지요. 이 사람들이 다 경영에 참석하면 어떻게 될까요? 우리 속담에 "사공이 많으면 배가 산으로 간다"는 말이 있습니다. 따라서 주인들은 자기를 대신해서 기업을 잘 경영할 전문가(대리인)를 뽑아서 기업경영을 할 수 있도록 맡기는 것이지요.

수빈 그럼 기업이 전문경영자에게 기업을 경영하도록 맡기면 항상 좋은 점만 있나요?

교수 좋은 질문입니다. 전문경영자에 의한 기업경영이 최상이면 모든 주식회사가 그렇게 하겠지요.[2] 그러나 때로는 전문경영자와 주주 사이에 의견 충돌이 발생하곤 합니다. 이런 경영자와 주주 간의 갈등을 대리인 문제(agency problem)라고 합니다.

수빈 구체적으로 어떤 문제들이 발생하나요?

교수 주주들의 목적은 이익을 많이 내고 기업을 건전하게 만듦으로써 주가도 오르고 배당금도 많이 받는 것입니다. 따라서 자신들의 대리인인 전문경영자가 이런 목적과 일치하는 경영을 할 수 있기를 바라는 것이지요. 그러나 한편으로 전문경영자는 다른 생각을 가질 수 있습니다. 전문경영자는 좋은 차, 넓고 멋있는 가구들로 꾸며진 사무실, 부실기업이라도 매수하여 큰 회사의 전문경영자가 되고 싶은 욕구를 가지겠지요. 이러한 내용은 결국 기업의 비용을 증가시키고 기업의 건전성을 떨어뜨려 주주들의 불만을 자아냅니다. 이러한 주주와 전문경영자 간의 갈등을 대리인 갈등(agency conflict)이라고 합니다.

수빈 휴, 그럼 이런 대리인 문제를 해결할 방법이 있나요?

---

2) 과거에는 주로 대주주가 기업을 경영하는 소유경영인이 주류였습니다. 우리나라 대기업들의 경우 여전히 대주주가 기업을 경영하고 2세와 3세로 대물림되는 경우를 흔히 볼 수 있습니다. 소유경영인의 장점은 주인의식으로부터 나오는 강력한 리더십, 높은 성취욕, 환경변화에 대한 빠른 결단력, 빠른 자금회전속도 등을 들 수 있습니다.

교수 여러 가지가 있습니다. 첫 번째로 전문경영자가 주주들이 원하는 목표치를 달성하면 보너스(bonus)나 스톡옵션(stock option)과 같은 인센티브(incentive)를 주는 것입니다. 다른 한편으로는 주주총회를 통해 전문경영자를 교체하는 방법이 있습니다. 이런 조치들은 비용을 수반하게 됩니다. 이때 발생하는 비용을 대리인비용(agency cost)이라고 합니다. 다른 한편으로는 시장원리에 의해 전문경영자는 주주들이 원하는 대로 경영활동을 할 수밖에 없다는 논리입니다. 즉 성과가 좋은 전문경영자는 임기가 끝나면 다른 회사에서 더 나은 대우를 제시하면서 모셔가려고 하겠지요. 반대로 성과가 나쁜 경영자는 직장을 잃게 됩니다. 따라서 전문경영자의 목적과 주주의 목적은 시장원리에 의해 일치하게 된다는 것입니다.

2) 부채의 유한책임

수빈 주식회사의 두 번째 특징인 부채의 유한책임은 뭘 의미하나요?

교수 일반적으로 주식회사는 주식을 통해 모은 자금(자기자본)과 개인이나 은행과 같은 기관으로부터 모은 자금(부채)을 통해 필요한 자본을 조달하게 됩니다. 만약 기업이 파산하게 되면, 개인기업인 경우는 사장이 끝까지 법적으로 변제책임을 져야 합니다.[3] 경우에 따라서는 채권자가 법적으로 자금을 강제회수하기도 합니다. 법원으로부터 재산압류절차를 통해 돈이 되는 재산을 강제집행(노란 딱지)하는 경우가 발생합니다. 그러나 주식회사의 경우 주주가 출자한 금액에 대해서만 책임질 뿐 다른 부채에 대한 책임이 없다는 의미에서 부채의 유한책임이라 합니다.

---

3) 부채의 무한책임은 개인기업이 파산하는 경우 기업의 소유주인 사장은 끝까지 민사상 부채변제 책임을 다하는 것을 말합니다.

3) 자본의 증권화

수빈 마지막으로 주식회사의 특징인 자본의 증권화에 대해 궁금합니다.

교수 주식회사는 자본금이 필요한 경우 주식[4]이라는 유가증권을 발행하여 판매함으로써 자금을 모을 수 있습니다. 주식의 액면가는 100원, 200원, 500원, 1,000원, 2,500원, 5,000원 등으로 다양하게 발행됩니다.

5 기업의 자금흐름

수빈 구체적으로 기업이 필요한 자금은 어떻게 조달되고, 어떻게 사용되는지에 대한 자금흐름이 궁금해요.

교수 ① 기업은 금융시장에서 채권[5]이나 주식을 발행함으로써 자금을 조달합니다. ② 조달한 자금으로 자산(공장, 기계, 원자재 등)을 구입합니다. ③ 자산으로 기업 활동(생산 및 판매)을 열심히 하게 됩니다. ④ 발생한 이익으로 부채상환과 이자를 지불하고, 남은 돈으로 미래투자를 위한 사내유보금(일종의 저축)으로 적립하고 나머지를 주주들에게 배당금으로 지불합니다. 또한 기업 활동과 직접적인 관련이 없으나 정부에 납부하는 법인세와 기타 이해관계자들(stakeholders)에 대한 현금지출이 발생합니다.

---

4) 주식(stock)은 주식회사가 자금을 조달하는 수단으로 회사의 지분을 공유하는 개념입니다.

5) 채권(bond)은 일반적으로 기업이 대규모 자금을 조달하기 위해 발행하는 차용증서로 일종의 부채에 해당합니다. 채권을 구매한 사람이나 기관은 채권자(bondholder, creditor)가 되며 채권을 발행하여 판매하는 회사는 채무자(debtor)가 됩니다. 채권은 주식과 더불어 유가증권이지만 채무자인 기업은 정기적으로 이자 형태인 이표(coupon)를 지급해야 하고 만기에는 원금을 상환해야 하는 법적 의무를 집니다. 더 자세한 내용은 채권 부분에서 다루기로 하겠습니다.

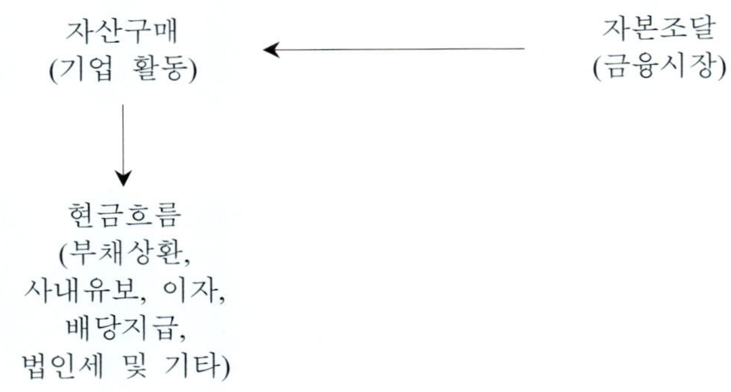

수빈 금융시장에서 자본조달은 구체적으로 어떻게 이루어지나요?

교수 금융시장은 일반시장처럼 실제로 물건이 거래되는 장소가 있는 건 아닙니다. 그냥 자본이 거래되는 추상적 장소입니다. 삼성전자나 현대자동차와 같은 대기업들도 금융전문가가 아니므로 금융전문가 집단으로 구성된 금융시장에서 자금을 조달합니다. 기업이 은행과 같은 금융기관에서 돈을 빌리는 것을 간접금융이라고 합니다. 즉, 은행과 같은 금융기관은 고객으로부터 저축을 받아서 그 돈을 기업에 빌려주므로 결국 기업은 고객의 돈을 금융기관을 통해 간접적으로 빌리게 됩니다. 직접금융은 기업이 채권이나 주식을 발행하여 고객으로부터 자금을 빌리는 것을 의미합니다. 직접금융에 관해 좀 더 자세히 설명하면, 자금이 필요한 기업이 금융기관들에게, 예를 들어 주식발행을 통해 100억 원을 빌릴 예정임을 통보합니다. 관심이 있는 금융기관들이 발행을 도와주기 위해 신청서를 제출하고 기업은 가장 적합한 금융기관을 선정하게 됩니다. 이처럼 발행하려는 기업에서 금융기관까지의 단계를 발행시장(issuing market) 혹은 제1시장(primary market)이라고 합니다. 선정된 금융기관은 일반적으로 주식을 전부 매입한 후 불특정 다수 투자자를 대상으로 주식을 판매하게 됩니다. 이 시장을 유통시장(distribution market) 혹은 제2시장(secondary market)이라고 합니다. 이처럼 발행된 증권(주식, 채권)이 불특정 다수 투자자를 대상으로 유통이 이루어지는 것을 공모(public)에 의한 증권발행이라고 합니다. 반면 특정인이나 특정 조직에 사적으로 주식이나 채권을 발행하는 경우를 사모(private)에 의한 증권발행이라 합니다.

제1장 요약

1. 재무관리의 목적 :

소유주의 재산의 시장가치 극대화

2. 재무관리의 기능 :

- 자본계획 : 어디에 혹은 무엇에 투자할 것인지를 결정하는 것
- 자본조달 : 자본계획을 실행에 옮기기 위해 재원을 마련하는 것
- 순운전자본관리 : 일상 기업 활동에 들어가는 자금관리

3. 재무관리와 관련된 교과목 :

- 기업재무 : 기업에 관련되는 재무의 내용
- 투자론 : 주식, 채권, 포트폴리오 등의 투자상품에 관한 내용
- 금융기관론 : 금융업을 주업으로 하는 은행, 증권, 카드사, 보험사 등에 관한 내용
- 국제재무 : 해외에서 기업재무와 관련된 내용으로 환율과 정치 문제가 추가된 내용
- 경영분석 : 기업의 재무제표분석을 포함하는 양적인 분석과 질적인 분석을 포함하는 내용

4. 주식회사의 특징 :

- 소유와 경영의 분리 : 기업의 주인과 주인 대신 기업을 경영하는 전문경영자의 양분화
- 부채의 유한책임 : 주식회사가 파산하는 경우 지분만 사라지며 부채에 대한 책임은 없음
- 자본의 증권화 : 주식회사는 증권발행을 통해 자본을 조달할 수 있음

5. 기업의 자금흐름 :

기업은 금융시장에서 채권과 주식 등을 통해 자금을 조달하여 장단기투자를 하며, 이를 통해 벌어들인 수익은 채권자에게 이자와 원금 지급, 국가에 세금지출, 지역사회 공헌, 주주에게 배당지급, 향후 투자를 위해 유보금으로 적립하는 자금흐름

연습문제

1 경기기업은 기업의 자본금을 부채 40%와 자기자본 60%로 구성할 예정이다. 이는 재무관리 기능에서 어디에 해당하는가? (　　)

① 자본구조　② 자본예산
③ 운전자본　④ 위험구조
⑤ 자산배분

2 기업의 주주와 경영자 사이에 발생하는 잠재적 갈등은? (　　)

① 형식문제　② 구조문제
③ 지역문제　④ 대리인 문제
⑤ 조직문제

3 주주와 경영자 사이의 갈등을 완화할 수 있는 조치가 아닌 것은? (　　)

① 성과급　② 스톡옵션
③ 주주의 직접 경영 참여　④ 인력 시장에서의 경쟁
⑤ M&A 위협

4 기업의 자금흐름에 관한 설명으로 맞지 않는 것은? (　　)

① 기업들은 금융시장에서 채권과 주식을 통해 자금을 조달할 수 있다.
② 은행에서 자금을 조달하는 것은 직접금융에 해당한다.
③ 경영활동을 통한 이익은 배당에 앞서 이자와 원금 상환으로 이용된다.
④ 유보금은 미래투자를 대비한 저축개념이다.
⑤ 기업이 배당금을 반드시 지급할 의무는 없다.

5 일반적 재무관리의 목적으로 가장 적합한 것은? (　　)

① 시장점유율을 높인다.
② 매출액을 높인다.
③ 제품의 불량률을 낮춘다.
④ 주당순이익을 높인다.
⑤ 주주의 부의 시장가치를 극대화한다.

문제풀이

1 ①

2 ④

3 ③

4 ②

5 ⑤

chapter

2

화폐의 시간가치

학습내용

준서 제2장에서는 어떤 내용을 공부하나요?

교수 본장에서는 화폐의 시간가치를 공부하며 미래가치와 현재가치를 계산합니다. 미래가치와 현재가치의 공식을 이용하여 이자율(할인율)과 기간을 추정합니다. 은행고시이자율과 연실효이자율을 포함하는 이자율의 특성을 파악합니다.

1 화폐의 시간가치

교수 화폐의 시간가치(time value of money)란 어떤 화폐의 가치가 다른 요인으로 인해 시간에 따라 변하는 것을 말합니다. 예를 들어 현재 1백만 원의 가치는 내년의 1백만 원의 가치와 다르다는 것입니다. 여러분이 1백만 원을 10%의 이자를 지급하는 저축에 1년간 가입했다고 하면 1년 후에 1백만 원의 원금과 10만 원의 이자를 합쳐서 1백 10만 원을 받게 됩니다. 이때 현재 저축한 1백만 원은 현재가치가 되고 1년 후에 받게 되는 1백 10만 원은 미래가치가 됩니다. 이처럼 현재가치와 미래가치의 차이를 화폐의 시간가치라고 합니다. 직설적으로 오늘의 1천 원은 내일의 1천 원과 다르다는 의미입니다.

준서 현재의 1백만 원의 가치는 내년의 1백만 원의 가치와 다르다는 점은 이해가 갑니다. 그런데 오늘의 1천 원의 가치는 왜 내일의 1천 원의 가치와 다른가요?

교수 좋은 질문입니다. 화폐의 시간가치가 존재하는 이유는 크게 두 가지 요인으로 나누어 볼 수 있습니다. 먼저 불확실성(uncertainty)입니다. 내일은 어떻게 될지 모른다는 개념이지요. 따라서 누구나 내일보다는 오늘 발생하는 1천 원을 원하기 때문에 수요·공급의 원리에 따라 오늘의 1천 원 가치가 내일의 1천 원 가치보다 높습니다. 나머지는 구매기회의 상실입니다. 예를 들어 지금 1천 원이 있으면 복권을 살 수도 있습니다. 또 그것이 당첨되는 행운이 따를 수도 있습니다. 그런데 수중에 1천 원이라는 돈이 없으면 그런 기회는 아예 잡지도 못하게 됩니다. 따라서 현재의 1천 원의 가치는 내일의 1천 원의 가치보다 높게 됩니다. 또한 물가상승률(inflation)로 인해 돈의 가치는 점점 감소하는 경향이 있습니다.

준서 흥미롭네요. 그런 화폐의 시간가치 개념은 재무관리에서 왜 필요한가요?

교수 화폐의 시간가치 개념은 재무관리에서 기본적으로 현재가치와 미래가치로 표현됩니다. 앞으로 공부하게 될 채권, 주식, 기업가치 등을 계산할 때 유용하게 적용되기 때문입니다.

준서 앞에서도 말씀하였는데요. 구체적으로 현재가치[1]와 미래가치[2]에 관해 설명해 주세요.

교수 일반적으로 돈의 가치는 현재가치를 의미합니다. 여러분이 수중에 가지고 있는 돈의 가치를 현재가치라고 합니다. 미래가치와 함께 설명할 경우, 시간선(타임라인 : time line)을 많이 이용하게 됩니다. 타임라인은 돈의 가치와 관련된 문제를 풀거나 실생활에 사용함으로써 혼돈을 줄여 매우 유용하게 사용됩니다.

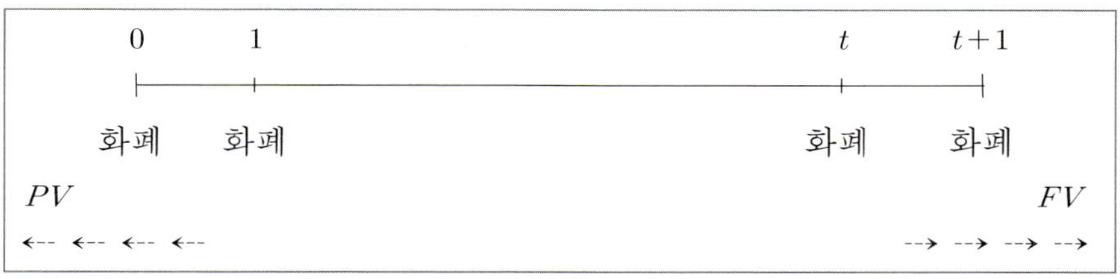

위에서 보는 것처럼 화폐의 현재가치는 시간선 상에서 특정 기준시점의 가치를 의미하며, 미래가치는 시간선 상에서 특정 기준시점의 뒤에 발생하는 화폐의 가치를 의미합니다.

1) 현재가치는 영어로 present value, 미래가치는 영어로 future value이며 약자로 PV, FV로 흔히 표현합니다.

2) t는 time의 첫자로 시점을 나타냅니다. 혹은 투자기간의 횟수를 나타내기도 합니다. 다르게는 n으로도 표기하여 투자횟수(number)를 의미합니다.

2 미래가치와 현재가치의 계산

1) 미래가치 계산

교수 화폐의 현재가치와 미래가치는 서로 교환이 가능합니다. 즉 현재가치를 미래가치로 바꿀 수 있고, 미래가치를 현재가치로도 바꿀 수 있습니다. 우리는 일반적으로 현재가치를 미래가치로 바꾸는 데 익숙합니다. 왜냐하면, 한 번 정도는 저축을 해 본 경험이 있으니까요. 1백만 원을 1년에 10%를 지급하는 저축상품에 가입하는 경우, 1년 후 여러분은 1백만 원의 원금과 이자 10만 원을 합쳐 1백 10만 원을 받게 됩니다.[3] 이처럼 1년만을 고려하는 경우를 수식과 타임라인에 표현하면 다음과 같습니다.

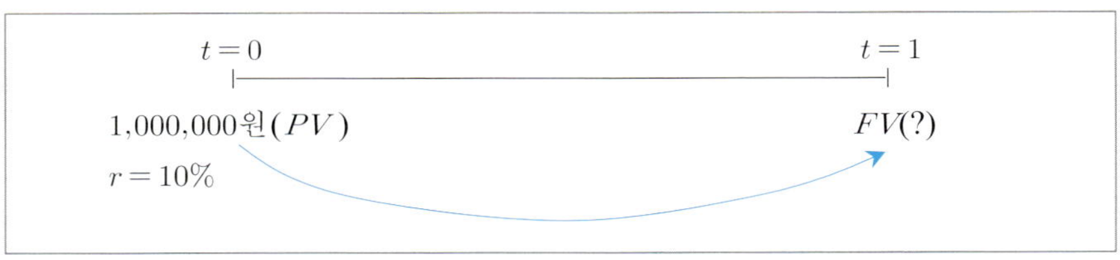

1,100,000원 = 1,000,000원(원금) + 100,000원(이자)

미래가치 = 현재가치 + 현재가치 × 이자율(10%) = 현재가치(1 + 이자율)

즉, $FV = PV + PV \times r$, $FV = PV(1+r)$

이때 현재가치를 미래가치로 전환하는 비율(exchange rate)을 이자율(r 혹은 i)이라 합니다.[4]

준서 이건 이해가 쉽네요. 그럼 1년 이상인 경우에는 어떻게 현재가치를 미래가치로 전환할 수 있나요?

3) 주의 : 이해를 돕기 위해 이자에 대한 소득세는 없다고 가정합니다.

4) 이자율(interest rate)은 약자로 r(rate) 혹은 i(interest)로 표기하며 현재가치를 미래가치로 전환할 때 사용하는 교환비율입니다.

교수 그럼 위의 사례를 가지고 2년 동안 저축하는 경우를 생각해 보겠습니다. 이해를 돕기 위해 화폐의 발생을 다음과 같이 타임라인에 표시합니다.

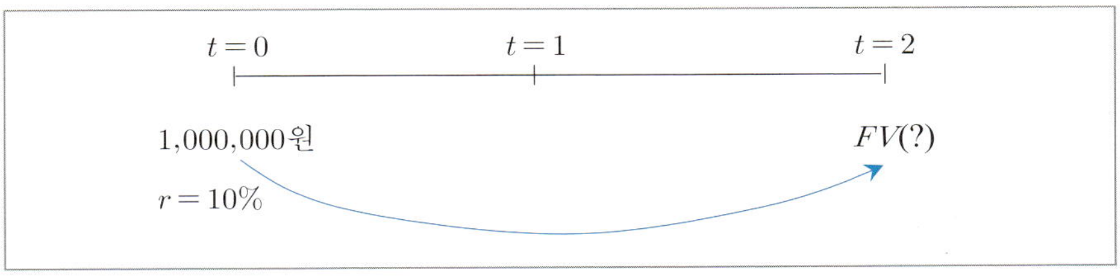

1년 이상 저축이 이루어지는 경우 미래가치는 두 가지 계산법으로 구할 수 있습니다.

(1) 단순이자계산법

먼저 단순이자(simple interest)계산법에 의해 미래가치를 계산하면,[5)]

100,000원 (1년 후 이자 : $1{,}000{,}000 \times 0.1$)

$+$

100,000원 (2년 후 이자 : $1{,}000{,}000 \times 0.1$)

$+$

1,000,000원 (원금)

2년 후의 총미래가치는 1,200,000원이 됩니다.

이를 수식으로 나타내면,

$1{,}200{,}000$원 $= 1{,}000{,}000(1 + 2 \times 0.1)$

일반화된 모형을 만들기 위해 n기간으로 투자기간을 늘리면 $FV = PV(1 + n \times r)$로 표기할 수 있습니다.

따라서 단순이자(단리)계산법에 의한 계산은 원금만이 이자를 벌어들임을 알 수 있습니다. 다시 말해 1년 후에 발생한 이자에 대한 재투자가 이루어지지 않습니다.[6)]

---

5) 1년 후의 이자란 $t = 0$부터 $t = 1$까지 원금 1,000,000원에서 발생한 이자 100,000원을 나타내며, 2년 후의 이자란 $t = 1$부터 $t = 2$까지 원금 1,000,000원에서 발생한 이자 100,000원을 나타냅니다.

6) 단순이자에 의한 계산법을 단리계산법이라고 표현하고, 복리이자에 의한 계산법을 복리계산법이라고 표현합니다.

(2) 복리이자계산법

두 번째 복리이자(compound interest)계산법에 의해 미래가치를 계산하면,

100,000원 (1년 후 원금의 이자 : $1,000,000 \times 0.1$)

$+$

100,000원 (2년 후 원금의 이자 : $1,000,000 \times 0.1$)

$+$

10,000원 (2년 후 이자의 이자 : $100,000 \times 0.1$)

$+$

1,000,000원 (원금)

2년 후의 총미래가치는 1,210,000원이 됩니다.

따라서 복리에 의한 계산은 원금이 벌어들인 이자와 이자가 벌어들인 이자의 합이 됩니다. 단순이자계산법에서보다 미래가치가 10,000원 증가한 것은 1년 후에 발생한 이자의 재투자가 이루어졌기 때문입니다. 그러나 1년 동안에 한 번만 이자계산이 이루어지는 경우 1년 후의 단순이자계산법의 미래가치와 복리이자계산법의 미래가치는 같습니다.

복리이자계산법을 수식으로 나타내면,

1,000,000원 + 100,000원(1,000,000원 $\times$ 0.1) +

100,000원(1,000,000원 $\times$ 0.1) + 10,000원(1,000,000원 $\times 0.1 \times 0.1$)

1,000,000원$(1+r+r+r\times r)$ = 1,000,000원$[(1+r)+r\times(1+r)]$ = 1,000,000원

$[(1+r)\times(1+r)]$ = 1,000,000원$(1+r)^2$

따라서 1,210,000원 $= 1,000,000(1.1)^2$

일반화된 모형을 만들기 위해 n기간으로 투자기간을 늘리면[7)]

$FV = PV(1+r)^n = PV \times FVIF_{r,n}$으로 표기할 수 있습니다.

여기에서 $(1+r)^n = FVIF_{r,n}$은 r의 이자율을 지급하는 저축상품에 n기간 동안 예치하는 경우 발생하는 원금을 포함한 증가분을 나타냅니다. 이를 미래가치이자요인($FVIF$: future value interest factor)이라고 표현합니다.

---

7) 단리계산과 복리계산의 차이는 저축기간(복리횟수)이 길수록, 이자율이 높을수록 확대됩니다. 이를 복리효과(compounding effect)라고 합니다.

미래가치의 복리효과

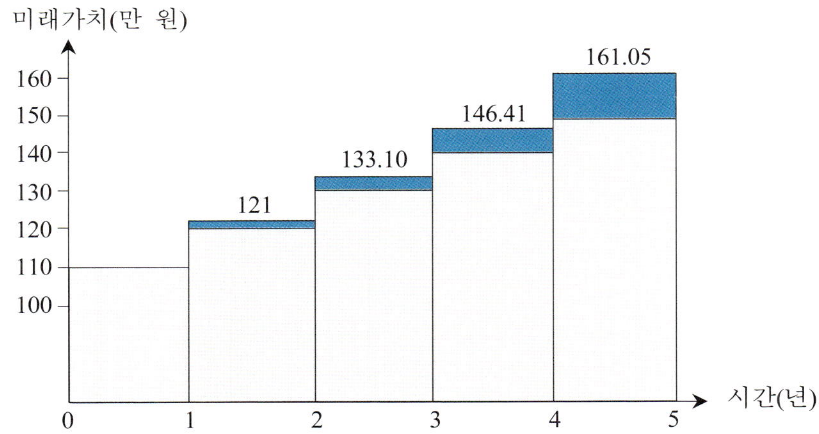

100만 원을 연 10%의 이자율에 저축하는 경우 Y축은 미래가치를 나타내며 음영부분은 복리이자와 단순이자의 차이로 복리효과의 결과를 의미함.

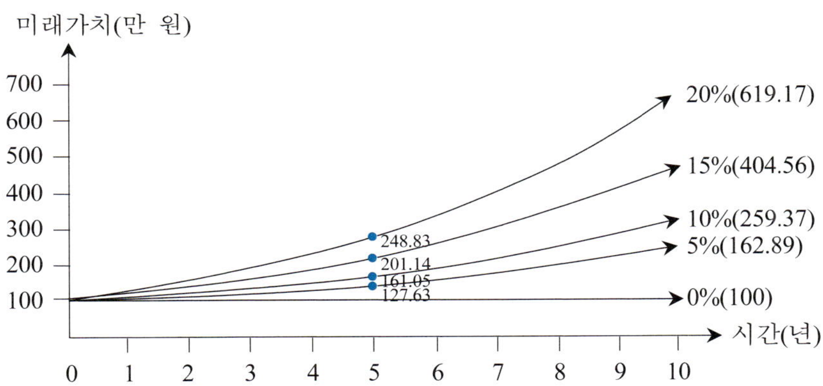

100만 원을 연 0%, 5%, 10%, 15%, 20%의 이자율에 저축하는 경우 5년 후와 10년 후의 미래가치

교수 재무계산기를 이용하면 계산이 훨씬 쉬워집니다.[8] 특히 기간이 늘어나고 복잡해질수록 계산기를 이용하면 간단히 구할 수 있습니다.

8) 본 교재에서는 Texas Instruments의 Business Analyst의 계산기를 이용합니다. 재무계산기 기능 : 순서는 무관하며, PV : 현재가치, FV : 미래가치, I/Y : 이자율, N : 기간(지급횟수), PMT : 정기적 발생금액, CPT : 계산하기를 나타냅니다.

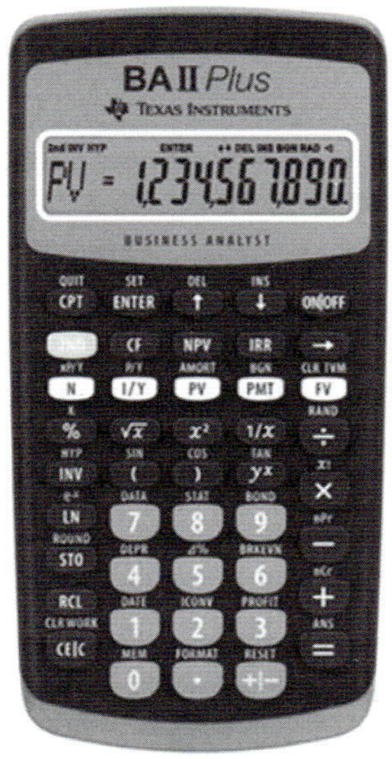

Texas Instrument BA II-PLUS
재무용 계산기

교수 앞의 사례를 다음과 같이 계산기를 이용하여 쉽게 구할 수 있습니다.

−1,000,000 PV 10 I/Y 2 N CPT FV?, FV=1,210,000원 여기서 부호에 주의할 필요가 있음. 지금 1,000,000원을 저축하므로 (−)부호를 붙임.

2) 현재가치 계산

준서 그럼 미래가치를 현재가치로 어떻게 바꿀 수 있나요?

교수 현재가치를 미래가치로 전환하는 것과는 달리 미래가치를 현재가치로 바꾸는 것은 약간 어려워할 수 있습니다. 예를 들어 1년 후에 누군가가 1백만 원을 준다고 약속할 때 이 돈의 현재가치는 얼마가 될까요? 혹은 1년 후에 10억 원의 복권에 당첨된다면 현재가치로 얼마가 될까요? 불행히도 이런 일은 흔히 발생하지 않기 때문에 남의 일이라고 생각하니 익숙하지 못합니다.

현실성 있는 예를 들어보면, 부모님께서 등록금에 보태기 위해 1년 후에 1백 10만 원을 찾을 수 있는 저축상품에 가입하셨으며 이자율은 10%라고 합시다. 현금흐름은 다음과 같이 타임라인에 나타낼 수 있습니다.

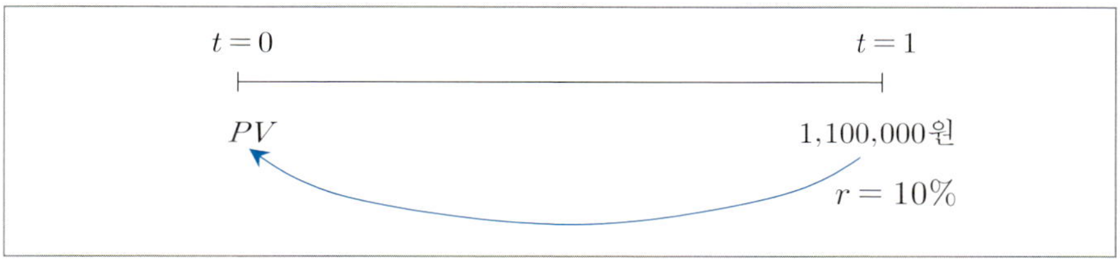

그럼 부모님께서는 과연 얼마를 저축하셨을까요?
앞에서 배운 $FV=PV(1+r)$ 공식을 이용해 보면,
1,100,000원 $=PV(1.1)$, $\dfrac{FV}{(1+r)}=PV$로 바꿀 수 있습니다.
$\dfrac{1,100,000\text{원}}{(1.1)}=PV$, 따라서 $PV=1,000,000$원 입니다. 부모님께서는 1년 전에 1백만 원을 연 10%를 지급하는 저축상품에 가입하셨습니다.
위에서 현재가치를 미래가치로 전환할 때 필요한 교환비율[9]은 이자율로서 $(1+r)$을 곱했으며 현재가치보다 미래가치가 증가하였습니다. 반대로 미래가치를 현재가치로 전환할 때에는 (1+교환비율)로 나누기 때문에 미래가치인 1백 10만 원이 1백만 원으로 줄어듭니다. 이처럼 미래가치를 현재가치로 바꿀 때 교환비율을 할인율(discount rate)이라고 합니다.

준서 어렵지만 이해가 될 것 같아요. 그럼 1년 이상의 경우에는 어떻게 미래가치를 현재가치로 전환할 수 있나요?

교수 부모님께서 등록금에 보태기 위해 2년 후에 1백 21만 원을 찾을 수 있는 저축상품에 가입하셨으며 이자율은 10%라고 합시다. 이해를 돕기 위해 화폐의 발생을 타임라인을 이용하여 다음과 같이 표시합니다.

---

9) 일반적으로 교환비율은 양(+)의 숫자를 가집니다. 만약에 음의 숫자를 가지는 경우는 미래가치가 현재가치보다 낮을 수도 있습니다. 반대로 현재가치가 미래가치보다 클 수도 있습니다.

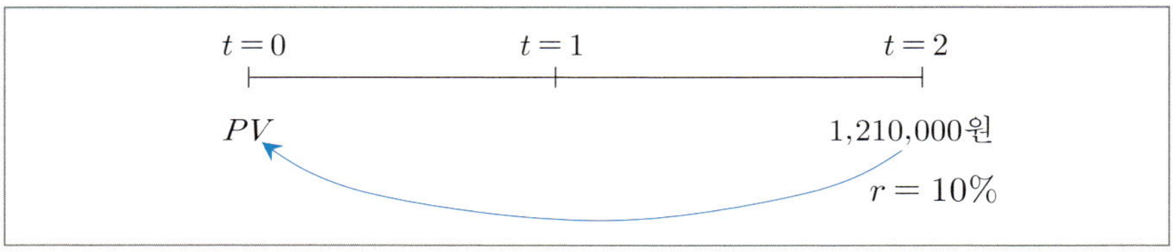

그럼 과연 부모님께서 얼마를 저축하셨을까요?
앞에서 배운 $FV = PV(1+r)^2$ 공식을 이용해 보면,
1,210,000원 $= PV(1.1)^2$, $\dfrac{FV}{(1+r)^2} = PV$로 바꿀 수 있습니다.
$\dfrac{1{,}210{,}000\text{원}}{(1.1)^2} = PV$, 따라서 $PV = 1{,}000{,}000$원 입니다. 부모님께서는 2년 전에 1백만 원을 연 10%를 지급하는 저축상품에 가입하셨습니다.

일반화된 모형을 만들기 위해 n기간으로 할인기간을 늘리면
$PV = \dfrac{FV}{(1+r)^n} = FV \times PVIF_{r,n}$으로 표기할 수 있습니다.
여기에서 $\dfrac{1}{(1+r)^n} = PVIF_{r,n}$은 r의 할인율이 발생하며 n기간 동안 할인하는 경우 발생하는 미래가치의 감소분을 나타냅니다. 이를 현재가치 이자요인($PVIF$: present value interest factor)이라고 표현합니다.[10)]

현재가치의 복리효과

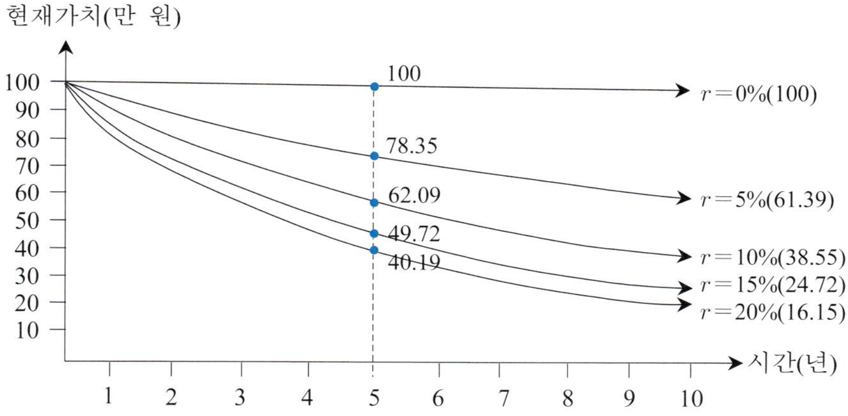

100만 원을 연 0%, 5%, 10%, 15%, 20%로 할인하는 경우 기간이 5년인 경우와 10년인 경우의 현재가치

10) 미래가치를 현재가치로 바꿀 때 할인기간(할인횟수)이 길면 길수록 할인율이 높으면 높을수록 현재가치는 줄어듭니다.

교수 계산기를 이용하여 다음과 같이 현재가치를 쉽게 구할 수 있습니다.

> 1,210,000 FV
> 10 I/Y
> 2 N
> CPT PV?, PV = −1,000,000원
> 여기서 지금 저축을 하는 개념이기 때문에 현재가치는 (−)부호의 결과가 나옴.

3) 현금흐름의 현재가치와 미래가치 계산

준서 현금이 한 번 발생하는 경우, 현재가치를 미래가치로 혹은 미래가치를 현재가치로 바꾸는 것은 할 수 있을 것 같은데요. 만약에 한 번 이상 발생하면 어떻게 계산해야 하나요?

교수 좋은 질문입니다. 방법은 같지만 약간 귀찮을 따름입니다. 현금이 복수로 발생하는 경우를 현금흐름(cash flow)이라 합니다.[11] 예를 들어 아래와 같이 현금흐름이 발생하는 경우 현재가치를 구해보면,

$t=0$	$t=1$	$t=2$
$PV(?)$	1,100,000원	1,210,000원
$r=10\%$		

다음과 같이 두 가지 방법을 통해 구할 수 있습니다.

첫 번째 방법은 각 시점에 발생하는 현금흐름을 각 시점에서 현재시점으로 할인해서 구합니다.

11) 재무관리에서 많이 사용하는 현금을 영어로는 cash라고 하며 줄여서 C라고 종종 표현합니다. 따라서 1기에 발생하면 C_1, 2기에 발생하면 C_2로 표기합니다. 일반적으로 재무관리에서 현금 발생시점은 매기 초가 아니라 매기 말을 의미합니다. 예를 들어 매달 현금흐름이 발생하면 매달 말 일자인 30일 혹은 31일이 됩니다. 매년 현금흐름이 발생한다면 12월 31일에 발생하게 됩니다.

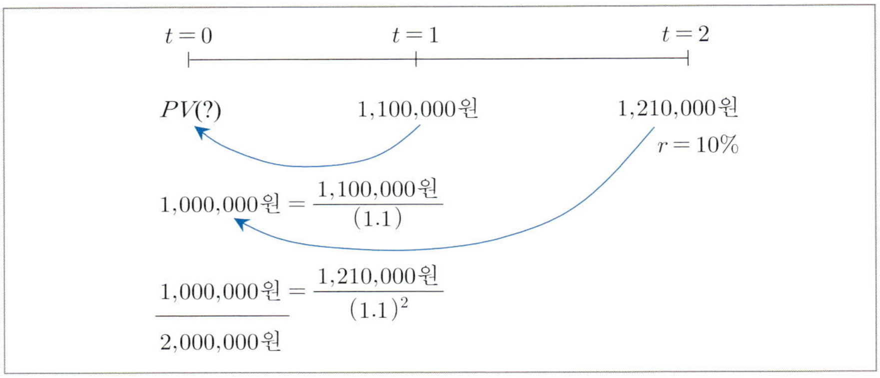

$PV = \frac{1,100,000원}{(1.1)} + \frac{1,210,000원}{(1.1)^2} = 2,000,000원$이 됩니다.

두 번째 방법은 $t=2$에서 발생한 현금 1,210,000원을 $t=1$의 현금으로 바꾸어 줍니다. 그런 다음 $t=1$의 현금을 더해서 다시 $t=0$으로 할인해 주면 됩니다.

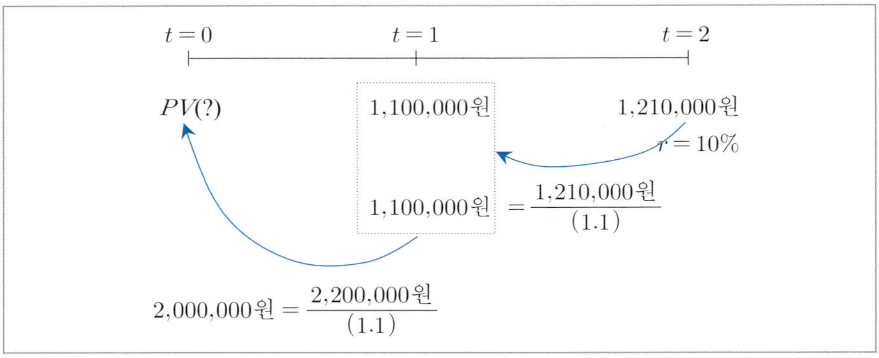

$PV_1 = \frac{1,210,000원}{(1.1)} = 1,100,000원$, 따라서 $t=1$의 총현금은 2,200,000원이 되며,

$PV_0 = \frac{2,200,000원}{(1.1)} = 2,000,000원$이 됩니다.

결과적으로 어떤 방법을 사용하든 결과는 같습니다.

준서 네, 크게 복잡한 것 같지 않습니다. 그럼 현금이 한 번 이상 발생하는 경우 미래가치는 어떻게 계산하나요?

교수 앞의 현재가치를 구하는 것과 같이 두 가지가 있습니다. 아래 경우의 미래가치를 구해보면,

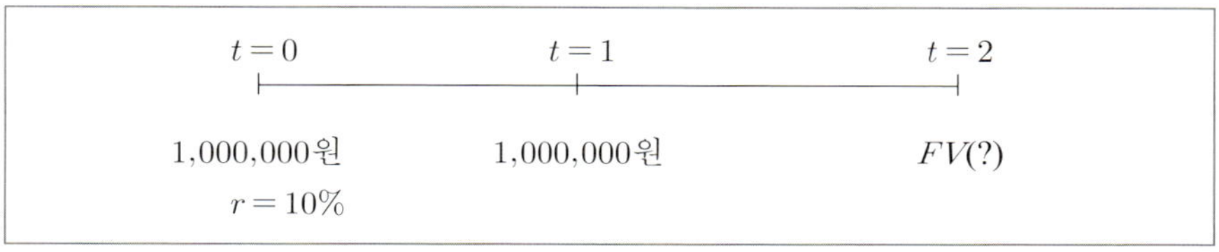

다음과 같이 두 가지 방법을 통해 구할 수 있습니다.

첫 번째 방법은 각 시점에 발생한 현금흐름을 $t=2$까지 복리계산해 줍니다.

$PV = 1{,}000{,}000\text{원} \times (1.1)^2 + 1{,}000{,}000\text{원} \times (1.1) = 2{,}310{,}000\text{원}$

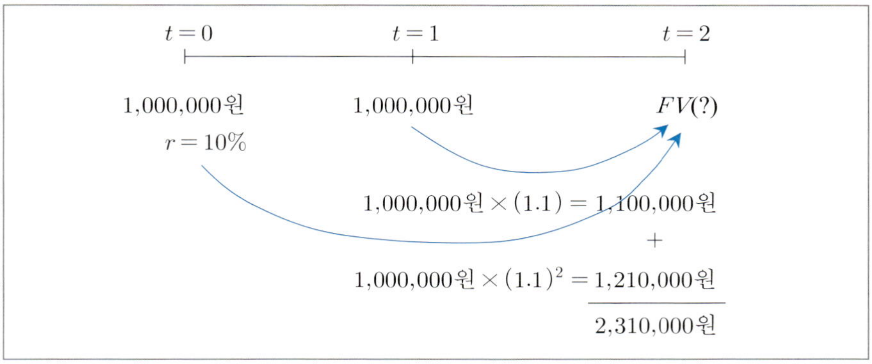

두 번째 방법은 $t=0$에서 발생한 현금 1,000,000원을 $t=1$의 현금으로 바꾸어 줍니다. 그런 다음 $t=1$에서 발생한 현금을 더해서 다시 $t=2$의 현금으로 바꾸어 주면 됩니다.

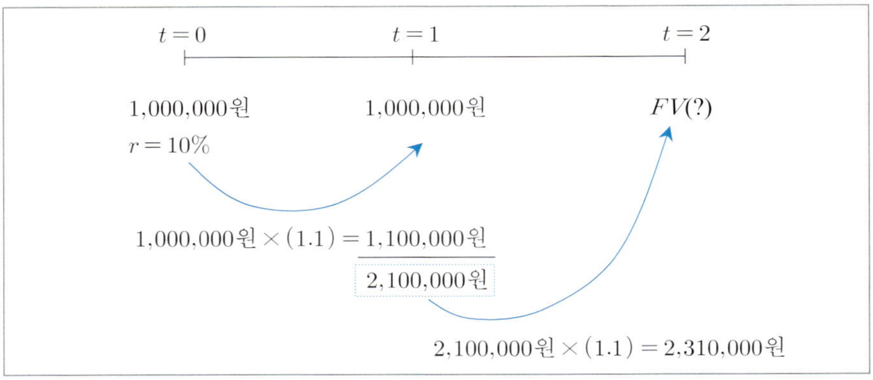

$PV_1 = 1{,}000{,}000$원 $\times (1.1) = 1{,}100{,}000$원, 따라서 $t = 1$의 총현금은 2,100,000원이 되며,
$PV_2 = 2{,}100{,}000$원 $\times (1.1) = 2{,}310{,}000$원이 됩니다.
결과적으로 어떤 방법을 사용하든 결과는 같습니다.

4) 미래가치와 현재가치의 응용

교수 지금까지 배운 내용을 종합하면서 추가로 살펴볼 내용이 있는지 알아봅시다.

- 현재가치를 미래가치로 전환할 때 : $FV = PV(1+r)^n$
- 미래가치를 현재가치로 전환할 때 : $PV = \dfrac{FV}{(1+r)^n}$

현재가치나 미래가치를 구할 때 네 가지 요소[현재가치(PV), 미래가치(FV), 이자율 혹은 할인율(r), 기간(n)]들 중에 세 가지만 알면 나머지 하나를 구할 수 있었습니다. 즉, 미래가치를 구하는 경우는 현재가치, 이자율, 저축기간을 안다는 가정에서 계산할 수 있었습니다.

(1) 이자율 계산

교수 그럼 화폐의 미래가치, 현재가치, 이자율, 저축기간 중에서 나머지는 알고 이자율을 모르는 경우를 생각해 보겠습니다. 예를 들어 '현재 1,000,000

원을 2년 후에 1,210,000원으로 만들기 위해 몇 %의 이자율(수익률)을 지급하는 저축상품에 가입해야 하는가?'입니다.

다음과 같이 수식을 약간 조정하여 응용하면 이자율(r)을 구하기 위한 수식이 됩니다.

$FV = PV(1+r)^n \Rightarrow (1+r)^n = \frac{FV}{PV}$, 양변에 $\frac{1}{n}$승을 해주면,

$(1+r) = \left(\frac{FV}{PV}\right)^{\frac{1}{n}}$, $r = \left(\frac{FV}{PV}\right)^{\frac{1}{n}} - 1$

위 문제는 $r = \left(\frac{1,210,000\text{원}}{1,000,000\text{원}}\right)^{\frac{1}{2}} - 1 = 0.1$, 즉 10%가 됩니다. 따라서 현재 1백만 원을 2년 후에 1백 21만 원으로 만들기 위해 10%의 이자율(수익률)을 지급하는 저축상품에 가입하면 됩니다.

교수 위의 사례는 재무계산기를 이용하여 쉽게 구할 수 있습니다.

−1,000,000 PV 1,210,000 FV 2 N CPT I/Y?, I/Y = 10% 여기서 CPT는 compute로 계산하다의 약자임. 특히 부호에 주의할 필요가 있음. 지금 1,000,000원을 저축하므로 (−)부호를 붙임.

준서 네, 재미있네요.

(2) 기간 계산

교수 다행입니다. 똑같은 방법으로 저축기간은 미래가치, 현재가치, 이자율을 알면 구할 수 있습니다. 예를 들어 '현재 1,000,000원을 연 10%에 저축하면 몇 년 후에 1,210,000원을 가질 수 있는가?'입니다.

수식 $FV = PV(1+r)^n$에서 n을 구하기 위해 다음과 같이 수식을 조정할 수 있습니다.

$FV = PV(1+r)^n \Rightarrow (1+r)^n = \left(\frac{FV}{PV}\right)$ 양변에 자연로그(ln)를 취해주면

$$\ln(1+r) \cdot n = \ln\left(\frac{FV}{PV}\right),\ \text{따라서}\ n = \ln\left(\frac{FV}{PV}\right)/\ln(1+r)\text{이 됩니다.}$$

$$n = \ln\left(\frac{1{,}210{,}000\text{원}}{1{,}000{,}000\text{원}}\right)/\ln(1+0.1) = 2$$

교수 위의 사례도 재무계산기를 이용하여 쉽게 구할 수 있습니다.

> −1,000,000 PV
> 1,210,000 FV
> 10 I/Y
> CPT N?, N=2
> 여기서 CPT는 compute로 계산하다의 약자임.
> 특히 부호에 주의할 필요가 있음. 지금 1,000,000원을 저축하므로 (−)부호를 붙임.

준서 신기하게 응용이 되네요.

교수 여러분은 학자금대출을 받은 적이 있나요? 혹은 받고 있나요? 앞으로 받을 계획이 있을 수 있겠죠? 만약 있다면 졸업 후 취직을 하여 받은 학자금대출을 원금과 이자를 포함해서 갚아야 합니다. 그럼 이자와 원금을 합해서 얼마를 갚아야 할까요? 궁금하지 않아요?

준서 교수님, 그런 것도 계산할 수 있나요?

교수 물론 가능합니다. 지금까지 배운 내용을 토대로 학자금대출처럼 일상생활에서 자주 일어나는 현금흐름의 현재가치와 미래가치를 응용하는 공식을 공부하고자 합니다.

준서 좋아요. 많은 도움이 될 것 같은데, 혹시 복잡하고 어렵지 않나요?

교수 미국속담에 "No Pains, No Gains!"라는 속담이 있지요. 우리말로 표현하면 "노력 없는 대가는 없다"입니다. 잘 공부하면 많이 응용할 수 있고 여러모로 도움이 되니까 한번 해볼까요?

준서 천천히 자세히 가르쳐 주세요.

교수 연금과 할부금(자동차대출, 학자금대출, 주택담보대출) 등은 정해진 기간에 정기적으로 동일한 현금흐름이 발생하는 특징을 지닙니다. 이를 연금의 현금흐름이라고 하며 자세한 공부에 앞서 이자율에 대해 약간 공부하도록 합시다.

3 이자율에 대한 이해

교수 일반적으로 여러분은 은행에서 고시하는 이자율에 익숙해져 있죠? 법적으로 은행에서 고시해야 하는 이자율은 연 단위 이자율로 연 고시이자율(quoted interest rate, stated interest rate), 명목이자율(nominal interest rate) 혹은 표면이자율[12]이라고도 합니다. 예를 들어 이자율이 5%라고 말하면 1년 동안 저축을 하는 경우 5%에 해당하는 이자를 지급한다는 의미입니다. 표면이자율은 복리효과를 고려하지 않은 이자율을 말합니다. 그럼 1년 내의 기간에 대한 이자율은 어떻게 계산할까요? 예를 들어 6개월, 3개월, 혹은 1개월 이자율은? 이러한 이자율을 기간이자율이라고 합니다. 기간이자율은 표면이자율을 1년 동안 발생하는 횟수로 나누어 주면 됩니다.[13]

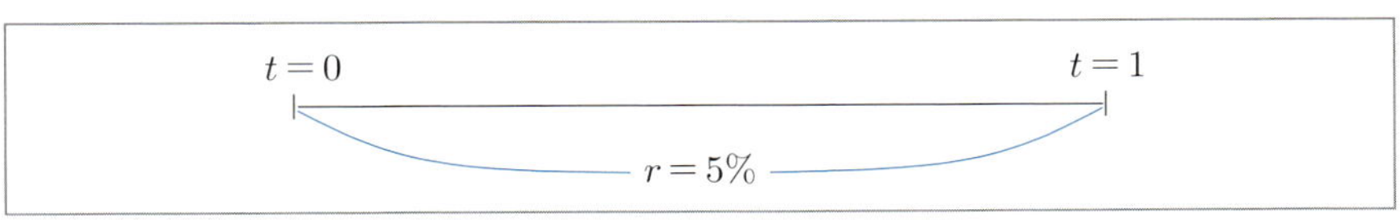

12) 표면이자율은 영어로 annual percentage rate(APR)로 표기하며 연이자율이라고도 합니다.
13) 주의 : 기간이자율 추정 시에는 반드시 APR을 이용해야 합니다. 다음에 나오는 EAR은 절대 사용하면 안 됩니다.

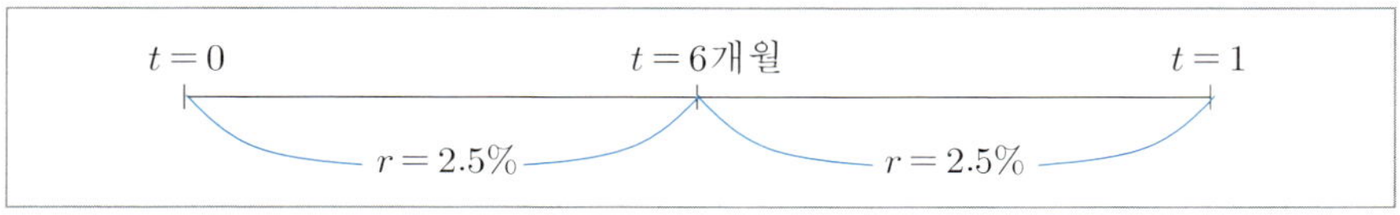

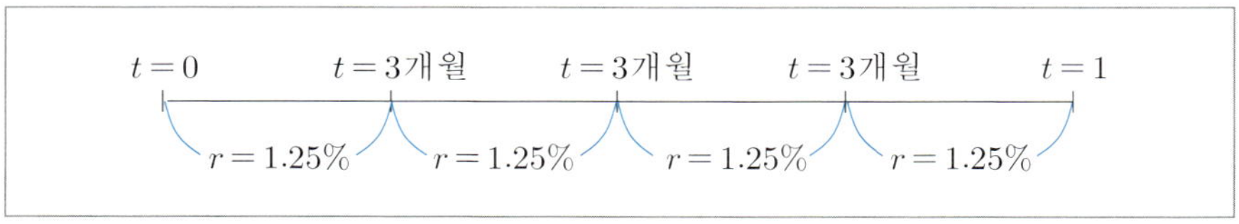

따라서 6개월 이자율은 $\frac{5\%}{2}=2.5\%$, 3개월 이자율은 $\frac{5\%}{4}=1.25\%$, 1개월 이자율은 $\frac{5\%}{12}=0.42\%$가 됩니다.

그럼 6개월마다 복리로 계산될 때 1년 이자율은 어떻게 계산할까요?

1년에 두 번 이자계산이 이루어지니까, $(1+0.025)^2-1=0.050625$(약 5.06%)가 됩니다.

3개월마다 복리로 계산될 때 1년 이자율은 1년에 네 번 이자계산이 이루어지니까, $(1+0.0125)^4-1=0.050945$(약 5.09%)가 됩니다.

1개월마다 복리로 계산될 때 1년 이자율은 1년에 12번 이자계산이 이루어지니까, $(1+0.0042)^{12}-1=0.05158$(약 5.16%)이 됩니다. 이들을 각각 연실효이자율[14]이라 합니다.

이러한 표면이자율과 연실효이자율 사이의 관계를 공식으로 표기하면, $EAR=\left(1+\frac{APR}{n}\right)^{n\times m}-1$, 1년이면 $m=1$, 2년이면 $m=2$로 바꾸어 주면 됩니다.

예를 들어 1백만 원이 연이자율 5%로 1개월마다 복리로 계산되는 경우 3년 후의 금액과 연실효이자율을 구하면?

$1{,}000{,}000\times\left(1+\frac{5\%}{12}\right)^{12\times 3}=1{,}161{,}472.23$원,

$EAR=\left(1+\frac{0.05}{12}\right)^{12}-1=0.0511619$, 약 5.116%

준서 다른 사례로 좀 더 설명해 주세요.

교수 이해하기 힘든 모양이군요. 다른 사례를 들어보도록 하지요. 지금 부모

14) 연실효이자율은 영어로 effective annual rate(EAR)로 표기합니다.

님께서 1천만 원의 여유자금을 저축하시고자 합니다. 은행 A는 연이자율이 5.25%로 매월 복리계산이 이루어지며, 은행 B는 연이자율이 5.3%로 6개월마다 복리계산이 이루어집니다.[15] 당신은 어느 은행을 부모님께 권유하시겠습니까?

준서 그냥 보기에는 은행 B가 유리해 보이지만, 복리계산이 이루어지는 기간이 다르므로 연실효이자율을 계산해 봐야겠군요.

교수 그렇죠. 다음과 같이 연실효이자율을 계산하면,

은행 A의 $EAR = \left(1+\dfrac{0.0525}{12}\right)^{12} - 1 = 0.053782$

은행 B의 $EAR = \left(1+\dfrac{0.053}{2}\right)^{2} - 1 = 0.053701$

결국 은행 A의 EAR과 은행 B의 EAR의 차이는 0.000081로 은행 A가 더 많은 이익을 가져다주기 때문에 은행 A를 권유해야겠네요.

준서 그럼 반대로 EAR이 주어지면 APR도 추정할 수 있겠네요?

교수 물론입니다. 다음과 같이 EAR의 변형을 통해 APR을 구할 수 있습니다.

$$EAR = \left(1+\frac{APR}{n}\right)^{n\times m} - 1,\ \ 1+EAR = \left(1+\frac{APR}{n}\right)^{n\times m},$$

$$(1+EAR)^{\frac{1}{n\times m}} = \left(1+\frac{APR}{n}\right),\ \ (1+EAR)^{\frac{1}{n\times m}} - 1 = \frac{APR}{n},$$

$$APR = \left[(1+EAR)^{\frac{1}{n\times m}} - 1\right]\times n$$

교수 위 식에서 n은 1년에 이자가 지급되는 횟수, m은 연도를 나타냅니다.

준서 사례를 통해 설명해 주세요.

교수 연실효이자율(EAR)이 12%이고, 매달 복리이자 계산이 이루어진다고 할 때 표면이자율(APR)을 구하면,

15) 은행 A와 은행 B의 위험은 같다고 가정합니다.

$$APR = \left[(EAR+1)^{\frac{1}{n \times m}} - 1 \right] \times n$$

$$= \left[(1.12)^{\frac{1}{12 \times 1}} - 1 \right] \times 12 = 0.113865515$$ 혹은 11.39%가 됩니다.

교수 이처럼 연실효이자율(EAR)은 복리기간이 상이한 투자안의 선택에서 유용하게 사용됩니다.

준서 참 유용한 정보인 것 같습니다.

제2장 요약

1. 화폐의 시간가치 :

시간의 변화에 따른 돈의 가치의 변화. 일반적으로 물가상승률, 미래의 불확실성, 기회의 상실 등으로 동일금액 기준으로 현재가치가 미래가치보다 높음

2. 미래가치와 현재가치의 의미 :

- 현재가치 : 지금 가지고 있는 화폐의 가치, 타임라인에서 앞에 발생하는 돈의 가치
- 미래가치 : 지금 이후에 발생하는 화폐의 가치, 타임라인에서 뒤에 발생하는 돈의 가치

3. 미래가치와 현재가치의 관계 :

- 이자율 : 현재가치를 미래가치로 전환할 때 사용되는 교환비율
- 할인율 : 미래가치를 현재가치로 전환할 때 사용되는 교환비율
  - 현재가치를 미래가치로 전환할 때 : $PV(1+r)^n = FV$
  - 미래가치를 현재가치로 전환할 때 : $\frac{FV}{(1+r)^n} = PV$

4. 단순이자계산법과 복리이자계산법의 미래가치계산 :

- 단순이자계산법 : 원금에서 발생하는 이자만 고려하여 계산
- 복리이자계산법 : 원금과 이자에서 발생하는 이자를 함께 고려하여 계산
  - 단순이자계산법에 의한 미래가치계산(단일기간) : $PV(1+r) = FV$
  - 단순이자계산법에 의한 미래가치계산(다기간) : $PV(1+n \times r) = FV$
  - 복리이자계산법에 의한 미래가치계산(단일기간) : $PV(1+r) = FV$
  - 복리이자계산법에 의한 미래가치계산(다기간) : $PV(1+r)^n = FV$

  * 따라서 1년에 한 번만 이자계산이 이루어지는 경우 단순이자계산법과 복리이자계산법의 미래가치는 동일

5. 미래가치와 현재가치의 응용 :

- 현재가치, 미래가치, 기간이 주어진 경우 이자율 추정 : $r = \left(\frac{FV}{PV}\right)^{\frac{1}{n}} - 1$
- 현재가치, 미래가치, 이자율이 주어진 경우 기간 추정 : $n = \ln\left(\frac{FV}{PV}\right) / \ln(1+r)$

6. 이자율에 대한 이해 :

- 표면이자율(APR) : 1년 단위의 이자율로 은행에서 고시하는 고시이자율 혹은 표면이자율
- 연실효이자율(EAR) : 1년에 1회 이상 복리가 이루어지는 경우 연복리이자율

7. APR과 EAR의 관계 :

- APR을 EAR로 전환 : $\left(1+\dfrac{APR}{n}\right)^{n \times m}-1=EAR$
- EAR을 APR로 전환 : $APR=\left[(1+EAR)^{\frac{1}{n \times m}}-1\right] \times n$

단, 주의할 점은 기간이자를 계산하는 경우 반드시 APR을 이용해야 하며, 절대 EAR을 이용하지 말 것

연습문제

1 준서는 1백만 원을 5년 동안 투자하기를 원한다. 다음 중 최고의 미래가치를 가져다주는 투자조건은? (　　)

① 5%의 단순이자지급　② 5%의 연 1회 복리이자지급
③ 6%의 연 2회 복리이자지급　④ 7%의 단순이자지급
⑤ 7%의 연 1회 복리이자지급

2 경기는 미래에 5천만 원을 받을 목적으로 오늘 5천만 원보다 적게 저축하고자 한다. 다음 중 옳은 선택은? (　　)

① 투자기간 동안 복리이자계산의 영향을 받지 않는다.
② 이자율이 낮으면 낮을수록 기다려야 할 시간은 단축될 것이다.
③ 5%의 단순이자보다 복리이자를 제공받으면 더 오래 기다려야 할 것이다.
④ 기간은 이자율과 직접적인 관계가 있다.
⑤ 현재 투자하는 금액이 증가하면 기다리는 기간은 줄어들 것이다.

3 10,000,000원을 4년간 연 6.5%에 투자하는 경우 이자에서 발생하는 이자는? (　　)

① 240,000.51원　② 244,663.51원
③ 264,663.51원　④ 274,663.51원
⑤ 300,663.51원

4 수영은 5백만 원의 보험금을 받아 자녀 대학비용으로 사용하기 위해 이자율 6.5%에 저축하였다. 딸이 8년 후에 대학에 입학할 경우 얼마를 받을 수 있는가? (　　)

① 7,274,978.36원　② 8,274,978.36원
③ 8,774,978.36원　④ 9,274,978.36원
⑤ 9,774,978.36원

5 광교는 연금계좌에 매년 1,000,000원을 38년간 입금할 예정이다. 향후 첫 26년간의 이자율은 5%로 예상되고 그 이후로는 4%가 될 것으로 전망된다. 38년 후의 미래가치는? (　　)

① 3,692,746.54원　② 4,192,746.54원
③ 4,692,746.54원　④ 5,192,746.54원
⑤ 5,692,746.54원

6 수빈은 13년 전에 2,400,000원을 저축하고 8년 전에 추가로 1,000,000원을 동일 계좌에 입금하였다. 첫 5년 동안의 이자율은 8%였고 나머지 기간의 이자율은 5%였다. 매년 복리계산이 이루어진다고 가정할 경우 오늘 수령금액은? (　　)

① 6,687,535.67원　② 7,192,746.54원
③ 7,692,746.54원　④ 8,192,746.54원
⑤ 8,692,746.54원

7 수진은 노후를 위해 45년 동안 매년 5,000,000원을 저축하기를 원한다. 첫 15년 동안의 이자율은 6%, 나머지 30년 동안의 이자율은 4%로 추정된다. 45년 후에 받게 되는 금액은? 혹은 첫 15년 동안의 이자율은 4%, 나머지 30년 동안의 이자율은 6%로 추정된다면 45년 후에 받게 되는 금액은? (　　)

① 51,718,515.65원, 38,864,954.40원
② 38,864,954.40원, 51,718,515.65원
③ 51,718,515.65원, 48,864,954.40원
④ 48,864,954.40원, 51,718,515.65원
⑤ 48,864,954.40원, 61,718,515.65원

8 1년 후에 1,200,000원을 받아 이자율 8%에 저축하는 경우 10,000,000원이 될 때까지 얼마를 기다려야 하는가? (　　)

① 약 26년　② 약 27년
③ 약 28년　④ 약 29년
⑤ 약 30년

9 지금 1,000,000원을 투자하면 5년 후에 두 배를 돌려주는 투자안을 제안받았다. 이자율은 어떻게 되겠는가? (　　)

① 약 12%　　② 약 13%
③ 약 14%　　④ 약 15%
⑤ 약 16%

10 지금 개인퇴직연금에 30,000,000원을 입금하였고 40년 후에 전부 찾을 예정이다. 이자율이 5%인 경우 40년 후의 가치는? 5년을 기다렸다가 입금하는 경우 40년 후의 가치는? (　　)

① 211,099,661.40원, 160,480,461.0원
② 160,480,461.0원, 211,199,661.40원
③ 211,099,661.40원, 165,480,461.0원
④ 165,480,461.0원, 211,199,661.40원
⑤ 211,199,661.40원, 165,480,461.0원

11 페라리(Ferrari)자동차를 구입할 계획으로 30,000,000원을 이자율 5%에 저축하였다. 구입가격이 200,000,000원이 될 것으로 예상되면 몇 년을 기다리면 차를 구입할 수 있겠는가? (　　)

① 약 39년　　② 약 40년
③ 약 41년　　④ 약 42년
⑤ 약 43년

12 영수는 장학금으로 2,000,000원을 받아 1년 동안 저축하기를 원한다. A은행의 저축상품은 5.25%로 매달 복리이자계산이 이루어지는 조건이고 B은행의 저축상품은 5.3%로 반년마다 복리이자계산이 이루어지는 조건이다. 영수는 어느 은행의 저축상품을 선택해야 하는가? (　　)

① B은행이 약 1,500원 이상 이익　　② A은행이 약 1,500원 이상 이익
③ B은행이 약 1,000원 이상 이익　　④ A은행이 약 1,000원 이상 이익
⑤ 차이 없음

13 연실효수익률이 12%이다. 새 컴퓨터를 구입하기 위해 2,000,000원을 빌렸다. 월이자율은? (　　)

① 약 0.75%　　② 약 0.85%
③ 약 0.95%　　④ 약 1.05%
⑤ 약 1.15%

문제풀이

1 ⑤

① 5%의 단순이자지급
$1,000,000 \times (1 + 5 \times .05) = 1,250,000$원

② 5%의 연 1회 복리이자지급
[수식을 이용하는 경우]
$1,000,000 \times (1.05)^5 = 1,276,281.56$
[계산기를 이용하는 경우]
−1,000,000 PV, 5 N, 5 I/Y, CPT FV? FV=1,276,281.56

③ 6%의 연 2회 복리이자지급
[수식을 이용하는 경우]
$1,000,000 \times (1.03)^{10} = 1,343,916.38$
[계산기를 이용하는 경우]
−1,000,000 PV, 10 N, 3 I/Y, CPT FV? FV=1,343,916.38

④ 7%의 단순이자지급
$1,000,000 \times (1 + 5 \times .07) = 1,350,000$원

⑤ 7%의 연 1회 복리이자지급
[수식을 이용하는 경우]
$1,000,000 \times (1.07)^5 = 1,402,551.73$
[계산기를 이용하는 경우]
−1,000,000 PV, 5 N, 7 I/Y, CPT FV? FV=1,402,551.73

2 ⑤

① (×) 투자기간 동안 복리이자계산의 영향을 받지 않는다.
⇒ 복리이자계산으로 계산하는 경우 단순이자계산보다 적은 금액이 들어간다.

② (×) 이자율이 낮으면 낮을수록 기다려야 할 시간은 단축될 것이다.
⇒이자율이 낮으면 기다려야 할 시간이 늘어난다.

③ (×) 5%의 단순이자보다 복리이자를 제공받으면 더 오래 기다려야 할 것이다.
⇒복리이자를 제공받는 경우 투자기간이 단축된다.

④ (×) 기간은 이자율과 직접적인 관계가 있다.
⇒일반적으로 기간이 길면 이자율이 높지만 반드시 그렇지 않는 경우도 있다. 때에 따라서는 단기금리가 장기금리보다 높은 경우도 있다.

⑤ (○) 현재 투자하는 금액이 증가하면 기다리는 기간은 줄어들 것이다.
⇒현재 투자금액이 많을수록 기간은 단축된다.

3 ③

이자의 이자＝복리계산의 미래가치－단순계산의 미래가치

[수식을 이용하는 경우]

복리계산법에 의한 미래가치 : $10{,}000{,}000 \times (1.065)^4 = 12{,}864{,}663.51$원

[계산기를 이용하는 경우]

복리계산법에 의한 미래가치 : －10,000,000 PV, 4 N, 6.5 I/Y, CPT FV? FV＝12,864,663.51원

단순계산법에 의한 미래가치 : $10{,}000{,}000 \times (1 + 4 \times .065) = 12{,}600{,}000$원

따라서 차이 : 264,663.51원＝12,864,663.51원－12,600,000원

4 ②

[수식을 이용하는 경우]

$5{,}000{,}000 \times (1.065)^8 = 8{,}274{,}978.36$원

[계산기를 이용하는 경우]

－5,000,000 PV, 8 N, 6.5 I/Y, CPT FV? FV＝8,274,978.36원

5 ⑤

두 단계로 나누어 계산해야 함.

[수식을 이용하는 경우]

$1{,}000{,}000 \times (1.05)^{26} = 3{,}555{,}672.69$원(첫 26년 후의 미래가치)

$3{,}555{,}672.69 \times (1.04)^{12} = 5{,}692{,}746.54$원(38년 후의 미래가치)

[계산기를 이용하는 경우]

첫 26년 후의 미래가치 : －1,000,000 PV, 26 N, 5 I/Y, CPT FV? FV＝3,555,672.69원

그 후 12년 후(38년 후)의 미래가치 : －3,555,672.69 PV, 12 N, 4 I/Y, CPT FV?
FV＝5,692,746.54원

6 ①

현금흐름 :

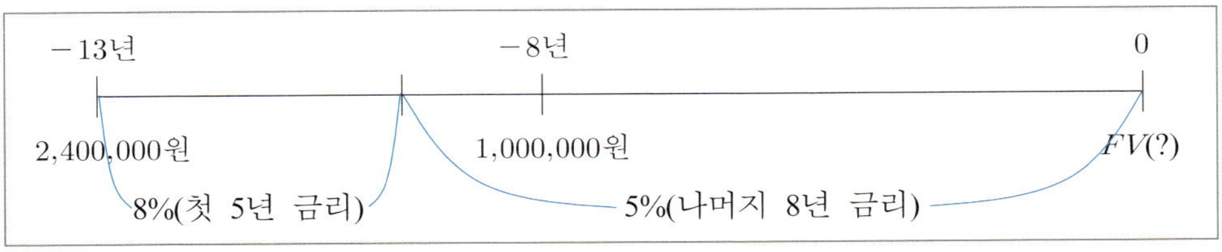

[수식을 이용하는 경우]

2,400,000원의 미래가치 : 첫 5년 후의 가치는 $2,400,000 \times (1.08)^5 = 3,526,387.38$원

나머지 8년 후의 가치 : $3,526,387.38 \times (1.05)^8 = 5,210,080.23$원

1,000,000원의 미래가치 : $1,000,000 \times (1.05)^8 = 1,477,455.44$원

따라서 미래가치의 합 : 6,687,535.67원

[계산기를 이용하는 경우]

2,400,000원의 미래가치 : 첫 5년 후의 가치는 −2,400,000 PV, 5 N, 8 I/Y, CPT FV? FV= 3,526,387.38원

나머지 8년 후의 가치 : −3,526,387.38 PV, 8 N, 5 I/Y, CPT FV? FV=5,210,080.23원

1,000,000원의 미래가치 : −1,000,000 PV, 8 N, 5 I/Y, CPT FV? FV=1,477,455.44원

따라서 미래가치의 합 : 6,687,535.67원

7 ②

첫 번째 경우로 첫 15년 동안의 이자율은 6%, 나머지 30년 동안의 이자율은 4%인 경우 미래가치 :

[수식을 이용하는 경우]

15년 후의 가치 : $5,000,000 \times (1.06)^{15} = 11,982,790.97$원

나머지 30년 후의 가치 : $11,982,790.97 \times (1.04)^{30} = 38,864,954.40$원

[계산기를 이용하는 경우]

15년 후의 가치 : −5,000,000 PV, 15 N, 6 I/Y, CPT FV? FV=11,982,790.97원

나머지 30년 후의 가치 : −11,982,790.97 PV, 30 N, 4 I/Y, CPT FV? FV=38,864,954.40원

첫 번째 경우로 첫 15년 동안의 이자율은 4%, 나머지 30년 동안의 이자율은 6%인 경우 미래가치 :

[수식을 이용하는 경우]

15년 후의 가치 : $5,000,000 \times (1.04)^{15} = 9,004,717.53$원

나머지 30년 후의 가치 : $9,004,717.53 \times (1.06)^{30} = 51,718,515.65$원

[계산기를 이용하는 경우]

15년 후의 가치 : −5,000,000 PV, 15 N, 4 I/Y, CPT FV? FV=9,004,717.53원

나머지 30년 후의 가치 : −9,004,717.53 PV, 30 N, 6 I/Y, CPT FV? FV=51,718,515.65원

8 ④

[수식을 이용하는 경우]

$$t=\frac{\ln\left(\frac{FV}{PV}\right)}{\ln(1+r)},\ \frac{\ln\left(\frac{10,000,000}{1,200,000}\right)}{\ln(1.08)}=27.55,\text{ 약 28년}+1\text{년}=29\text{년}$$

[계산기를 이용하는 경우]

−1,200,000 PV, 8 I/Y, 10,000,000 FV, CPT N? N=27.55, 약 28년+1년=29년

9 ④

[수식을 이용하는 경우]

$$r=\left(\frac{FV}{PV}\right)^{\frac{1}{t}}-1,\ r=\left(\frac{2,000,000}{1,000,000}\right)^{\frac{1}{5}}-1=0.1486,\text{ 약 }15\%$$

[계산기를 이용하는 경우]

−1,000,000 PV, 5 N, 2,000,000 FV, CPT I/Y? I/Y=14.87%, 약 15%

10 ⑤

[수식을 이용하는 경우]

$30,000,000\times(1.05)^{40}=211,199,661.40$원

$30,000,000\times(1.05)^{35}=165,480,461.0$원

[계산기를 이용하는 경우]

지금 입금하는 경우 : −30,000,000 PV, 40 N, 5 I/Y, CPT FV? FV=211,199,661.40원

5년 후에 입금하는 경우 : −30,000,000 PV, 35 N, 5 I/Y, CPT FV? FV=165,480,461.0원

11 ①

[수식을 이용하는 경우]

$$t=\frac{\ln\left(\frac{FV}{PV}\right)}{\ln(1+r)},\ \frac{\ln\left(\frac{200,000,000}{30,000,000}\right)}{\ln(1.05)}=38.88\text{년, 약 39년}$$

[계산기를 이용하는 경우]

−30,200,000 PV, 5 I/Y, 200,000,000 FV, CPT N? N=38.88, 약 39년

12 ②

복리조건이 상이하므로 연실효수익률을 구해야 함.

A은행의 저축상품 : $EAR = \left(1 + \dfrac{APR}{m}\right)^m - 1$, $EAR = \left(1 + \dfrac{0.0525}{12}\right)^{12} - 1 = 0.05378$

이자 : $2{,}000{,}000 \times 0.05378 = 107{,}560$원

B은행의 저축상품 : $EAR = \left(1 + \dfrac{APR}{m}\right)^m - 1$, $EAR = \left(1 + \dfrac{0.053}{2}\right)^2 - 1 = 0.05370$

이자 : $2{,}000{,}000 \times 0.053 = 106{,}000$원

A은행이 약 1,500원의 이자를 더 제공함.

13 ③

먼저 연실효수익률이 주어졌기 때문에 연표면이자율을 구해야 함.

$APR = m \times [(1 + EAR)^{\frac{1}{m}} - 1]$, $APR = 12 \times [(1 + 0.12)^{\frac{1}{12}} - 1] = 0.114$

월이자율은 $\dfrac{APR}{12} = \dfrac{0.114}{12} = 0.0095$, 약 0.95%

chapter

3

화폐의 시간가치 응용

학습내용

수진 제3장에서는 어떤 내용을 공부하나요?

교수 본장은 제2장에서 학습한 화폐의 시간가치를 실생활에 응용하는 내용입니다. 연금의 현금흐름의 현재가치와 미래가치에 대한 내용은 학자금대출, 자동차할부대출, 주택담보대출 등에 많이 적용됩니다. 또한 선불연금의 현금흐름의 현재가치와 미래가치에 대해서도 학습합니다. 마지막으로 대출의 여러 종류들에 대해 다룹니다.

1. 연금의 현금흐름
2. 연금의 응용
3. 선불연금의 현금흐름
4. 대출의 종류

1 연금의 현금흐름

교수 이번 시간은 우리가 일상생활을 하는 데 가장 직접적이고 유용하게 사용될 수 있는 지식을 배우는 장이라 할 수 있습니다. 따라서 우리가 열심히 해서 응용하면 그만큼 삶의 상식이 늘어날 것입니다. 너무 거창한가요. 자, 시작해 볼까요. 여러분 연금[1]이 뭔지 아시죠?

수진 국민연금, 공무원연금 이런 거 말씀하시나요?

교수 아, 이런 연금(국민연금, 공무원연금, 군인연금, 사학연금)은 일종의 특수연금에 해당합니다. 왜냐하면, 일정 시점부터 받기 시작하여 죽을 때까지 받게 되는 거죠? 이것 말고 일반적으로 말하는 연금은 우리가 금융기관에 가입하는 연금을 말합니다. 이런 연금의 현금흐름은 다음처럼 세 가지 조건을 갖게 됩니다.

① 정해진 기간 : 10년, 20년, 30년 등 ② 정기적으로 : 매달, 매년 등 ③ 동일금액이 발생 : 이자와 원금을 합쳐서 같은 금액 발생

즉, 다음과 같은 현금흐름이 발생하는 경우 연금의 현금흐름이라 합니다.

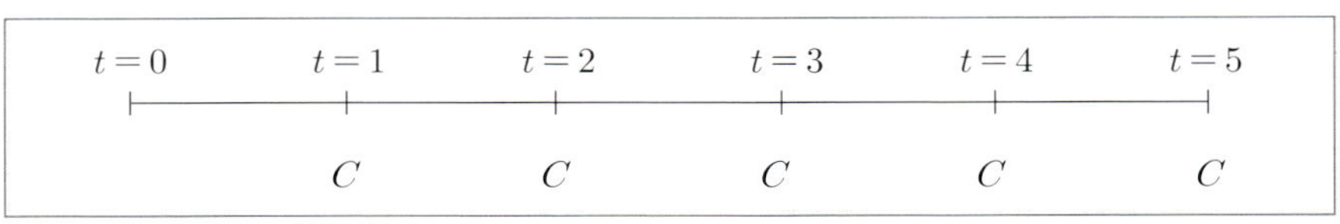

이런 현금흐름이 발생되고 이자율이 r인 경우 지금까지의 지식을 총동원해서 현재가치를 계산하면,

1) 연금은 영어로 annuity로 표현합니다. 연금은 일반적으로 정해진 기간에 매년 같은 금액이 지급됩니다. 연금의 현금흐름이 기말에 발생하는 경우를 일반연금(ordinary annuity)이라 하며 현금흐름이 매년의 경우는 12월 31일, 매월의 경우는 월말에 발생합니다. 또한, 현금흐름이 기초에 발생하는 경우를 선불연금(annuity due)이라 합니다. 예를 들어 매년 현금흐름이 1월 1일에 발생하는 경우, 매달 현금흐름이 1일에 발생하는 경우를 말합니다.

$PV = \frac{C}{(1+r)} + \frac{C}{(1+r)^2} + \frac{C}{(1+r)^3} + \frac{C}{(1+r)^4} + \frac{C}{(1+r)^5}$로 구할 수 있습니다. 그런데 기간이 늘어나서 20년이면 너무 복잡해서 계산하다가 잊어버릴 수도 있습니다.

수진 그렇죠. 당연히 잊어버리죠.ㅠㅠ

교수 이런 경우 연금현금흐름의 현재가치를 구하는 공식을 배우면 간단하게 계산할 수 있습니다.

$$PV_{연금} = \frac{C}{r}\left[1 - \frac{1}{(1+r)^n}\right]$$

연금현금흐름의 공식을 만들기 위해 먼저 영구연금(perpetuity)의 개념정리와 공식유도가 필요합니다. 영구연금은 정기적으로 같은 금액이 영구히 발생하는 경우를 말합니다.[2)]

$t=0$	$t=1$	$t=2$	$t=3$	$t=4$	$\cdots$	$t=n$	$t=n+1$	$t=n+2$	$t=n+3$	$\cdots$	$t=\infty$
	C	C	C	C	$\cdots$	C	C	C	C	$\cdots$	C

이자율 r인 경우 현재가치를 구하면,

$$PV_0 = \frac{C}{(1+r)} + \frac{C}{(1+r)^2} + \frac{C}{(1+r)^3} + \cdots + \frac{C}{(1+r)^\infty}$$

위 식을 단순화시키기 위해 $\frac{C}{(1+r)} = a$, $\frac{1}{(1+r)} = x$로 두고 정리하면,

$PV_0 = a + ax + ax^2 + ax^3 + \cdots$ ①, 식 ①의 양변에 x를 곱한 다음 식 ②처럼 두고

$xPV_0 = ax + ax^2 + ax^3 + \cdots$ ②, 식 ①에서 식 ②를 빼면,

$$\begin{aligned} PV_0 &= a + \cancel{ax} + \cancel{ax^2} + \cancel{ax^3} + \cdots \\ -)\,xPV_0 &= \quad\ \ \cancel{ax} + \cancel{ax^2} + \cancel{ax^3} + \cdots \end{aligned}$$

$PV_0 - xPV_0 = a$, $PV_0(1-x) = a$, $PV_0 = \frac{a}{(1-x)}$가 됩니다. 여기에 $a = \frac{C}{(1+r)}$, $x = \frac{1}{(1+r)}$을 대입하여 정리하면,

2) 과거에 영국에서 영구연금을 발행한 적이 있으나 지금은 존재하지 않습니다. 다만 주식회사에서 발행하는 우선주(preferred stock)는 동일배당을 영구히 준다는 개념에서 영구연금과 같은 현금흐름의 형태를 따른다고 가정합니다.

$PV_0 = \dfrac{\dfrac{C}{(1+r)}}{\left(1-\dfrac{1}{(1+r)}\right)} = \dfrac{\dfrac{C}{(1+r)}}{\dfrac{(1+r)}{(1+r)}-\dfrac{1}{(1+r)}} = \dfrac{\dfrac{C}{(1+r)}}{\dfrac{r}{(1+r)}}$, 내항끼리 곱해서 분모, 외항끼리 곱해서 분자로 놓습니다.

따라서 $PV_0 = \dfrac{C \cdot \cancel{(1+r)}}{r \cdot \cancel{(1+r)}} = \dfrac{C}{r}$ 와 같은 영구연금의 현재가치를 구할 수 있습니다. 복잡해 보이지만 크게 복잡하지 않아요. 수업 끝나고 꼭 한번 해보세요. 그냥 공식을 외우는 것보다 원리를 이해하는 것이 기억하는 데 훨씬 도움이 될 겁니다.

수진 그런데 일반연금의 공식은 어떻게 구하나요?

교수 아, 서두를 것 없어요. 자, 일반연금은 앞에서 구한 영구연금에서 영구 대신 정해진 기간이 다른 것이죠.

다음과 같은 두 개의 영구연금의 현금흐름을 고려해 봅시다.

$t=0$	$t=1$	$t=2$	$t=3$	$t=4$	$\cdots$	$t=n$	$t=n+1$	$t=n+2$	$t=n+3$	$\cdots$	$t=\infty$
	C	C	C	C	$\cdots$	C	C	C	C	$\cdots$	C

$t=0$	$t=1$	$t=2$	$t=3$	$t=4$	$\cdots$	$t=n$	$t=n+1$	$t=n+2$	$t=n+3$	$\cdots$	$t=\infty$
							C	C	C	$\cdots$	C

첫 번째는 $t=1$부터 현금이 발생하는 영구연금의 현금흐름을 보여줍니다.

두 번째는 동일한 현금흐름이 $t=n+1$부터 영구히 발생하는 영구연금입니다. 이 경우 현재가치는 어떻게 구할 수 있을까요? 배운 대로 구해보면,

$$PV_0 = \frac{C}{(1+r)^{n+1}} + \frac{C}{(1+r)^{n+2}} + \frac{C}{(1+r)^{n+3}} \cdots$$

위 식을 간단하게 나타내기 위해 $\dfrac{C}{(1+r)^{n+1}} = b$, $\dfrac{1}{(1+r)} = y$로 바꾸고 정리하면,

$PV_0 = b + by + by^2 + by^3 + \cdots$ ⓐ, 식 ⓐ의 양변에 y를 곱한 다음 식 ⓑ 처럼 두고

$yPV_0 = by + by^2 + by^3 + \cdots$ ⓑ, 식 ⓐ에서 식 ⓑ를 빼면,

$$
\begin{array}{ll}
 & PV_0 = b + \cancel{by} + \cancel{by^2} + \cancel{by^3} + \cdots \\
-) & yPV_0 = \quad\ \ \cancel{by} + \cancel{by^2} + \cancel{by^3} + \cdots \\
\hline
\end{array}
$$

$PV_0 - yPV_0 = b$, $PV_0(1-y) = b$, $PV_0 = \dfrac{b}{(1-y)}$가 됩니다. 여기에 $b = \dfrac{C}{(1+r)^{n+1}}$, $y = \dfrac{1}{(1+r)}$을 대입하여 정리하면,

$$PV_0 = \frac{\dfrac{C}{(1+r)^{n+1}}}{\left(1 - \dfrac{1}{(1+r)}\right)} = \frac{\dfrac{C}{(1+r)^{n+1}}}{\dfrac{(1+r)}{(1+r)} - \dfrac{1}{(1+r)}} = \frac{\dfrac{C}{(1+r)^{n+1}}}{\dfrac{r}{(1+r)}}$$

, 내항끼리 곱해서 분모, 외항끼리 곱해서 분자로 놓습니다.

따라서 $PV_0 = \dfrac{C \cdot \cancel{(1+r)}}{r \cdot (1+r)^{n+\cancel{1}}} = \dfrac{C}{r \cdot (1+r)^n}$와 같은 영구연금의 현재가치를 구할 수 있습니다.

교수 아래 표에서 첫 번째 표의 현금흐름은 $t=1$부터 시작하는 영구연금이며 두 번째 표는 $t=n+1$부터 현금흐름이 시작되는 영구연금입니다. 첫 번째 표의 현금흐름에서 두 번째 표의 현금흐름을 빼줍니다.

$t=0$	$t=1$	$t=2$	$t=3$	$t=4$	$\cdots$	$t=n$	$t=n+1$	$t=n+2$	$t=n+3$	$\cdots$	$t=\infty$
	C	C	C	C	$\cdots$	C	C	C	C	$\cdots$	C

$t=0$	$t=1$	$t=2$	$t=3$	$t=4$	$\cdots$	$t=n$	$t=n+1$	$t=n+2$	$t=n+3$	$\cdots$	$t=\infty$
							C	C	C	$\cdots$	C

그럼 아래처럼 $t=1$부터 $t=n$까지의 현금흐름이 남게 되죠.

$t=0$	$t=1$	$t=2$	$t=3$	$t=4$	$\cdots$	$t=n$
	C	C	C	C	$\cdots$	C

수진 교수님, 개념이 이해가 잘 안 돼요.ㅠㅠ 좀 쉬운 예를 들어주세요.

교수 네, 다음의 경우를 생각해 보죠. 할인율이 10%이고 첫 번째 경우는 $t=1$부터 $t=5$까지 현금흐름이 발생하며, 두 번째 경우는 $t=4$부터 $t=5$까지 현금흐름이 발생합니다. 각각의 현금흐름을 계산해 봅시다.

$t=0$	$t=1$	$t=2$	$t=3$	$t=4$	$t=5$
PV_A	100원	100원	100원	100원	100원

현재가치는 $PV_A = \frac{100}{(1.1)} + \frac{100}{(1.1)^2} + \frac{100}{(1.1)^3} + \frac{100}{(1.1)^4} + \frac{100}{(1.1)^5} = 379.08$원입니다.

$t=0$	$t=1$	$t=2$	$t=3$	$t=4$	$t=5$
PV_B				100원	100원

현재가치는 $PV_B = \frac{100}{(1.1)^4} + \frac{100}{(1.1)^5} = 130.39$원입니다. 첫 번째 경우와 두 번째 경우의 차이는 결국 $t=1$부터 $t=3$까지의 현금흐름이 되고 $PV_A - PV_B = 248.69$원이 됩니다.

이번에는 $t=1$부터 $t=3$까지 할인율 10%의 동일한 현금흐름이 발생하는 경우를 통해 현재가치를 계산해 봅시다.

$t=0$	$t=1$	$t=2$	$t=3$
PV_C	100원	100원	100원

$PV_C = \frac{100}{(1.1)} + \frac{100}{(1.1)^2} + \frac{100}{(1.1)^3} = 248.69$원이 되어, 앞에서 계산한 $PV_A - PV_B = PV_C$와 동일한 결과를 나타냅니다.

수진 신기하게 동일하네요.

교수 따라서 $t=1$부터 $t=n$까지의 현금흐름의 현재가치는 $t=1$부터 영구히 발생하는 영구연금의 현재가치$\left(\frac{C}{r}\right)$에서 $t=n+1$부터 영구히 발생하는 영구연금의 현재가치$\left(\frac{C}{r \bullet (1+r)^n}\right)$를 빼주면 됩니다.

$$PV_{연금}=\frac{C}{r}-\left(\frac{C}{r \bullet (1+r)^n}\right)=\frac{C}{r}\left(1-\frac{1}{(1+r)^n}\right),$$

여기서 $\left(\frac{1}{r}-\frac{1}{r\times(1+r)^n}\right)$ 혹은 $\left(\frac{1-\frac{1}{(1+r)^n}}{r}\right)$을 연금의 현가요인(present value interest factor for annuity)이라 하며, $PVIFA(r,n)$ 또는 A_r^n으로 표기하기도 합니다.

교수 위의 사례를 연금의 현금흐름공식을 이용하여 248.69원이 나오는지 확인해 보시죠.

$$PV_{연금}=\frac{C}{r}\left(1-\frac{1}{(1+r)^n}\right)=\frac{100}{0.1}\left(1-\frac{1}{1.1^3}\right)=248.69\text{원이 됩니다.}$$

교수 빙고(Bingo)!!! 쉽고 간단하죠.

수진 아, 그렇네요. 유용한 공식이네요.

수진 교수님, 궁금한 게 있습니다. 연금의 현재가치를 구했으면 연금의 미래가치도 구할 수 있겠네요?

교수 네, 좋은 질문입니다. 당연히 구할 수 있지요. 간단합니다. 일반적인 현재가치와 미래가치 공식 기억하시죠? $FV=PV(1+r)^n$을 그대로 적용하면 됩니다.

즉, 연금의 현재가치는 $PV=\frac{C}{r}\left(1-\frac{1}{(1+r)^n}\right)$,

그럼 미래가치는 $FV=\frac{C}{r}\left(1-\frac{1}{(1+r)^n}\right)\times(1+r)^n=\frac{C}{r}[(1+r)^n-1]$

수진 아, 원리는 같군요.

교수 맞아요. 재무관리는 차근차근 접근하면 많이 어렵지 않아요. 이해를 얼마나 잘하고 있는지 예제를 통해 확인해 볼까요? 예를 들어 중고자동차를 구매할 계획입니다. 매달 이자와 원금을 합쳐 200,000원씩 36개월 동안 갚아 나갈 수 있습니다. 할부 금리는 연 18%라고 할 때 지금 얼마짜리의 중고차를 살 수 있을까요?

교수 정리하면 36개월 동안 매달 원금과 이자를 합쳐 200,000원씩 상환할 수 있고, 연 금리가 18%이므로 매월 금리는 1.5%가 됩니다. 연금의 현금흐름이 발생하기 때문에 연금의 현금흐름공식을 그대로 이용하면 됩니다. $PV = \frac{200,000}{1.5\%}\left(1 - \frac{1}{(1+1.5\%)^{36}}\right) = 5,532,136.86$, 따라서 약 5백 50만 원에 해당하는 자동차를 할부로 구매할 수 있겠군요. 단, 취·등록세와 보험료는 제외된 금액입니다.

위의 문제를 재무계산기를 이용하면 간단하게 풀 수 있습니다.

> −200,000 PMT
> 1.5 I/Y
> 36 N
> CPT PV?
> 여기서 PMT는 payment로 정기적으로 지급되는 금액임.
> CPT는 compute로 계산하다의 약자임.
> 특히 부호에 주의할 필요가 있음. 매달 200,000원씩 나가는 돈이므로 (−)부호를 붙임.
> 이자는 소수점으로 입력하지 않고 %로 입력함.

교수 다음은 미래가치를 구하는 문제를 풀어 봅시다. 졸업 후 목돈을 위해 아르바이트 수입의 일부를 떼서 매달 5만 원씩 4년간 연 4%인 저축상품에 가입하는 경우 4년 후에 받게 되는 금액은 어떻게 될까요?

수진 잠깐만요. 매달 5만 원, 48개월, 매월 이자 4%/12[3]인 저축상품이므로 연

---

3) 본 교과서를 포함한 재무관리 교과서나 금융기관에서 공시하는 금리(이자율, 할인율, 수익률)는 1년 금리를 나타냅니다. 따라서 1년 내의 기간금리, 즉 6개월, 분기, 매월 금리는 따로 구해야 합니다. 예를 들어 연 금리가 12%인 경우 6개월 금리는 $\frac{12\%}{2} = 6\%$, 분기 금리는 $\frac{12\%}{4} = 3\%$, 매월 금리는 $\frac{12\%}{12} = 1\%$가 됩니다.

금의 현금흐름이 발생하고 미래가치를 구하는 것이니까,

$FV = \frac{C}{r}[(1+r)^n - 1]$ 공식을 이용하면,

$FV = \frac{50,000}{(4\%/12)}[(1+4\%/12)^{48} - 1] = 2,597,980$원입니다.

교수 와, 잘했어요. 재무계산기를 이용하면 간단하게 풀 수 있습니다.

> $\frac{4}{12}$ I/Y
> −50,000 PMT
> 48 N
> CPT FV? FV=2,597,980원
> 여기서 PMT는 payment로 정기적으로 지급되는 금액임.
> CPT는 compute로 계산하다의 약자임.
> 특히 부호에 주의할 필요가 있음. 매달 50,000원씩 나가는 돈이므로 (−) 부호를 붙임.
> 이자는 소수점으로 입력하지 않고 %로 입력함.

2 연금의 응용

1) 현금흐름 계산

교수 다음은 연금현금흐름공식을 응용해 보겠습니다. 지금까지는 연금현금흐름의 현재가치 혹은 미래가치를 구하기 위해서는 기간(N : 지불횟수), 현금흐름(PMT), 이자율(I/Y)을 알아야 했습니다.

교수 그럼 현재가치, 기간(지불횟수) 및 이자율이 주어지면 현금흐름은 어떻게 구할까요?

$$PV = \frac{C}{r}\left(1 - \frac{1}{(1+r)^n}\right), \quad C = \frac{PV}{\left[1 - \frac{1}{(1+r)^n}\right]} \cdot r$$

예를 들어 부모님께서 아파트 담보대출을 1억 원 받으실 예정입니다. 이자율은 4%이고 향후 15년에 걸쳐 매달 상환해 나가는 경우 매달 얼마씩 갚아 나가셔야 할까요?

수진 $C = \frac{1\text{억 원}}{\left[1 - \frac{1}{(1+4\%/12)^{180}}\right]} \cdot (4\%/12) = 739{,}687.93\text{원}$ 입니다.

교수 Good job! 재무계산기를 이용하면 간단하게 풀 수 있습니다.

> $\frac{4}{12}$ I/Y
> 100,000,000 PV
> 180(12개월 × 15년) N
> CPT PMT? PMT = −739,687.93원
> 여기서 특히 부호에 주의할 필요가 있음. 대출을 1억 원 받게 되기 때문에 들어오는 돈으로 현재가치는 100,000,000원이 됨.
> 월 할부금은 739,687.93원이 되어 (−)부호가 붙음.

2) 발생횟수 계산

교수 현재가치, 현금흐름 및 이자율이 주어졌을 때 기간(지불횟수)은 어떻게 구할까요?

$$PV = \frac{C}{r}\left(1 - \frac{1}{(1+r)^n}\right) \Rightarrow \frac{PV \cdot r}{C} = \left[1 - \frac{1}{(1+r)^n}\right]$$

$$\frac{1}{(1+r)^n} = 1 - \frac{PV \cdot r}{C} \Rightarrow (1+r)^n = \frac{1}{\left[1 - \frac{PV \cdot r}{C}\right]}$$

$$\ln(1+r) \cdot n = \ln\left[\frac{1}{\left(1 - \frac{PV \cdot r}{C}\right)}\right] \Rightarrow n = \frac{\ln\left[\frac{1}{\left(1 - \frac{PV \cdot r}{C}\right)}\right]}{\ln(1+r)}$$

예를 들어, 여행을 목적으로 오늘 카드론으로 2백만 원을 받았습니다. 이자율은 18%이며, 매달 10만 원씩 상환할 계획입니다. 몇 개월 후에 할부금을 전액 상환할 수 있을까요?

수진 위의 공식을 이용하면 $n = \dfrac{\ln\left[\dfrac{1}{\left(1 - \dfrac{2\text{백만 원} \cdot 18\%/12}{10\text{만 원}}\right)}\right]}{\ln(1 + 18\%/12)} = 23.96$개월입니다.

교수 수진 학생 공부 많이 했나 봐요. 재무계산기를 이용하면 간단하게 풀 수 있습니다.

> $\dfrac{18}{12}$ I/Y
> 2,000,000 PV
> −100,000 PMT
> CPT N? N=23.96
> 여기서 특히 부호에 주의할 필요가 있음. 대출을 통해 2,000,000원이 들어오니까 현재가치는 2,000,000원이 되고 매달 100,000원씩 나가니까 (−)부호가 됨.

3) 이자율 계산

교수 현재가치, 현금흐름 및 기간(지불횟수)이 주어지면 이자율은 어떻게 구할까요?

$PV = \dfrac{C}{r}\left(1 - \dfrac{1}{(1+r)^n}\right)$ 공식을 이용해야 하는데, 불행하게도 공식의 응용을 통해 추정하는 것은 불가능합니다. 만약 재무계산기가 없다면 이런 경우는 시행착오과정(trial and error process)을 통해 추정할 수밖에 없습니다.

예를 들어 매달 5만 원을 저축하여 60개월 후에 3백 50만 원을 만들고 싶다면 몇 % 이자율에 저축해야 할까요?

수진 ???

교수 어렵죠? 그러나 재무계산기를 이용하면 간단하게 풀 수 있습니다.

> −50,000 PMT
> 3,500,000 FV
> 60 N
> CPT I/Y? I/Y=0.511, 0.511%×12=6.13%(연 금리)
> 여기서 특히 부호에 주의할 필요가 있음. 미래에 3,500,000원이 들어오고, 매달 50,000원씩 나가니까 (−)부호가 됨. 그리고 월 기간금리가 0.51%이므로 연 금리는 6.13%가 됨.

수진 다시 말해, 매월 이자율이 0.51%이니까, 연 이자율은 약 0.51%×12=6.13%가 되는 거네요.

수진 원리만 이해하면 그렇게 힘들 것 같지 않습니다. 특히 재무계산기를 이용하면 쉽게 해결할 수 있겠네요.

교수 맞아요. ㅎㅎㅎ

3 선불연금의 현금흐름

교수 지금까지는 현금흐름이 기말에 발생하는 일반연금의 현금흐름을 중심으로 현재가치와 미래가치를 계산했습니다. 이제 현금흐름이 기초에 발생하는 선불연금(annuity due)의 경우에 대해 공부해 보겠습니다.

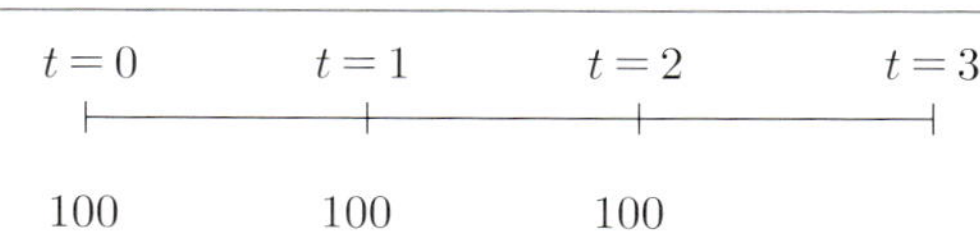

할인율이 10%라고 할 때 현금흐름의 현재가치는 $PV = 100 + \frac{100}{(1.1)} + \frac{100}{(1.1)^2} = 273.55$원으로 구할 수 있습니다. 이런 경우도 연금의 현금흐름을 따르기 때문에 연금공식을 수정하여 이용할 수 있습니다.

$$PV = \frac{C}{r}\left(1 - \frac{1}{(1+r)^n}\right) \times (1+r),$$

$$PV = \frac{100}{0.1} \times \left(1 - \frac{1}{(1.1)^3}\right) \times (1.1) = 273.55$$

교수 또한 재무계산기를 이용하여 풀 수 있습니다.

100 PMT
10 I/Y
3 N
CPT PV? PV $= -248.69$, $-248.69 \times (1.1) = -273.55$원
여기서 특히 부호에 주의할 필요가 있음. 3년 동안 매년 100원씩 수입을 얻기 위해 연 이자율이 10%라고 할 때 얼마를 저축해야 하나와 같은 개념이므로 현재가치는 (−)부호가 됨.

교수 이해를 돕기 위해서 하나 더 예를 들어 설명해 보겠습니다. 연금복권에 당첨되었으며 연금은 이번 달 초부터 시작하여 매달 초에 2백만 원씩 20년 동안 지급됩니다. 이자율이 5%라고 가정하는 경우 당첨된 연금의 현재가치는 어떻게 구할까요?

$t=0$	$t=1$	$t=2$	⋯	$t=239$	$t=240$
2,000,000	2,000,000	2,000,000	⋯	2,000,000	

$$PV = \frac{2,000,000}{0.05/12}\left(1 - \frac{1}{(1+0.05/12)^{240}}\right) \times (1 + 0.05/12) = 304,323,440\text{원}$$

재무계산기를 이용하여 풀 수 있습니다.

2,000,000 PMT
$\frac{5}{12}$ I/Y

> 240 N
> CPT PV? PV = −303,050.626.1, −303,050,626.1 × (1.00417) = −304,323,440원
> 여기서 특히 부호에 주의할 필요가 있음. 20년 동안 매달 2,000,000원씩 수입을 얻기 위해 연 이자율이 5%라고 할 때 얼마를 저축해야 하나와 같은 개념이므로 현재가치는 (−)부호가 됨. 그리고 연 금리 5%는 월 금리로 바꿔 줘야 함.

교수 다음은 선불연금의 미래가치는 어떻게 계산하는지 알아보죠.

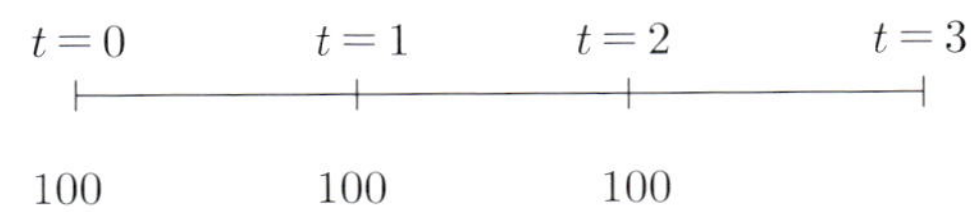

현금흐름이 매년 초에 발생하는 경우와 매년 말에 발생하는 경우는 1년간의 차이가 있습니다. 즉 1월 1일과 12월 31일 사이는 1년이라는 차이가 발생하는 거죠. 따라서 일반연금의 미래가치에 1년을 더 고려해야 됩니다.

이자율이 10%라고 할 때 현금흐름의 3년 후의 미래가치는 $FV = 100 \times (1.1^3) + 100 \times (1.1^2) + 100 \times (1.1) = 364.1$로 구할 수 있습니다. 이런 경우도 연금의 현금흐름을 따르기 때문에 연금의 미래가치공식을 수정하여 이용할 수 있습니다.

따라서 위의 경우

$$FV = \frac{C}{r}\left[(1+r)^n - 1\right] \times (1+r), \quad FV = \frac{100}{0.1}\left[(1.1)^3 - 1\right] \times (1.1) = 364.1$$

교수 재무계산기를 이용하여 풀 수도 있습니다.

> −100 PMT
> 10 I/Y
> 3 N
> CPT FV? FV = 331.00, 331.00 × (1.1) = 364.10원
> 여기서 특히 부호에 주의할 필요가 있음. 3년 동안 매년 100원씩 저축하므로 (−)부호가 됨. 주의할 점은 재무계산기는 현금흐름의 시점을 구별하지 못함. 따라서 현재부터 현금흐름이 발생하였다면 한 번 더 복리계산을 해주어야 함.

교수 예를 들어 부부가 집을 구입하기 위해 매달 초에 2백만 원씩 이자율 5%에 10년간 저축상품에 가입한다고 할 때 10년 후에 얼마짜리 집을 장만할 수 있을까요?

수진 제가 풀어보겠습니다.

$FV = \frac{2,000,000}{0.05/12}\left[(1+0.05/12)^{120}-1\right]\times(1+0.05/12) = 311,858,577.9$원에 해당하는 주택을 살 수 있습니다.

교수 Awesome! 재무계산기를 이용하여 풀 수 있습니다.

> −2,000,000 PMT
>
> $\frac{5}{12}$ I/Y
>
> 120 N
>
> CPT FV? FV=310,564,558.9, 310,564,558.9×(1+0.05/12)=311,858,577.9
>
> 여기서 특히 부호에 주의할 필요가 있음. 10년 동안 매달 2,000,000원씩 저축을 하므로 (−)부호가 됨. 주의할 점은 재무계산기는 현금흐름의 시점을 구별하지 못함. 따라서 현재부터 현금흐름이 발생하였다면 한 번 더 복리계산을 해주어야 함.

수진 사례를 통해 설명해 주시니까 이해에 도움이 많이 되는 것 같습니다. 수업 끝나고 복습을 좀 한 후에 모르는 것은 다시 질문 드리겠습니다.

교수 언제든지 환영입니다.

4 대출의 종류

교수 이번 장에서는 많은 것을 공부하고 있습니다. 마지막으로 연금현금흐름 공식을 응용해서 흔히 이루어지는 할부대출의 사례를 살펴보도록 하겠습니다.
할부대출은 원금균등상환대출과 원리금균등상환대출이 있습니다. 원금균등상환대출은 매번 원금을 균등하게 이자와 더불어 갚아 나가는 대출이고 원리금균등상환대출은 원금과 이자를 합쳐서 매번 같은 금액을 갚아 나가는 대출입니다.

수진 용어가 좀 길어서 혼란스럽습니다. 사례를 들어 구체적으로 설명해 주세요.

교수 약간 그런 측면이 있죠? 예를 들어 5천만 원을 이자율 8%에 대출받는다고 가정할 때 원금균등상환대출과 원리금균등상환대출로 나누어 상환과정을 비교해 보겠습니다.

• 원금균등상환대출과정

년	기초B/S	총상환금	지급이자	지급원금	기말B/S
1	50,000,000	14,000,000	4,000,000 (50,000,000×0.08)	10,000,000	40,000,000
2	40,000,000	13,200,000	3,200,000 (40,000,000×0.08)	10,000,000	30,000,000
3	30,000,000	12,400,000	2,400,000 (30,000,000×0.08)	10,000,000	20,000,000
4	20,000,000	11,600,000	1,600,000 (20,000,000×0.08)	10,000,000	10,000,000
5	10,000,000	10,800,000	800,000 (10,000,000×0.08)	10,000,000	0
합		62,000,000	12,000,000	50,000,000	

• 원리금균등상환대출과정[4)]

년	기초B/S	총상환금	지급이자	지급원금	기말B/S
1	50,000,000	12,522,822	4,000,000 (50,000,000×0.08)	8,522,822	41,477,178
2	41,477,178	12,522,822	3,318,174 (41,477,178×0.08)	9,204,648	32,272,530
3	32,272,530	12,522,822	2,581,802 (32,272,530×0.08)	9,941,020	22,331,510
4	22,331,510	12,522,822	1,786,520 (22,331,510×0.08)	10,736,302	11,595,208
5	11,595,208	12,522,822	27,616 (11,595,208×0.08)	11,595,206	2
합		62,614,110	12,613,812	49,999,998	

위에서처럼 원금균등상환대출은 매년 상환해야 하는 총상환금액이 다르므로 계획적인 자금관리가 어렵습니다. 반면 원리금균등상환대출은 원금과 이자를 합해 같은 금액을 매번 상환하기 때문에 체계적으로 자금계획을 세울 수 있습니다. 따라서 전형적인 자동차할부대출, 주택담보대출, 학자금대출 등에 유용하게 사용됩니다.

수진 학자금대출의 사례를 한번 들어주세요.

교수 여러분에게 가장 직접적인 대출이지요. 예를 들어 학자금대출을 5백만원 받았습니다. 이자율이 4%라고 할 때 졸업 후 2년 동안 매달 얼마씩 상환해야 할까요?

수진 제가 풀어보겠습니다.

$$C = \frac{5,000,000}{\left[1 - \frac{1}{(1+4\%/12)^{24}}\right]} \bullet (4\%/12) = 217,124.61$$

교수 잘했습니다. 계산기를 이용하여 풀면,

4) 원리금균등상환은 연금의 현금흐름을 따르기 때문에 재무계산기를 이용하면, 50,000,000 PV, 8 I/Y, 5 N, CPT PMT?

> 5,000,000 PV
> $\frac{4}{12}$ I/Y
> 24 N
> CPT PMT? PMT = −217,124.61
> 따라서 매달 217,125원씩 상환해야 합니다.

교수 위의 원리금균등상환대출 이외에도 순할인대출과 이자지급대출이 있습니다.

수진 네? 또 있어요?

교수 나머지는 복잡하지 않습니다. 먼저 순할인대출(pure discount loans)은 대출이 일어날 때 이자를 선취하는 경우를 말합니다. 예를 들어 1천만 원을 연 10%의 이율에 1년간 빌렸다고 하면 10%에 해당하는 이자 1백만 원을 떼고 나머지 9백만 원을 받고 1년 후에 1천만 원을 갚게 되는 경우를 말합니다. 실제로는 잘 실행되지는 않지만, 1년 미만의 상품은 이런 형태로 발행됩니다. 예를 들어 미국의 T-bill은 재무부에서 처음에 할인된 금액으로 발행하고 만기에 원금을 갚게 됩니다.

수진 이건 쉽네요.

교수 그랬잖아요. 쉽다고. 마지막으로 이자지급대출(interest-only loans)은 우리 주위에서 이루어지는 대출이 여기에 해당됩니다. 원금대출을 받고 매번 이자를 상환하고 만기에 원금과 이자를 갚는 대출입니다.

수진 예를 들어 설명해 주세요.

교수 여러분이 졸업 후 취직을 해서 1천만 원을 연 6%의 이자율에 대출을 받았다고 하면 매달 5만 원을 갚고 1년 후에 원금 1천만 원과 이자 5만 원을 합쳐 1천 5만 원을 갚게 되지요.[5)]

---

5) 10,000,000 × 0.06 = 600,000원/12 = 50,000원이 됨.

$t=0$	1월	2월	$\cdots$	11월	12월
	50,000	50,000	$\cdots$	50,000	10,050,000

수진 이해가 됩니다. 일반적으로 은행에서 대출받을 때 이렇게 받는 거잖아요?

교수 네, 맞습니다. 이것으로 지루했던 제3장을 마치도록 하겠습니다. 힘든 수업 따라오느라 고생들 많았습니다.

수진 ㅎㅎㅎ

제3장 요약

1. 영구연금의 현금흐름의 정의 :

- 영구히
- 기말에 정기적
- 동일한 현금흐름

2. 영구연금의 현재가치 :

$$PV = \frac{C}{r}$$

3. 연금의 현금흐름의 정의 :

- 정해진 기간
- 기말에 정기적
- 동일한 현금흐름

4. 연금의 현재가치 :

$$PV = \frac{C}{r}\left(1 - \frac{1}{(1+r)^n}\right)$$

여기서 $\left(\frac{1}{r} - \frac{1}{r \times (1+r)^n}\right)$ 혹은 $\left(\frac{1 - \frac{1}{(1+r)^n}}{r}\right)$을 연금의 현가요인(present value interest factor for annuity)이라 하며, $PVIFA(r, n)$ 또는 A_r^n으로 표기함

5. 연금의 미래가치 :

$$FV = \frac{C}{r}\left[(1+r)^n - 1\right]$$

6. 선불연금의 현금흐름의 정의 :

- 정해진 기간
- 기초에 정기적
- 동일한 현금흐름

7. 선불연금의 현재가치 :

$$PV = \frac{C}{r}\left(1 - \frac{1}{(1+r)^n}\right) \times (1+r)$$

8. 선불연금의 미래가치 :

$$FV = \frac{C}{r}\left[(1+r)^n - 1\right] \times (1+r)$$

9. 연금의 현금흐름 공식의 응용 :

- 기간을 구하는 경우 : 주어진 연금의 현금흐름의 현재가치, 미래가치, 현금흐름

$$n = \frac{\ln\left[\dfrac{1}{\left(1 - \dfrac{PV \cdot r}{C}\right)}\right]}{\ln(1+r)}$$

- 현금흐름을 구하는 경우 : 주어진 연금의 현금흐름의 현재가치, 미래가치, 기간

$$C = \frac{PV}{\left[1 - \dfrac{1}{(1+r)^n}\right]} \cdot r$$

10. 대출의 종류 :

- 원금균등상환대출 : 대출기간 동안 원금을 균등하게 상환하는 경우
- 원리금균등상환대출 : 대출기간 동안 원금과 이자를 합쳐서 균등하게 상환하는 경우
- 순할인대출 : 이자를 미리 차감하고 지급하며 만기에 원금을 상환하는 경우
- 이자지급대출 : 대출기간 동안 이자만 정기적으로 갚고 만기에 원금과 이자를 상환하는 경우

연습문제

1 다음 중 연금의 현금흐름에 관한 설명으로 옳은 것은? (　　)

① 모든 조건이 같을 경우, 할인율의 증가는 연금의 현재가치를 증가시키고 미래가치는 감소시킨다.
② 모든 조건이 같을 경우, 일반연금의 가치는 선불연금의 가치보다 높다.
③ 모든 조건이 같을 경우, 연금지불횟수의 감소는 선불연금의 미래가치를 증가시킨다.
④ 매기 초에 현금흐름이 발생하는 연금을 일반연금이라 부른다.
⑤ 모든 조건이 같을 경우, 할인율의 증가는 연금의 현재가치를 감소시키고 미래가치는 증가시킨다.

2 다른 모든 조건이 같은 경우 연금의 현재가치가 증가하는 경우는? (　　)

Ⅰ. 지급횟수 증가	Ⅱ. 이자율 증가
Ⅲ. 이자율 감소	Ⅳ. 지급금액 감소

① Ⅰ, Ⅱ　　② Ⅰ, Ⅲ
③ Ⅱ, Ⅳ　　④ Ⅰ, Ⅱ, Ⅳ
⑤ Ⅰ, Ⅲ, Ⅳ

3 다음 중 연금 A와 연금 B에 대한 설명으로 옳은 것은? (　　)

구 분	연금 A	연금 B
만기	10년	10년
연금지급시점	매달 말	매달 초
수익률	8%	8%

① 연금 A와 연금 B의 현재가치는 같다.
② 연금 B는 연금 A보다 1회 더 많은 연금을 지급한다.
③ 연금 B는 연금 A에 비해 더 높은 현재가치와 미래가치를 제공한다.
④ 연금 A의 미래가치는 연금 B의 미래가치보다 높다.
⑤ 연금 A는 연금 B에 비해 높은 미래가치와 낮은 현재가치를 제공한다.

4 다음 설명 중 옳은 것은? (　　)

① EAR은 항상 APR보다 높다.
② APR보다 EAR이 투자와 대출의 선택비교 시 더 유용하게 사용될 수 있다.
③ 매월 이자지급식 대출의 APR은 $[(1+\text{월이자})^{12}-1]$이다.
④ APR은 항상 EAR보다 높다.
⑤ 매달 이자가 부과되는 대출의 경우 EAR과 APR은 같다.

5 APR이 8.5%이고, EAR이 8.5%인 대출의 조건은? (　　)

① 1년 만기
② 월별 이자지급식
③ 이자지급식 대출
④ 0% 이자율
⑤ 1년마다 이자부과

6 만약 초기비용이 같다면 다음 중 어느 투자안을 선택해야 하는가? (　　)

구 분	투자안 A	투자안 B
만기	6년	8년
현금흐름(연 단위)	520,000원	480,000원
요구수익률	15%	15%

① 투자안 B는 현금흐름의 현재가치가 185,983.32원만큼 투자안 A를 초과하기 때문에
② 투자안 B는 투자안 B의 현금흐름의 합이 투자안 A보다 700,000원 초과하기 때문에
③ 투자안 A는 현금흐름의 현재가치가 185,983.32원만큼 투자안 B를 초과하기 때문에
④ 투자안 A는 매년 현금흐름이 투자안 B보다 크기 때문에
⑤ 두 투자안의 현재가치가 같아서 어느 투자안이나 상관없다.

7 수영은 7.6%의 금리에 매달 210,000원씩 상환하는 조건으로 4,470,000원의 중고트럭을 은행에서 차입하여 구입하였다. 빌린 돈은 몇 개월 후에 전액 상환할 수 있겠는가? (　　)

① 약 20개월
② 약 23개월
③ 약 25개월
④ 약 26개월
⑤ 약 27개월

8 수아는 3,000,000원에 해당하는 물건을 신용카드로 결제하였다. 이자율이 12%라고 할 때 매달 50,000원씩 상환하는 경우와 60,000원씩 상환하는 경우의 상환 소요기간 차이는? (　　)

① 약 20.43개월　② 약 21.43개월
③ 약 22.43개월　④ 약 23.43개월
⑤ 약 24.43개월

9 (주)광교는 기업확장을 목적으로 오늘부터 분기마다 35,000,000원을 4년 동안 은행에 적립하기로 하였다. 평균 이자율이 5%인 경우 4년 후의 미래가치는 약 얼마인가? (　　)

① 593,386,867.7원　② 603,386,867.7원
③ 613,386,867.7원　④ 623,386,867.7원
⑤ 633,386,867.7원

10 아름은 오늘부터 매달 75,000원씩 20년간 저축할 예정이다. 가름은 다음 달부터 매달 80,000원씩 20년간 저축할 예정이다. 연평균 이자율이 6%인 경우 20년 후에 누가 얼마나 더 많이 받을까? (　　)

① 가름이가 1,936,939.14원 더 많이 받음
② 아름이가 2,036,939.14원 더 많이 받음
③ 가름이가 2,036,939.14원 더 많이 받음
④ 아름이가 2,136,939.14원 더 많이 받음
⑤ 가름이가 2,136,939.14원 더 많이 받음

11 영서는 이달 말부터 회사의 연금프로그램에 매달 150,000원씩 예치할 계획이다. 회사는 1,000원당 500원을 추가로 예치시켜 주며 30년 이상 예치할 경우 평균 수익률은 8%로 예상된다. 30년 후 영서의 퇴직프로그램 예상금액은 약 얼마인가? (　　)

① 335,330,875.9원　② 345,330,875.9원
③ 355,330,875.9원　④ 365,330,875.9원
⑤ 375,330,875.9원

12 영수는 20년 동안 매년 1억 원씩 주는 복권에 당첨되었는데, 첫 1억 원은 지금 지급되며 시중 이자율은 3%이다. 복권의 현재가치는? ( )

① 1,432,379,911원
② 1,532,379,911원
③ 1,632,379,911원
④ 1,732,379,911원
⑤ 1,832,379,911원

13 광교일보는 그림대회를 개최하였는데, 총상금은 25,000,000원이며 우승자에게는 대회 당일 10,000,000원을 지급하고 나머지는 3년에 걸쳐 매년 5,000,000원씩 분할지급할 계획이다. 이자율이 4%라고 할 때 상금의 현재가치는? ( )

① 21,875,455.17원
② 22,875,455.17원
③ 23,875,455.17원
④ 24,875,455.17원
⑤ 25,875,455.17원

14 수빈은 내년부터 5년 동안 보험회사로부터 매달 800,000원을 받을 예정이다. 첫 2년간의 이자율은 4%이고 나머지 3년간의 이자율은 5%라고 가정할 때 현재가치는? ( )

① 41,066,218.39원
② 42,066,218.39원
③ 43,066,218.39원
④ 44,066,218.39원
⑤ 45,066,218.39원

15 할인율은 12%이며 첫 지급이 3년 후에 이루어지는 경우, 7년 동안 매년 받게 되는 3,600,000원의 현재가치는? ( )

① 10,097,515.58원
② 11,097,515.58원
③ 12,097,515.58원
④ 13,097,515.58원
⑤ 14,097,515.58원

16 경기기업은 원금균등상환조건으로 5년 동안 이자율 8%에 60,000,000원을 차입하였다. 상환이 매년 말 이자와 더불어 이루어지는 경우 3년 말에 갚아야 하는 금액은? ( )

① 10,880,000원
② 11,880,000원
③ 12,880,000원
④ 13,880,000원
⑤ 14,880,000원

17 광교기업은 5천만 원을 원리금균등상환조건으로 6%에 대출받았다. 매년 11,869,820.02 원씩 상환하는 경우 2년 말에 갚아야 하는 이자는 얼마인가? (   )

① 2,467,810.80원
② 2,967,810.80원
③ 3,467,810.80원
④ 3,967,810.80원
⑤ 4,467,810.80원

18 이자율이 6.9%이며 다음과 같은 현금흐름이 발생한다. 10년 후의 가치는? (   )

현금 발생 연도	현금흐름
2	8,500,000원
3	9,300,000원
6	7,100,000원

① 36,603,998.77원
② 37,603,998.77원
③ 38,603,998.77원
④ 39,603,998.77원
⑤ 39,803,998.77원

문제풀이

1 ⑤

① (×) 할인율 증가 ⇒ 연금의 현재가치 감소, 미래가치 증가
② (×) 선불연금의 가치가 높음.
③ (×) 연금지불횟수 감소 ⇒ 미래가치 감소
④ (×) 선불연금
⑤ (○)

2 ②

Ⅰ. (○) 지급횟수 증가 ⇒ 연금의 현재가치 증가
Ⅱ. (×) 이자율 증가 ⇒ 연금의 현재가치 감소
Ⅲ. (○) 이자율 감소 ⇒ 연금의 현재가치 증가
Ⅳ. (×) 지급금액 감소 ⇒ 연금의 현재가치 감소

3 ③

① (×)

② (×) 지급횟수는 같음.

③ (○)

④ (×) 연금 A의 미래가치는 연금 B의 미래가치보다 낮음.

⑤ (×) 연금 A는 연금 B에 비해 낮은 미래가치와 현재가치를 제공함.

4 ②

① (×) 연 1회 이자가 계산되는 경우 EAR과 APR은 같음.

② (○)

③ (×) APR=월이자×12

④ (×) 연 1회 이자가 계산되는 경우 EAR과 APR은 같음.

⑤ (×) $EAR > APR$

5 ⑤

연 1회 이자가 발생하는 경우 EAR과 APR은 같음.

6 ①

현재가치 추정 :

[수식을 이용하는 경우]

$$PV=\frac{C}{r}\left(1-\frac{1}{(1+r)^n}\right)$$

투자안 A : $\frac{520,000}{0.15}\left(1-\frac{1}{(1.15)^6}\right)=1,967,931.00$원

투자안 B : $\frac{480,000}{0.15}\left(1-\frac{1}{(1.15)^8}\right)=2,153,914.32$원

[계산기를 이용하는 경우]

투자안 A : 520,000 PMT, 6 N, 15 I/Y, CPT PV? PV=1,967,931.00원

투자안 B : 480,000 PMT, 8 N, 15 I/Y, CPT PV? PV=2,153,914.32원

투자안 B−투자안 A=185,983.32원

7 ②

연금의 현금흐름에서 소요기간 구하기 :

[수식을 이용하는 경우]

$$n=\frac{\ln\left[\frac{1}{\left(1-\frac{PV\cdot r}{C}\right)}\right]}{\ln(1+r)}=\frac{\ln\left[\frac{1}{\left(1-\frac{4,470,000\cdot 0.0063}{210,000}\right)}\right]}{\ln(1.0063)}=22.93$$

[계산기를 이용하는 경우]

$\frac{7.6}{12}$ I/Y, −210,000 PMT, 4,470,000 PV, CPT N? N=22.93개월

8 ③

• 50,000원씩 상환하는 경우 :

[수식을 이용하는 경우]

$$n=\frac{\ln\left[\frac{1}{\left(1-\frac{PV \cdot r}{C}\right)}\right]}{\ln(1+r)}=\frac{\ln\left[\frac{1}{\left(1-\frac{3{,}000{,}000 \cdot 0.01}{50{,}000}\right)}\right]}{\ln(1.01)}=92.09$$

[계산기를 이용하는 경우]

$\frac{12}{12}$ I/Y, −50,000 PMT, 3,000,000 PV, CPT N? N=92.09개월

• 60,000원씩 상환하는 경우 :

[수식을 이용하는 경우]

$$n=\frac{\ln\left[\frac{1}{\left(1-\frac{PV \cdot r}{C}\right)}\right]}{\ln(1+r)}=\frac{\ln\left[\frac{1}{\left(1-\frac{3{,}000{,}000 \cdot 0.01}{60{,}000}\right)}\right]}{\ln(1.01)}=69.66$$

[계산기를 이용하는 경우]

$\frac{12}{12}$ I/Y, −60,000 PMT, 3,000,000 PV, CPT N? N=69.66개월

따라서 차이는 22.43개월

9 ④

선불연금의 미래가치 구하기 :

[수식을 이용하는 경우]

$$FV=\frac{C}{r}\left[(1+r)^n-1\right]\times(1+r)$$
$$=\frac{35{,}000{,}000}{0.05/4}\left[\left(1+\frac{0.05}{4}\right)^{16}-1\right]\times\left(1+\frac{0.05}{4}\right)=623{,}386{,}867.7\text{원}$$

[계산기를 이용하는 경우]

−35,000,000 PMT, $\frac{5}{4}$ I/Y, 16 N, CPT FV? FV=615,690,733.6원×1.0125=623,386,867.7원

주의할 점은 재무계산기는 일반연금과 선불연금의 차이를 인식하지 못함. 따라서 연금의 미래가치에 (1+r)을 곱해야 함.

10 ⑤

• 아름의 미래가치 :

[수식을 이용하는 경우]

$$FV=\frac{C}{r}[(1+r)^n-1]\times(1+r)=\frac{75,000}{0.06/12}\left[\left(1+\frac{0.06}{12}\right)^{240}-1\right]\times\left(1+\frac{0.06}{12}\right)=34,826,332.47\text{원}$$

[계산기를 이용하는 경우]

$-75,000$ PMT, $\frac{6}{12}$ I/Y, 240 N, CPT FV? FV$=$34,653,067.14원$\times$1.005$=$34,826,332.47원

• 가름의 미래가치 :

[수식을 이용하는 경우]

$$FV=\frac{C}{r}[(1+r)^n-1]=\frac{80,000}{0.06/12}\left[\left(1+\frac{0.06}{12}\right)^{240}-1\right]=36,963,271.61\text{원}$$

[계산기를 이용하는 경우]

$-80,000$ PMT, $\frac{6}{12}$ I/Y, 240 N, CPT FV? FV$=$36,963,271.61원

가름이가 2,136,939.14원 더 많이 받음.

11 ①

매달 연금예치 금액 : 150,000원$+$75,000원$=$225,000원

[수식을 이용하는 경우]

$$FV=\frac{C}{r}[(1+r)^n-1]=\frac{225,000}{0.08/12}\left[\left(1+\frac{0.08}{12}\right)^{360}-1\right]=335,330,875.9\text{원}$$

[계산기를 이용하는 경우]

$-225,000$ PMT, $\frac{8}{12}$ I/Y, 360 N, CPT FV? FV$=$335,330,875.9원

12 ②

선불연금의 현재가치 추정 :

[수식을 이용하는 경우]

$$PV=\frac{C}{r}\left[1-\frac{1}{(1+r)^n}\right]\times(1+r)=\frac{100,000,000}{0.03}\left[1-\frac{1}{(1.03)^{20}}\right]\times(1.03)=1,532,379,911\text{원}$$

[계산기를 이용하는 경우]

100,000,000 PMT, 3 I/Y, 20 N, CPT PV? PV$=-$1,487,747,486원$\times$(1.03)$=-$1,532,379,911원

주의할 점은 재무계산기는 일반연금과 선불연금의 차이를 인식하지 못함. 따라서 연금의 미래가치에 (1$+$r)을 곱해야 함.

13 ③

현금흐름 :

0	1	2	3
10,000,000	5,000,000	5,000,000	5,000,000

[수식을 이용하는 경우]

$$PV=\frac{C}{r}\left[1-\frac{1}{(1+r)^n}\right]=\frac{5,000,000}{0.04}\left[1-\frac{1}{(1.04)^3}\right]=13,875,455.17\text{원}$$

+10,000,000원=23,875,455.17원

[계산기를 이용하는 경우]

5,000,000 PMT, 4 I/Y, 3 N, CPT PV? PV=13,875,455.17원+10,000,000원=23,875,455.17원

14 ③

	1	2	3	4	5
이자율	4%(24개월)		5%(36개월)		
현금흐름	800,000		…		800,000

[수식을 이용하는 경우]

첫 2년 동안의 현금흐름의 현재가치 :

$$PV=\frac{C}{r}\left[1-\frac{1}{(1+r)^n}\right]=\frac{800,000}{0.04/12}\left[1-\frac{1}{(1+0.04/12)^{24}}\right]=18,422,600.66\text{원}$$

3년부터 발생하는 현금흐름의 현재가치 :

$$PV=\frac{C}{r}\left[1-\frac{1}{(1+r)^n}\right]=\frac{800,000}{0.05/12}\left[1-\frac{1}{(1+0.05/12)^{36}}\right]=26,692,561.03\text{원}$$

이는 2년 후의 현재가치가 되기 때문에 다시 24개월간 할인해 줌.

$$\frac{26,692,561.03}{\left(1+\frac{0.04}{12}\right)^{24}}=24,643,617.73\text{원}$$

따라서 현재가치=18,422,600.66원+24,643,617.73원=43,066,218.39원

[계산기를 이용하는 경우]

첫 2년 동안의 현금흐름의 현재가치 :

800,000 PMT, $\frac{4}{12}$ I/Y, 24 N, CPT PV? PV=18,422,600.66원

3년부터 발생하는 현금흐름의 현재가치 :

800,000 PMT, $\frac{5}{12}$ I/Y, 36 N, CPT PV? PV=26,692,561.03원

이는 2년 후의 현재가치가 되기 때문에 다시 24개월간 할인해 줌.

26,692,561.03 FV, $\frac{4}{12}$ I/Y, 24 N, CPT PV? PV=−24,643,617.73원

따라서 현재가치=18,422,600.66원+24,643,617.73원=43,066,218.39원

15 ④

1	2	3	4	5	6	7	8	9
		3백 6십만	3백 6십만	3백 6십만	3백 6십만	3백 6십만	3백 6십만	3백 6십만

두 단계로 나누어 계산함.

3년 후부터 발생하는 현금흐름의 현재가치는 2년도의 가치가 됨.

[수식을 이용하는 경우]

$$PV = \frac{C}{r}\left[1 - \frac{1}{(1+r)^n}\right] = \frac{3,600,000}{0.12}\left[1 - \frac{1}{(1+0.12)^7}\right] = 16,429,523.54\text{원}$$

$$\frac{16,429,523.54}{(1+0.12)^2} = 13,097,515.58\text{원}$$

[계산기를 이용하는 경우]

1단계 : 3,600,000 PMT, 12 I/Y, 7 N, CPT PV? PV=16,429,523.54원

2단계 : 현재시점으로 다시 할인, 16,429,523.54 FV, 12 I/Y, 2 N, CPT PV? PV=−13,097,515.58원

16 ⑤

	1	2	3	4	5
원금분할	12,000,000원	12,000,000원	12,000,000원	12,000,000원	12,000,000원
이자	6천만×0.08 =4,800,000원	4천8백만×0.08 =3,840,000원	3천6백만×0.08 =2,880,000원		
총상환액	16,800,000원	15,840,000원	14,880,000원		

17 ①

[계산기를 이용하는 경우]

1단계 : 50,000,000 PV, 6 I/Y, 4 N, CPT PMT? PMT=−11,869,820.02원

	총상환금액	이자부분	원금부분	잔액
1	11,869,820.02원	5천만×0.06=3,000,000원	8,869,820.02원	41,130,179.98원
2	11,869,820.02원	41,130,179.98×0.06 =2,467,810.80원		
3	11,869,820.02원			
4	11,869,820.02원			
5	11,869,820.02원			

18 ③

현금 발생 연도	현금흐름	10년 후의 미래가치
2	8,500,000원	$8{,}500{,}000 \times (1.069)^8 = 14{,}495{,}745.90$원
3	9,300,000원	$9{,}300{,}000 \times (1.069)^7 = 14{,}836{,}343{,}68$원
6	7,100,000원	$7{,}100{,}000 \times (1.069)^4 = 9{,}271{,}909.19$원
합 계		38,603,998.77원

chapter

4

재무제표의 이해

학습내용

민수 제4장에서는 어떤 내용을 공부하나요?

교수 재무관리는 회계와 밀접한 관련성을 가집니다. 회계를 통해 기업의 정량적 측면을 파악하게 됩니다. 따라서 본장에서는 재무상태표와 손익계산서에 대한 리뷰와 이를 이용한 주요 비율분석을 학습합니다. 단기부채상환능력분석, 장기부채상환능력분석, 자산관리분석, 수익성분석, 시장가치분석 등을 배웁니다.

교수 여러분, 회계원리 다 수강하셨죠? 본장에서는 회계원리 시간에 많이 다룬 재무제표에 대해 복습하도록 하겠습니다.

민수 회계원리 수업도 아닌데 왜 그런 것을 공부해야 하죠?

교수 맞아요. 재무관리 시간에 어려운 회계수업을 왜 하냐고요? 재무관리와 회계는 아주 밀접한 관계에 있습니다. 재무관리의 목적[1)]을 달성하기 위한 세 가지 기능 중 '어느 사업을 선택할 것인가?' 혹은 '어디에 투자할 것인가?'와 관련된 기능이 자본예산입니다. 투자할 사업을 선택할 때에는 자본이 얼마나 들어가고 미래에는 현금흐름이 언제 얼마나 발생할 것인가를 예측하는 것이 아주 중요합니다. 앞의 제2장과 제3장에서는 현금흐름이 주어졌다는 가정하에 현재가치와 미래가치를 추정하는 방법을 공부했습니다. 그러나 불행히도 실무에서는 미래에 발생할 현금흐름을 제공하지 않습니다. 이런 현금흐름은 주요 회계자료인 재무상태표와 손익계산서를 통해 추정해야 합니다. 따라서 재무상태표와 손익계산서에 대한 이해가 필요합니다.

1 재무상태표

교수 먼저 재무상태표부터 시작하죠. 재무상태표[2)]에 대한 정의를 말해 볼 학생 있나요?

민수 기업의 자산과 부채 및 자기자본의 현황을 보여주는 표입니다.

---

1) 제1장에서 재무관리의 목적은 소유주의 재산의 시장가치를 극대화시키는 것이라 정의했고, 이를 달성하기 위한 재무관리의 주요 3가지 의사결정은 자본예산(자본계획, 자본운용), 자본조달(자본구조), 순운전자본관리였습니다.

2) 재무상태표는 영어로 Balance Sheet(B/S)로 표현되며, 좌측과 우측이 같아서 균형상태에 있다는 의미입니다.

교수 맞아요. 좀 더 정확하게 말하면 특정 시점의 기업의 자산 현황, 부채 현황, 자기자본 현황을 보여주는 표라고 할 수 있습니다. 재무상태표에서 자산, 부채, 자기자본은 발생시점의 금액을 그대로 표기해 줍니다.[3] 재무상태표를 만들 때 좌우로 표기하면 좌측이 자산 현황을 보여주고 우측은 부채와 자기자본의 현황을 보여줍니다. 상하로 표기하면 먼저 자산 현황을, 뒤에 부채와 자기자본 현황을 적습니다. 자산 항목을 기표할 때 유동부채와 비유동부채로 나누며 유동성이 높은 자산부터 유동성이 낮은 자산으로 나열합니다. 유동성에 대한 정의를 내려 볼 학생?

민수 현금화가 빠른 자산을 말합니다.

교수 네, 맞습니다. 그런데 좀 더 보충이 필요합니다. 자산의 가치를 크게 손상시키지 않으면서 1년 이내에 현금화가 되는 자산을 말합니다.[4] 재무상태표의 항등식은 [총자산＝총부채＋총자기자본]으로 나타낼 수 있습니다.

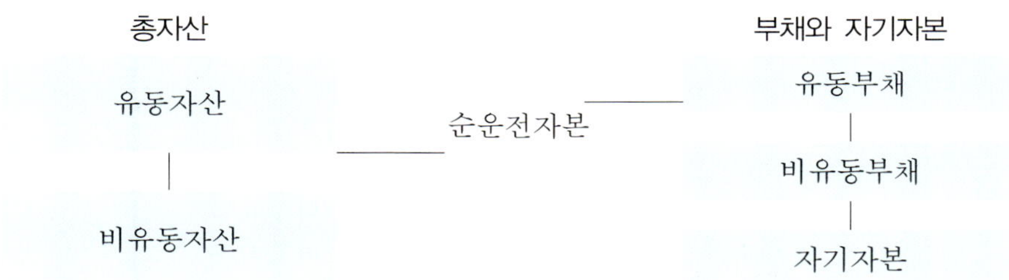

유동자산과 유동부채의 차이를 순운전자본이라 합니다. 기업의 유동성(liquidity)은 양면의 얼굴을 가집니다. 이는 마치 여러분이 현금을 많이 보유하고 있는 것과 같은 논리입니다. 예를 들어 여러분이 외부 장학금을 5백만 원 받았다고 생각합시다. 기분 좋은 일이죠. 너무나 소중한 이 돈을 여러분 책상 서랍에 보관하고 있으면 든든합니다. 언제든지 비상

---

3) 재무상태표의 모든 숫자는 발생주의에 근거하여 표기한 숫자입니다.

4) 예를 들어 부모님이 급히 목돈이 필요하셔서 시가 3억 원의 아파트를 2억 원에 판매하시면 바로 거래가 이루어질 확률이 높습니다. 이런 경우 자산의 가치를 크게 손상시킬 수 있기 때문에 유동성이 높은 자산으로 볼 수 없습니다.

금으로 사용할 수 있으니까요. 그런데 6개월 혹은 1년이 지나도 원금은 그대로이고 먼지만 위에 쌓이게 될지 모릅니다. 반면 은행에 1년간 저축을 하거나 투자를 하게 되면 이자와 같은 부가가치가 붙게 됩니다. 기업의 유동자금도 비슷한 맥락에서 이해하면 됩니다. 기업이 현금과 같은 유동자산을 많이 보유하면 필요한 경우 언제든지 자금을 활용할 수 있으나 기업의 이익창출에는 도움이 되지 못하지요. 반면에 유동성이 부족하면 기업은 항상 불안합니다. 1997년 IMF[5)]외환위기는 좋은 사례입니다. 많은 기업에서 원자재 대금과 이자를 갚지 못해 파산하였습니다.

교수 본 수업은 회계수업이 아니므로 재무상태표와 손익계산서의 개념만 이해하는 것으로 하겠습니다. 간단한 재무상태표의 예를 살펴보도록 합시다.

재무상태표

주식회사 경기 2**1년 1월 1일~12월 31일 / 2**2년 1월 1일~12월 31일 (단위 : 백만원)

	2**1	2**2		2**1	2**2
자산			부채		
유동자산			유동부채		
현금	84	98	외상매입	312	344
매출채권	165	188	지불어음	231	196
재고자산	393	422			
	642	708		543	540
비유동자산			장기부채	531	457
유형자산	2,731	2,880	자기자본		
			보통주	500	550
			유보금	1,799	2,041
				2,299	2,591
총자산	**3,373**	**3,588**	총부채와 자기자본	**3,373**	**3,588**

5) 국제통화기금(IMF : International Monetary Fund)은 1947년에 설립된 국제기구로 약 190개 국가가 회원으로 가입되어 있으며 국가가 경제적 위기에 처할 경우 달러를 빌려주고 많은 경제적 구조조정을 요구합니다. 고통 없는 대가는 없다(No pains, No gains!).

교수 재무상태표의 구조(structure)를 간단히 살펴보면, 일반적으로 유동자산은 유동부채보다 크고, 비교적 많은 투자금액과 원금회수가 장기에 걸쳐 이루어지는 비유동자산은 장기부채와 자기자본으로 충당되어야 재무구조가 안정적이라 할 수 있습니다.

교수 다음은 손익계산서[6]에 관해 살펴보도록 하겠습니다. 손익계산서에 대해 설명할 학생 있나요?

민수 기업의 성과를 보여주는 표입니다.

교수 맞습니다. 좀 더 정확하게 표현하자면 예를 들어 특정 기간의 연간보고서이면 2**2년 1월 1일부터 2**2년 12월 31일까지 기업의 경영성과를 보여주는 보고서입니다. 일반적으로 매출액에서 비용을 차감하는 방식으로 작성됩니다.

주식회사 경기	손익계산서 2**2년 12월 31일	(단위 : 백만원)
매출액		2,311
매출원가		1,344
감가상각비		276
영업이익		691
이자비용		141
법인세		187
당기순이익		363
배당금	121	
유보금	242	

민수 재무관리에서 재무상태표와 손익계산서의 내용을 활용한다고 하셨는데요. 지금까지 설명하신 내용은 회계원리에서 공부한 것들을 단지 복습한 듯합니다.

교수 지금까지 복습한 회계원리의 기본지식을 토대로 비율분석에 대해 공부

6) 손익계산서는 영어로 IS(Income Statement) 혹은 PL(Profit & Loss)로 표기합니다.

하겠습니다. 여러분은 한 학기 동안 회계원리를 열심히 공부해 왔습니다. 그럼 실제로 재무제표를 보면 잘 이해되시나요? 아니죠? 그럼 심지어 회계에 대한 지식이 없는 사람은 어떨까요?

민수 더 황당하겠죠? 검은 것은 글씨, 하얀 것은 백지?

교수 아마 그렇겠죠. 그러나 기업을 둘러싼 모든 이해관계자[7)]가 회계자료의 내용을 전부 필요로 하는 것은 아닙니다. 예를 들어 기업에 돈을 빌려준 채권자의 입장에서는 이자와 원금을 돌려받는 것에 관심이 많을 것이며, 투자자의 입장에서는 주가가 많이 올라 매매차익을 높이거나 배당금을 많이 받는 것에 관심이 많겠죠. 따라서 각각의 이해관계자에게 필요한 정보를 선택하여 비율로 제공하는 분석을 재무제표비율분석이라고 합니다. 비율분석[8)]은 크게 5개의 범주로 나누어 볼 수 있습니다.

2 비율분석

1) 단기부채상환능력분석

민수 구체적으로 설명해 주세요.

교수 먼저 기업이 빌린 단기부채[9)]를 갚을 능력이 어느 정도인가를 측정하는

---

7) 기업을 둘러싼 이해관계자는 투자자, 금융기관, 주주, 고객, 공급업자, 정부 등을 말합니다.

8) 비율분석은 금융기관이 기업을 대상으로 대출을 해줄 때 이자와 원금의 회수가능성을 측정하기 위해 도입한 것으로 유동비율을 특히 은행비율이라고도 합니다. 비율분석은 특정 기업의 비율 자체에 의미를 부여하는 것은 큰 의미가 없기 때문에 뭔가와 비교를 통해서 그 진가를 발휘할 수 있습니다. 그 비교대상은 일반적으로 과거 비율(시간 추세 비율)과 동종기업의 비율로 나눌 수 있습니다.

9) 단기부채는 1년 이내에 원금과 이자를 갚아야 하는 부채를 말하며, 장기부채는 1년 이내에 원금을 갚지 않아도 되는 부채를 말합니다.

분석이 유동성분석입니다. 유동성분석을 측정할 때 일반적으로 널리 사용되는 방법에는 유동비율, 당좌비율, 현금비율, 순운전자본비율이 있습니다. 유동자산은 현금화가 빨리 되는 순서로 크게 현금이나 예금 등을 포함하는 현금성자산, 매출채권이나 받을어음과 같은 당좌자산, 원자재와 같은 재고자산으로 나눌 수 있습니다. 이들을 대상으로 비율을 구해 유동성분석을 실시하게 됩니다. 아래의 공식과 뒤의 비율은 앞의 재무상태표와 손익계산서에 근거하여 구한 비율들입니다(금액 단위 : 백만원).

① $\text{유동비율} = \dfrac{\text{유동자산}}{\text{유동부채}}$, $\text{유동비율} = \dfrac{708}{540} = 1.31$

② $\text{당좌비율} = \dfrac{\text{유동자산} - \text{재고자산}}{\text{유동부채}}$, $\text{당좌비율} = \dfrac{708 - 422}{540} = 0.53$

③ $\text{현금비율} = \dfrac{\text{유동자산} - \text{재고자산} - \text{매출채권}}{\text{유동부채}}$,

$\text{현금비율} = \dfrac{708 - 422 - 188}{540} = 0.18$

④ $\text{순운전자본비율} = \dfrac{\text{유동자산} - \text{유동부채}}{\text{총자산}}$,

$\text{순운전자본비율} = \dfrac{708 - 540}{3{,}588} = 0.05$

민수 그런데 비율이 어느 정도가 되어야 좋은 건가요?

교수 글쎄요. 돈을 빌려준 사람의 입장에서는 유동성과 관련된 비율이 높으면 높을수록 좋겠지요. 일반적으로 금융기관에서는 유동비율은 200% 이상이면 안정적이라고 본답니다. 그러나 기업의 입장에서 과도하게 많은 유동자산을 보유하는 것은 기업의 이익을 창출하는 데 도움이 되지 않기 때문에 가급적 최소한의 유동자산을 보유하고자 하겠지요. 따라서 고육지책으로 적정유동비율은 비교를 통해 판단할 수밖에 없습니다. 예를 들어 비교대상이 기업 자체인 경우 과거 5년 동안의 유동비율의 추이를 비교할 수 있습니다. 비교대상이 동종기업들인 경우, 예를 들어 자동차생산업인 경우는 현대자동차, 르노자동차, 쌍용자동차, GM자동차, 토요타자동차의 유동비율과 비교해 볼 수가 있겠습니다. 또한 유동비율 ⇒ 당좌비율 ⇒ 현금비율 순으로 아주 보수적인 견해에서 유동성을 측정하는 것으로 볼 수 있겠지요. 대부분 양(+)의 비율 값을 보이지만 유일하게 순운전자본비율은 유동부채가 많은 경우 음(−)의 비율 값을 보일 수도 있습니다.

민수 이해가 좀 되는 것 같습니다.

2) 장기부채상환능력분석

교수 다행이군요. 다음은 장기부채상환능력분석에 관해 알아보도록 하겠습니다. 기업이 공장이나 기계설비와 같은 비유동자산을 갖출 때 종종 많은 금액이 들어가게 됩니다. 이런 경우 자기자본에만 의존할 수 없는 경우가 자주 발생합니다.[10] 대안으로 타인자본을 통해 자금을 조달하게 됩니다. 그러나 지나치게 과도한 부채는 기업을 파산에 이르게 할 수 있습니다. 따라서 기업의 장기부채와 관련이 있는 장기부채상환능력분석을 다른 표현으로 금융레버리지[11](financial leverage)분석이라고도 합니다.

민수 구체적으로 금융레버리지분석에는 어떤 비율들이 있나요?

교수 일반적으로 다음과 같은 비율들이 사용됩니다.

① $\text{부채비율} = \dfrac{\text{부채}}{\text{자기자본}}$, $\text{부채비율} = \dfrac{997}{2,591} = 0.38$

② $\text{총부채비율} = \dfrac{\text{총부채}}{\text{총자산(총자기자본} + \text{총부채)}}$,

$\text{총부채비율} = \dfrac{997}{3,588} = 0.28$

③ $\text{자기자본승수} = \dfrac{\text{총자산}}{\text{자기자본}} = \dfrac{\text{자기자본} + \text{부채}}{\text{자기자본}} = 1 + \dfrac{\text{부채}}{\text{자기자본}}$,

$\text{자기자본승수} = \dfrac{3,588}{2,591} = \dfrac{2,591 + 997}{2,591} = 1 + \dfrac{997}{2,591} = 1.38$

---

10) 또한 기업이 부채를 사용하는 경우 이자에 대한 세금감면효과의 혜택을 가질 수 있습니다. 즉 손익계산서에서 이자를 먼저 차감하고 과세를 부담하기 때문에 지불이자가 많으면 그만큼 법인세를 적게 냅니다. 이런 세금감면을 통해 얻을 수 있는 이득을 기업의 법인세감면효과라고 합니다.

11) 레버리지는 우리말로 지렛대를 의미하며, 적은 노력으로 많은 효과를 올릴 수 있습니다. 따라서 금융에서 레버리지는 타인자본(부채)을 이용하여 더 많은 수익성을 창출한다는 의미입니다.

④ $\text{이자보상비율} = \dfrac{\text{영업이익}}{\text{이자}}$, $\text{이자보상비율} = \dfrac{691}{141} = 4.90$

민수 자기자본승수와 이자보상비율에 대해 좀 더 자세히 설명해 주세요.

교수 자기자본승수는 어느 정도의 부채사용은 총자산의 가치를 증가시키는데 도움이 되는 것[12)]으로 나중에 자기자본순이익률(ROE)과 관련하여 다시 자세히 설명하기로 하죠.

교수 다음 이자보상비율은 기업이 이자를 갚을 능력이 어느 정도인가를 평가하는 비율로 이자보상비율이 월등히 높은 경우 기업이 부채를 적절히 잘 활용하고 있다는 증거가 됩니다. 따라서 부채비율을 평가할 경우 반드시 이자보상비율도 함께 평가하는 것이 타당합니다.

민수 그럼 이자보상비율만 높으면 기업이 부채를 많이 사용해도 괜찮다는 건가요?

교수 네, 단기적으로는 괜찮을 수 있습니다. 그러나 장기적으로는 기업의 실적이 하락하는 경우 많은 이자부담은 기업에 큰 부담이 될 수 있기 때문에 부채비율을 낮추어 가는 노력이 필요합니다. 지금까지 살펴본 유동성분석과 레버리지분석은 기업에 돈을 빌려주었거나 빌려줄 의향이 있는 채권자의 의사결정에 유용한 정보들이 되겠지요. 또한 기업의 입장에서는 자본조달과 관련된 의사결정을 내리는 재무담당자에게 유용한 정보가 될 수 있습니다.

3) 자산관리분석

교수 다음은 기업이 보유하고 있는 자산을 얼마나 효율적으로 활용하는지를 평가하는 자산관리분석입니다. 다른 말로 회전율분석 혹은 활동성분석이라고도 합니다. 기업이 투자의사결정을 할 때 사용하는 비율분석입니

12) 자기자본승수가 높다는 것은 부채비율이 높다는 것을 의미합니다.

다. 예를 들어 회전율이 높다는 의미는 그만큼 자산을 잘 활용하고 있다는 증거이니까 향후 긍정적인 투자의사결정이 이루어지겠지요. 다만 회전율을 날짜로 표현하면 훨씬 쉽게 이해할 수 있습니다.

① $\text{재고자산회전율} = \frac{\text{매출액}}{\text{재고자산}}$, $\text{재고자산회전율} = \frac{2,311}{422} = 5.48$

재고자산회전율[13] $= \frac{\text{매출원가}}{\text{재고자산}}$, $\text{재고자산회전율} = \frac{1,344}{422} = 3.18$

⇒ $\text{재고자산회수기간} = \frac{1}{\text{재고자산회전율}} \times 365$,

매출액을 이용하는 경우, $\frac{365}{5.48} = 66.60\text{일}$

매출원가를 이용하는 경우, $\frac{365}{3.18} = 114.78\text{일}$

② $\text{매출채권회전율} = \frac{\text{매출액}}{\text{매출채권}}$, $\text{매출채권회전율} = \frac{2,311}{188} = 12.29$

⇒ $\text{매출채권회수기간} = \frac{1}{\text{매출채권회전율}} \times 365$,

$\text{매출채권회수기간} = \frac{365}{12.29} = 29.70\text{일}$

③ $\text{유형자산회전율} = \frac{\text{매출액}}{\text{유형자산}}$, $\text{유형자산회전율} = \frac{2,311}{2,880} = 0.80$

⇒ $\text{유형자산회수기간} = \frac{1}{\text{유형자산회전율}} \times 365$,

$\text{유형자산회수기간} = \frac{365}{0.80} = 456.25\text{일}$

④ $\text{총자산회전율} = \frac{\text{매출액}}{\text{총자산}}$, $\text{총자산회전율} = \frac{2,311}{3,588} = 0.64$

⇒ $\text{총자산회수기간} = \frac{1}{\text{총자산회전율}} \times 365$,

$\text{총자산회수기간} = \frac{365}{0.64} = 570.31\text{일}$

교수 회수기간이 짧으면 짧을수록 기업의 입장에서는 더 빠른 시일 내에 자금회수가 가능하다는 의미니까 유리하겠죠.

민수 네, 기간으로 전환해서 계산하니 훨씬 이해가 빠르네요.

---

13) 재고자산회전율은 경우에 따라서 매출원가를 재고자산으로 나누어 구하는 경우도 있습니다.

4) 수익성분석

교수 그렇죠? 다음은 수익성분석과 관련된 비율을 공부하도록 하겠습니다. 수익성에 관한 비율은 얼마나 효율적으로 재원, 시간, 노력의 기업 활동을 낭비 없이 수행했는가를 평가하는 것으로 결국 당기순이익과 귀결됩니다.

교수 일반적으로 사용되는 수익성비율은 다음과 같습니다.

① $\text{매출액순이익률} = \frac{\text{당기순이익}}{\text{매출액}}$, $\text{매출액순이익률} = \frac{363}{2,311} = 15.71\%$

② 총자산순이익률[14]$= \frac{\text{당기순이익}}{\text{총자산}}$, $\text{총자산순이익률} = \frac{363}{3,588} = 10.12\%$

③ 자기자본순이익률[15]$= \frac{\text{당기순이익}}{\text{자기자본}}$,

$\text{자기자본순이익률} = \frac{363}{2,591} = 14.01\%$

민수 위의 수익성비율은 어떤 목적에 사용될까요?

교수 위에서 매출액순이익률은 얼마를 팔아서 얼마를 남겼는지의 의미로 경영성과와 밀접한 관련성이 있습니다. 예를 들어 경기기업의 사업부문 A는 매출액이 10억 원이며 1억 원의 당기순이익이 발생하여 10%의 매출액순이익률이 발생하였습니다. 반면 사업부문 B는 매출액이 1억 원이며 2천만 원의 당기순이익이 발생하여 20%의 매출액순이익률을 달성하였습니다. 경기기업의 두 사업부문을 비교하면 사업부문 B의 경영성과가 높습니다. 이를 바탕으로 향후 사업부문 B에 더 적극적인 투자가 이루어질 것으로 예상됩니다. 따라서 수익성과 관련된 비율은 기업의 영업 의사결정에 적극적으로 활용할 수 있습니다.

---

14) 총자산순이익률은 간단히 *ROA*(Return on Assets)라고도 표현합니다.

15) 자기자본순이익률은 간단히 *ROE*(Return on Equity)라고도 표현합니다. 이는 종종 주주의 목적 혹은 기업의 목적으로도 사용됩니다.

5) 시장가치분석

교수 마지막으로 시장가치분석에 대해 알아보도록 하겠습니다. 시장가치분석은 위에서 설명한 비율들과 달리 기업 내부적으로 관리할 수 있는 비율이 아닙니다. 즉 기업 외부의 고객이 기업을 어떻게 평가하느냐에 달려 있습니다. 위 기업의 총발행주식수는 3,300만주이고 주가는 88원이라 가정합시다.

① 주가수익비율[16]$= \dfrac{주가}{주당순이익}$, 주가수익비율 $= \dfrac{88}{11} = 8$

② 주가장부가비율[17]$= \dfrac{주가}{주당장부가치}$, 주가장부가비율 $= \dfrac{88}{78.52} = 1.12$배

주가수익비율의 분모인 주당순이익은 손익계산서에서 $\dfrac{당기순이익}{총발행주식수} = \left(\dfrac{363}{33}\right) = 11$로 구할 수 있으며 이는 전기의 주당순이익으로 볼 수 있습니다. 즉 투자자가 전기의 주당순이익 대비 주식가격을 어떻게 평가하는가를 나타냅니다. 주가장부가비율의 분모인 주당장부가치는 $\dfrac{총자산 - 총부채}{총발행주식수} = \left(\dfrac{3,588 - 997}{33}\right) = 78.52$로 구할 수 있습니다.

6) 종합분석

듀퐁항등식(Du Pont Identity)[18]은 ROE를 분해하여 기업을 종합적으로 평가할 수 있는 기법입니다. 앞에서 언급했듯이 재무관리의 목적은 주인의 재산의 시장가치를 증대시키는 것입니다. 이는 곧 자기자본이익률(ROE)을 높이는 것과 동일합니다.[19]

---

16) 주가수익비율은 영어로 price-to-earnings ratio로 약자로 PER 혹은 P/E 비율로 표시합니다.
17) 주가장부가비율은 영어로 price-to-book ratio로 약자로 PBR 혹은 P/B 비율로 표시합니다.
18) 듀퐁항등식은 프랑스의 Du Pont 회사가 처음 사용하여 그 이름을 따서 부르게 되었습니다.
19) 주인이 투자한 자본이 자기자본이며 이에 대한 시장가치를 높이는 것이 곧 재무관리의 목적이 됩니다.

$$ROE = \frac{당기순이익}{자기자본} = \frac{당기순이익}{자기자본} \times \frac{매출액}{매출액}$$

$$ROE = \frac{당기순이익}{자기자본} = \frac{당기순이익}{매출액} \times \frac{매출액}{자기자본}$$

$$ROE = \frac{당기순이익}{자기자본} = \frac{당기순이익}{매출액} \times \frac{매출액}{자기자본} \times \frac{총자산}{총자산}$$

$$ROE = \frac{당기순이익}{매출액} \times \frac{매출액}{총자산} \times \frac{총자산(자기자본 + 부채)}{자기자본}$$

$$ROE = \frac{당기순이익}{매출액} \times \frac{매출액}{총자산} \times \left(1 + \frac{부채}{자기자본}\right)^{20)}$$

$$ROE = 매출액순이익률 \times 총자산회전율 \times 자기자본승수$$

$$ROE = 0.157 \times 0.64 \times 1.38 = 0.14$$

결국 기업은 매출액 대비 당기순이익을 높이고, 보유하고 있는 자산을 충분히 활용하며, 적절한 부채를 잘 활용함으로써 ROE를 향상시킵니다. 이를 통해 주주의 이익을 높일 수 있습니다.

민수 공식을 이해하는 데 크게 어렵지 않은 것 같네요.

교수 그렇죠? 크게 복잡하지는 않습니다. 다음은 기업이 얼마만큼 성장할 수 있는가를 파악하는 비율에 대해 알아보기로 하겠습니다. 여기에는 내부성장률과 지속성장률이 있습니다. 내부성장률(internal growth rate)은 추가로 외부자금조달 없이 기업이 유지할 수 있는 성장률을 말합니다. 기업의 유보금이 조금이라도 존재하는 경우 부채비율은 감소하는 결과를 보이게 됩니다.[21]

$$내부성장률 = \frac{(ROA \times b)}{(1 - ROA \times b)}, \quad 내부성장률 = \frac{\left(0.1012 \times \frac{2}{3}\right)}{\left(1 - 0.1012 \times \frac{2}{3}\right)} = 7.23\%$$

---

20) $ROA \times \left(1 + \frac{부채}{자기자본}\right)$

21) 총자산순이익률은 영어로 return-to-assets로 약자로 ROA로 표기합니다. ROA(return on assets)는 총자산순이익률$\left(\frac{당기순이익}{총자산}\right)$을 나타내며, b는 유보율$\left(\frac{유보금}{당기순이익}\right)$을 나타냅니다. 영어로 유보율은 plowback (retention) ratio로 표기하므로 plowback에서 되돌려 비축한다는 의미에서 약자 b로 표기하기도 합니다. 배당률은 영어로 dividend payout ratio로 나타내고 배당성향이라고도 하며 $1-b$가 됩니다.

지속성장률(sustainable growth rate)은 부채비율을 일정하게 유지하면서 기업이 성장할 수 있는 비율을 말합니다.[22] 부채비율$\left(\frac{\text{부채}}{\text{자기자본}}\right)$을 일정하게 유지한다는 것은 유보금의 증가는 분모의 자기자본의 증가로 이어지게 되며 자연적으로 분자인 부채의 증가가 이루어진다는 것을 의미합니다.[23]

$$\text{지속성장률} = \frac{(ROE \times b)}{(1 - ROE \times b)}, \ \text{지속성장률} = \frac{\left(0.1401 \times \frac{2}{3}\right)}{\left(1 - 0.1401 \times \frac{2}{3}\right)} = 10.30\%$$

이론적으로 보면 유보율이 높으면 높을수록 기업의 내부성장률과 지속성장률은 높아지게 됩니다. 이는 극단적으로 배당금을 전혀 지급하지 않아도 된다는 것을 의미할 수도 있습니다. 다시 말해 기업의 당기순이익은 배당금과 유보금으로 나눠지며 배당률$\left(\frac{\text{배당금}}{\text{당기순이익}}\right)$과 유보율$\left(\frac{\text{유보금}}{\text{당기순이익}}\right)$을 합치면 1이 됩니다. 따라서 배당금이 줄면 줄수록 유보율은 높아지게 됩니다.

민수 그럼 전체적으로 보면 기업의 성장률을 높이기 위해서는 위의 듀퐁항등식에서 매출액순이익률, 총자산회전율, 재무정책과 배당정책을 적절히 관리해야겠네요.

교수 Awesome!!!

22) 부채증가 외의 기타 외부자금조달은 없습니다.

23) 예를 들어 부채비율이 100%라면 자기자본과 부채가 동일함을 의미합니다. 유보금의 증가로 자기자본이 120이 되면 부채도 추가로 20만큼 조달해야 부채비율 100%를 유지할 수 있습니다.

제4장 요약

1. 재무상태표 :

- 특정 시점의 기업의 자산현황, 자기자본현황 및 부채현황을 작성한 표
- 차변에는 자산으로 유동성이 높은 항목에서 낮은 순으로 나열하며 유동자산과 비유동자산으로 구성됨
- 대변에는 부채와 자기자본으로 1년 이내에 원금을 상환해야 하는 유동부채(단기부채)에서 비유동부채(장기부채), 자기자본 순으로 구성됨
- 재무상태표의 항등식 : 총자산=총자기자본+총부채
- 순운전자본=유동자산−유동부채

2. 손익계산서 :

- 특정 기간 동안의 기업의 경영성과를 작성한 표
- 매출액에서 비용을 차감하여 마지막으로 당기순이익을 나타냄

3. 비율분석 :

- 기업의 재무제표를 구성하는 항목들을 이용하여 비율을 제시함으로써 다양한 이해관계자에게 알맞은 정보제공
- 재무비율분석은 기업의 과거 비율이나 동종기업들의 비율과 비교를 통해 유용성을 지님

4. 단기부채상환능력분석 :

기업이 단기부채를 갚을 수 있는 능력이 얼마인지를 측정

① $유동비율 = \frac{유동자산}{유동부채}$

② $당좌비율 = \frac{유동자산 - 재고자산}{유동부채}$

③ $현금비율 = \frac{유동자산 - 재고자산 - 매출채권}{유동부채}$

④ $순운전자본비율 = \frac{유동자산 - 유동부채}{총자산}$

5. 장기부채상환능력분석 :

기업이 장기부채를 갚을 수 있는 능력이 얼마인지를 측정

① $부채비율 = \frac{부채}{자기자본}$

② $\text{총부채비율} = \dfrac{\text{총부채}}{\text{총자산(총자기자본} + \text{총부채)}}$

③ $\text{자기자본승수} = \dfrac{\text{총자산}}{\text{자기자본}} = \dfrac{\text{자기자본} + \text{부채}}{\text{자기자본}} = 1 + \dfrac{\text{부채}}{\text{자기자본}}$

④ $\text{이자보상비율} = \dfrac{\text{영업이익}}{\text{이자}}$

6. 자산관리분석 :

기업이 보유하고 있는 자산을 얼마나 효율적으로 활용하는지를 평가하며 회전율분석 혹은 활동성분석이라고도 함

① $\text{재고자산회전율} = \dfrac{\text{매출액}}{\text{재고자산}}$

$\text{재고자산회전율} = \dfrac{\text{매출원가}}{\text{재고자산}}$

⇒ $\text{재고자산회수기간} = \dfrac{1}{\text{재고자산회전율}} \times 365$

② $\text{매출채권회전율} = \dfrac{\text{매출액}}{\text{매출채권}}$

⇒ $\text{매출채권회수기간} = \dfrac{1}{\text{매출채권회전율}} \times 365$

③ $\text{유형자산회전율} = \dfrac{\text{매출액}}{\text{유형자산}}$

⇒ $\text{유형자산회수기간} = \dfrac{1}{\text{유형자산회전율}} \times 365$

④ $\text{총자산회전율} = \dfrac{\text{매출액}}{\text{총자산}}$

⇒ $\text{총자산회수기간} = \dfrac{1}{\text{총자산회전율}} \times 365$

7. 수익성분석 :

얼마나 효율적으로 기업 활동을 수행했는가를 평가하는 것으로 당기순이익과 귀결됨

① $\text{매출액순이익률} = \dfrac{\text{당기순이익}}{\text{매출액}}$

② $\text{총자산순이익률} = \dfrac{\text{당기순이익}}{\text{총자산}}$

③ $\text{자기자본순이익률} = \dfrac{\text{당기순이익}}{\text{자기자본}}$

8. 시장가치분석 :

기업 외부의 이해관계자들의 평가

① $\text{주가수익비율} = \dfrac{\text{주가}}{\text{주당순이익}}$

② $\text{주가장부가비율} = \dfrac{\text{주가}}{\text{주당장부가치}}$

9. 종합분석 :

- ROE를 분해하여 기업을 종합적으로 평가할 수 있는 기법

$$ROE = \frac{\text{당기순이익}}{\text{자기자본}} = \frac{\text{당기순이익}}{\text{자기자본}} \times \frac{\text{매출액}}{\text{매출액}}$$

$$ROE = \frac{\text{당기순이익}}{\text{자기자본}} = \frac{\text{당기순이익}}{\text{매출액}} \times \frac{\text{매출액}}{\text{자기자본}} \times \frac{\text{총자산}}{\text{총자산}}$$

$$ROE = \frac{\text{당기순이익}}{\text{매출액}} \times \frac{\text{매출액}}{\text{총자산}} \times \frac{\text{총자산(자기자본+부채)}}{\text{자기자본}}$$

$$ROE = \frac{\text{당기순이익}}{\text{매출액}} \times \frac{\text{매출액}}{\text{총자산}} \times \left(1 + \frac{\text{부채}}{\text{자기자본}}\right)$$

$$ROE = \text{매출액순이익률} \times \text{총자산회전율} \times \text{자기자본승수}$$

- 내부성장률(internal growth rate) : 추가로 외부자금조달 없이 기업이 유지할 수 있는 성장률, $\dfrac{(ROA \times b)}{(1 - ROA \times b)}$
- 지속성장률(sustainable growth rate) : 부채비율을 일정하게 유지하면서 기업이 유지할 수 있는 성장률, $\dfrac{(ROE \times b)}{(1 - ROE \times b)}$

연습문제

1 다음 중 자기자본승수의 올바른 표기는? (　　)

① 1+(부채/자기자본)비율　② 1+총자산회전율
③ 총부채/총자기자본　④ 총자기자본/총자산
⑤ 1/총자산회전율

2 듀퐁항등식이 재무관리자에게 어떤 유용한 정보를 제공하는가? (　　)

Ⅰ. 재무레버리지	Ⅱ. 영업효율성
Ⅲ. 자산이용효율성	Ⅳ. 자산수익률(ROA)

① Ⅰ, Ⅱ　② Ⅰ, Ⅲ
③ Ⅱ, Ⅳ　④ Ⅰ, Ⅱ, Ⅳ
⑤ Ⅰ, Ⅱ, Ⅲ, Ⅳ

3 광교기업의 총자산은 522,100,000원이며, 유동자산은 186,500,000원, 총부채가 215,000,000원이다. 부채비율은? (　　)

① 0.48　② 0.70
③ 1.10　④ 1.43
⑤ 2.13

4 한국기업의 총자산은 79,600,000원이고 자기자본승수는 1.35이다. 부채비율은? (　　)

① 0.25　② 0.35
③ 0.55　④ 0.65
⑤ 1.00

5 다음의 대한기업 자료를 이용한 이자보상비율은? (　　)

> *EBIT* : 21,680,000원
> 당기순이익 : 12,542,000원
> 법인세 : 34%

① 0.88　② 1.66
③ 3.08　④ 5.60
⑤ 8.10

6 충청기업의 매출액은 746,700,000원, 매출원가는 603,200,000원, 재고자산은 94,300,000원인 경우, 재고자산을 처분하는 데 걸리는 기간은? (　　)

① 7.23일　② 48.68일
③ 57.03일　④ 66.02일
⑤ 71.10일

7 경상기업의 매출액은 923,000,000원, 매출원가는 748,000,000원, 매출채권은 106,700,000원인 경우, 평균매출채권회수기간은? (　　)

① 8.65일　② 11.28일
③ 25.01일　④ 42.20일
⑤ 45.33일

8 강원기업의 매출액은 291,200,000원, 매출원가는 163,300,000원, 당기순이익은 11,360,000원, 순비유동자산은 154,500,000원, 유동자산은 89,500,000원인 경우, 총자산회전율은? (　　)

① 1.00　② 1.02
③ 1.05　④ 1.10
⑤ 1.19

9 전라기업의 매출액은 737,000,000원, $EBIT$는 매출액의 21%, 지급이자는 7,900,000원, 법인세율은 35%인 경우, 이익마진(profit margin)은? (　　)

① 12.95%
② 13.33%
③ 13.66%
④ 13.99%
⑤ 14.05%

10 한국기업의 매출액은 828,900,000원, 총자기자본은 539,200,000원, 이익마진은 4.6%, 부채비율은 0.55인 경우, 총자산순이익률은? (　　)

① 4.16%
② 4.26%
③ 4.46%
④ 4.56%
⑤ 4.76%

11 대한기업의 총자산은 710,000,000원, 총발행주식은 45,000주, 주당시장가격은 28,000원, 이익마진은 7%, 총자산회전율은 1.3일 때 주가수익률(PER)은? (　　)

① 15.50
② 17.50
③ 19.50
④ 21.50
⑤ 23.50

12 나라기업의 총자산은 991,000,000원, 총자산회전율은 1.1, 부채비율은 0.6, 자기자본수익률은 8.7%이다. 당기순이익은? (　　)

① 43,885,625원
② 53,885,625원
③ 63,885,625원
④ 73,885,625원
⑤ 83,885,625원

13 나무기업의 총자기자본은 89,000,000원, 매출이익률은 4.8%, 자가자본승수는 1.5, 총자산회전율은 1.30이다. 총매출액은? (　　)

① 143,550,000원
② 153,550,000원
③ 163,550,000원
④ 173,550,000원
⑤ 183,550,000원

14 바다기업의 자기자본 1,000원에 대한 이익은 170원이다. 바다기업이 자기자본 1,000원 대비 600원을 차입한다면, ROA는 얼마인가? (　　)

① 9.63%　② 10.63%
③ 11.63%　④ 12.63%
⑤ 13.63%

15 수목기업의 매출액은 238,000,000원, 총자산은 217,000,000원, 총자기자본은 121,300,000원, 당기순이익은 18,700,000원, 배당금은 6,000,000원이다. 내부성장률은? (　　)

① 4.2%　② 4.7%
③ 5.2%　④ 5.7%
⑤ 6.2%

16 광교기업은 부채비율이 0.45로 일정하게 유지한다. 당기순이익 11,800,000원에서 배당금을 6,500,000원 지불하였다. 총자산이 92,000,000원이면 지속성장률은? (　　)

① 9.1%　② 9.8%
③ 10.1%　④ 10.5%
⑤ 10.8%

문제풀이

1 ①

2 ⑤

$$ROE = \frac{당기순이익}{매출액} \times \frac{매출액}{총자산} \times \frac{총자산(자기자본+부채)}{자기자본}$$

$$ROE = \frac{당기순이익}{매출액} \times \frac{매출액}{총자산} \times \left(1 + \frac{부채}{자기자본}\right) = \frac{당기순이익}{총자산} \times \frac{매출액}{매출액} \times \left(1 + \frac{부채}{자기자본}\right)$$

$$ROA \times \left(1 + \frac{부채}{자기자본}\right)$$

$ROE =$ 매출액순이익률 × 총자산회전율 × 자기자본승수

3 ②

$$부채비율 = \frac{부채}{자기자본} = \frac{215,000,000}{(522,100,000 - 215,000,000)} = 0.70$$

4 ②

$$자기자본승수 = \frac{총자산}{자기자본} = \frac{자기자본+부채}{자기자본} = 1 + \frac{부채}{자기자본},\ 1.35 - 1 = 0.35$$

5 ⑤

$EBIT$ − 이자 − 법인세 = 당기순이익

21,680,000 − 이자 − (21,680,000 − 이자) × 0.34 = 12,542,000원

21,680,000 × 0.66 − 0.66 × 이자 = 12,542,000원

이자 = 2,676,969.70원

$$따라서\ \ 이자보상비율 = \frac{영업이익}{이자} = \frac{21,680,000}{2,676,969.70} = 8.10$$

6 ③

[매출액을 이용하는 경우]

$$\text{재고자산회전율} = \frac{\text{매출액}}{\text{재고자산}} = \frac{746{,}700{,}000}{94{,}300{,}000} = 7.92$$

$$\Rightarrow \text{재고자산회수기간} = \frac{1}{\text{재고자산회전율}} \times 365 = \frac{1}{7.92} \times 365 = 46.09\text{일}$$

[매출원가를 이용하는 경우]

$$\text{재고자산회전율} = \frac{\text{매출원가}}{\text{재고자산}} = \frac{603{,}200{,}000}{94{,}300{,}000} = 6.40$$

$$\Rightarrow \text{재고자산회수기간} = \frac{1}{\text{재고자산회전율}} \times 365 = \frac{1}{6.40} \times 365 = 57.03\text{일}$$

7 ④

$$\text{매출채권회전율} = \frac{\text{매출액}}{\text{매출채권}} = \frac{923{,}000{,}000}{106{,}700{,}000} = 8.65$$

$$\Rightarrow \text{매출채권회수기간} = \frac{1}{\text{매출채권회전율}} \times 365 = \frac{1}{8.65} \times 365 = 42.20\text{일}$$

8 ⑤

$$\text{총자산회전율} = \frac{\text{매출액}}{\text{총자산}} = \frac{291{,}200{,}000}{154{,}500{,}000 + 89{,}500{,}000} = 1.19$$

9 ①

$EBIT = \text{매출액} \times 0.21 = 737{,}000{,}000 \times 0.21 = 154{,}770{,}000\text{원}$

$\text{법인세} = (154{,}770{,}000 - 7{,}900{,}000) \times 0.35 = 51{,}404{,}500\text{원}$

$\text{당기순이익} = EBIT - \text{이자} - \text{법인세} = 154{,}770{,}000 - 7{,}900{,}000 - 51{,}404{,}500 = 95{,}465{,}500\text{원}$

$$\text{이익마진} = \frac{\text{당기순이익}}{\text{매출액}} = \frac{95{,}465{,}500}{737{,}000{,}000} = 0.1295(12.95\%)$$

10 ④

$\text{이익마진} = \frac{\text{당기순이익}}{\text{총매출}}$, $\text{당기순이익} = 0.046 \times 828{,}900{,}000 = 38{,}129{,}400\text{원}$

$\text{부채비율} = \frac{\text{부채}}{\text{자기자본}} = 0.55$, $\text{부채} = 0.55 \times 539{,}200{,}000 = 296{,}560{,}000\text{원}$

$$\text{총자산순이익률} = \frac{\text{당기순이익}}{\text{총자산}} = \frac{38{,}129{,}400}{\text{총자산}(539{,}200{,}000 + 296{,}560{,}000)} = 0.0456(4.56\%)$$

11 ③

$$주가수익비율 = \frac{주가}{주당순이익} = \frac{28,000}{1,435.78} = 19.50$$

$$총자산회전율 = \frac{매출액}{총자산} = \frac{매출액}{710,000,000} = 1.3,\ 매출액 = 923,000,000원$$

$$이익마진 = \frac{당기순이익}{매출액} = \frac{당기순이익}{923,000,000} = 0.07,\ 당기순이익 = 64,610,000원$$

$$주당순이익 = \frac{당기순이익}{발행주식수} = \frac{64,610,000}{45,000} = 1,435.78원$$

12 ②

$$부채비율 = \frac{부채}{자기자본} = 0.6,\ 1.6 \times 자기자본 = 991,000,000원,\ 자기자본 = 619,375,000원$$

$$자기자본순이익률 = \frac{당기순이익}{자기자본} = 0.087,\ 당기순이익 = 0.087 \times 619,375,000 = 53,885,625원$$

13 ④

$$자기자본승수 = 1 + \frac{부채}{자기자본} = 1.5,\ 부채비율 = \frac{부채}{자기자본} = 0.5,$$

$$총자산 = 1.5 \times 자기자본 = 1.5 \times 89,000,000 = 133,500,000원$$

$$총자산회전율 = \frac{매출액}{총자산} = \frac{매출액}{133,500,000} = 1.3,\ 매출액 = 173,550,000원$$

14 ②

$$ROA = \frac{당기순이익}{총자산} = \frac{0.17 \times 자기자본}{1.6 \times 자기자본} = 0.10625,\ 약\ 10.63\%$$

$$부채비율 = \frac{부채}{자기자본} = 0.6,\ 1.6 \times 자기자본 = 총자산,\ ROE = \frac{당기순이익}{자기자본} = 0.17$$

15 ⑤

$$내부성장률 = \frac{(ROA \times b)}{(1 - ROA \times b)} = \frac{(0.086 \times 0.68)}{(1 - 0.086 \times 0.68)} = 0.062,\ 약\ 6.2\%$$

$$ROA = \frac{당기순이익}{총자산} = \frac{18,700,000}{217,000,000} = 0.086,\ 배당률 = \frac{6,000,000}{18,700,000} = 0.32,$$

$$b = 1 - 배당률 = 1 - 0.32 = 0.68$$

16 ①

$$지속성장률 = \frac{(ROE \times b)}{(1 - ROE \times b)} = \frac{(0.186 \times 0.449)}{(1 - 0.186 \times 0.449)} = 0.091, \text{ 약 } 9.1\%$$

$$부채비율 = \frac{부채}{자기자본} = 0.45, \ 1.45 \times 자기자본 = 92{,}000{,}000원, \ 자기자본 = 63{,}448{,}275.86원$$

$$ROE = \frac{당기순이익}{자기자본} = \frac{11{,}800{,}000}{63{,}448{,}275.86} = 0.186, \ b = 1 - \frac{6{,}500{,}000}{11{,}800{,}000} = 1 - 0.551 = 0.449$$

chapter

5

현금흐름 추정

학습내용

아름 제5장에서는 어떤 내용을 공부하나요?

교수 재무관리에서 기업의 정확한 현금흐름을 추정하는 것은 아주 중요한 일입니다. 본장에서는 현금흐름의 개념과 현금흐름 추정 시 고려해야 할 사항에 근거하여 재무상태표와 손익계산서를 이용하여 실제로 현금흐름을 추정해 봅니다.

1. 현금흐름 개념
2. 현금흐름 추정 시 고려해야 할 사항
3. 현금흐름 추정

1 현금흐름 개념

교수 현금흐름(cash flow)이란 기업에서 발생하는 영업, 투자, 재무 등의 기업 활동을 통해서 발생하는 현금의 유입(cash inflows)과 현금의 유출(cash outflows)을 통틀어 말합니다. 기업의 당기순이익이 흑자의 성과를 거두어도 현금흐름이 좋지 않으면 부도가 나는 경우가 종종 발생합니다. 따라서 현금흐름의 추정은 재무관리에서 가장 중요한 부분 중의 하나입니다. 물론 회계자료 중에 현금흐름표가 제시되지만, 재무관리 측면에 부합되는 정보를 제공해 주지 못하기 때문에 우리는 수고스럽게 현금흐름을 추정해야 합니다.[1)]

아름 그럼, 어떤 점에서 현금흐름 추정이 중요한가요?

교수 기업은 끊임없이 성장 및 발전하는 생명체와 같은 존재입니다. 기업의 성장과 발전은 지속적으로 새로운 사업을 발굴하고 투자하는 과정에서 이루어집니다. 기업이 자본을 무한히 가지고 있다면 이익 발생과 관계없이 관심 있는 분야는 어느 것에나 투자해도 아무 문제가 없을 것입니다. 그러나 문제는 현실적으로 대부분의 개인이나 기업은 제한된 자본을 가지고 있다는 점입니다. 따라서 투자하려는 사업에 대한 타당성 검정을 통해 경제성을 고려하는 것이 필요합니다. 이를 위해 현금흐름을 추정해야 합니다. 즉 미래에 발생할 현금흐름을 추정한 다음 현재가치로 전환해서 투자비용과 비교하는 과정이 필요합니다.

아름 그냥 간단하게 공시되는 회계정보 중에 현금흐름표를 사용하면 문제가 되나요?

교수 네, 지금부터 현금흐름을 추정할 때 고려해야 하는 점들을 살펴봄으로써 어떤 문제점들이 있는지 살펴보도록 합시다.

---

1) 회계자료에 근거한 현금흐름표는 과거의 정보를 토대로 작성되었지만, 재무관리의 의사결정에서는 미래에 발생할 현금흐름의 정보를 요구합니다.

2 현금흐름 추정 시 고려해야 할 사항

1) 감가상각비(depreciation costs)

교수 여러분 감가상각비[2]에 관해 공부하였죠? 감가상각비가 뭐죠?

아름 (침묵!)

교수 감가상각비는 회계장부상에서 가상적으로 설정하는 비용입니다. 예를 들어 기업이 올해 10억 원을 투자하여 기계장비를 구매했다고 하면 재무관리적인 측면에서는 이미 10억 원을 지출한 것으로 비용처리합니다. 그러나 회계에서는 정액법을 적용해서 5년간 매년 2억 원(=10억 원/5년)씩 인위적으로 비용이 지출되는 것으로 설정하게 됩니다. 따라서 재무관리에서는 고정비용으로 처리했기 때문에 다시 감가상각비를 현금유출로 처리하면 안 됩니다.

2) 금융비용(financial costs)

교수 금융비용[3]에는 어떤 것이 있을까요?

아름 이자비용!!!

---

2) 감가상각은 유형자산을 경제적 내용연수 동안 합리적이고 체계적으로 비용을 배분함으로써 당기비용으로 인식하는 과정입니다. 감가상각시키는 방법에는 몇 가지가 있으나 정액법과 정률법이 많이 사용됩니다. 정액법은 기업회계에서 매년 동일금액을 상계하기 때문에 균등상각법이라고도 합니다. 정률법은 고정자산의 장부가치가 일정 비율씩 하락한다는 개념으로 감가상각시킵니다. 감가상각으로 회계처리하는 이유는 첫째, 기계장비의 목적적합성에 근거하여 미래 경제적 효익에 영향을 주기 때문에 매년 일정 비용으로 처리해 주는 것이 타당합니다. 둘째, 기업은 매년 비용처리에 따른 세금감면 혜택을 볼 수 있습니다.

3) 자본비용($WACC$: weighted average cost of capital)은 총금융비용으로 자기자본의 가중치에 자기자본조달비용을 곱하고, 타인자본의 가중치에 타인자본조달비용을 곱해서 구합니다. 자세한 내용은 다음에 다시 배우도록 하겠습니다.

교수 네, 맞습니다. 기업의 대표적 금융비용은 타인자본조달에 따른 이자와 자기자본조달에 따른 배당 및 주가 상승 등을 들 수 있습니다. 제2장에서 미래에 발생하는 현금흐름을 현재가치로 전환할 때 할인율을 이용하는 것을 배웠습니다. 할인율은 앞에서 말한 모든 금융비용을 포함하는 비용을 의미합니다.[4)]

아름 이해하기 약간 어렵습니다. 왜 할인율이 금융비용을 나타낼 수 있죠?

교수 여러분이 좀 쉽게 이해할 수 있는 미래가치를 생각해 봅시다. 여러분이 지금 100만 원을 저축하여 1년 후에 110만 원을 받는다고 하면 이자로 주어지는 10만 원에는 여러 보상을 포함하게 됩니다. 먼저 지금 소비를 감내하는 데 따른 대가, 1년 후에 받게 되는 이자에 대한 희망 등을 포함하게 됩니다. 따라서 이러한 보상은 이자율 10%에서 발생하는 것이지요. 이것을 역으로 생각하면 할인율이 됩니다.[5)] 즉 기업에서는 이러한 보상을 지급하더라도 더 많은 수익을 내기 위해 자금을 조달하여 투자하게 되는 것입니다.

아름 약간 이해가 좀 됩니다.

교수 따라서 이자비용과 배당금은 할인율에 이미 반영됐기 때문에 현금흐름에서 제외합니다.

3) 기회비용(opportunity costs)

교수 하나를 선택함으로써 포기해야 하는 다른 선택의 가치를 의미합니다.

아름 이해가 좀 안 되는데요. 사례를 들어 설명해 주세요.

---

4) 이자비용과 배당금을 미래에 발생하는 현금흐름에 포함해서 할인하면 이중으로 비용처리됩니다.

5) 저축하는 사람의 입장에서 이자는 수익이 되지만 은행의 입장에서는 비용이 됩니다. 결국 기업은 이렇게 저축된 돈을 빌려서 더 많은 수익을 내는 사업에 투자하게 됩니다.

교수 예를 들어 부모님께서 월 100만 원을 받고 창고임대를 해 주고 계시는데, 본인이 졸업 후 창업 장소로 무료로 사용한다고 할 때, 창고임대의 종료로 월 100만 원의 소득은 더 발생하지 않죠? 임대로 받게 되는 100만 원을 기회비용이라고 합니다. 따라서 기회비용은 현금흐름의 유출이 되겠지요.

아름 더 이상 임대료를 못 받으니까 현금유출이 되는 거군요.

4) 매몰비용(sunk costs)

교수 예를 들어 설명하겠습니다. 부모님께서 특정 장소에 음식점을 내기 위해 시장조사를 외부조사기관에 의뢰하였습니다. 그 결과에 따라 음식점을 낼지를 판단하시기로 했습니다. 이런 경우 시장조사에 들어가는 비용은 음식점의 오픈과 관계없이 발생하는 비용입니다. 즉 투자안의 선택과 관계없이 사전에 발생한 비용을 매몰비용이라고 합니다. 따라서 매몰비용은 현금흐름의 유출로 보지 않습니다.

아름 아! 네, 타당성이 있네요.

5) 부수효과비용(side effect costs)

교수 이것도 예를 들어 설명하지요. 여러분은 기억할지 모르겠지만 현대자동차의 아반떼는 기존의 엘란트라입니다. 미국에서는 여전히 한국의 아반떼가 엘란트라라는 이름으로 판매되고 있습니다. 예를 들어 아반떼가 신제품으로 출고되어 100대가 팔렸다고 가정했을 때, 소비자 중 50명은 엘란트라를 사고 싶었지만 더는 출고되지 않아 하는 수 없이 아반떼를 구매했다면 실제로 순수하게 팔린 새로운 제품 아반떼는 50대가 됩니다. 따라서 50대에 해당하는 부분을 잠식비용(erosion cost)이라고 하며 부수효과비용의 대표적인 사례입니다. 따라서 부수효과비용은 현금흐름의 유출로 간주합니다.

아름 그럴 수도 있겠네요.

6) 법인세절감효과(tax shield effects)

교수 손익계산서상에 감가상각비는 회계에서 인위적으로 설정하여 차감하는 비용임을 설명했습니다. 재무관리 측면에서 감가상각비가 존재함으로써 세금을 덜 부담하는 부분을 법인세절감효과라고 합니다.[6] 이 부분은 현금이 덜 나가기 때문에 현금유입으로 취급합니다.[7]

아름 이해가 됩니다.

7) 순운전자본(net working capital)

교수 순운전자본은 유동자산에서 유동부채를 차감한 부분을 말합니다. 일반적으로 기업이 유동자산을 많이 보유하고 있다는 것은 재고자산과 매출채권을 많이 보유하고 있음을 의미하므로 순운전자본의 증가는 현금흐름의 유출을 의미합니다. 반대로 투자가 종료되는 시점에서는 재고자산을 모두 소모하고 매출채권을 전액 회수하기 때문에 현금흐름의 유입이 발생합니다.

아름 넵, 이해가 됩니다.

8) 순자본지출(net capital expense)

교수 기업에서 기계와 장비 같은 유형자산을 구매하는 경우 발생하는 자본지

---

6) 감가상각비가 존재하면 법인세를 계산하기 이전에 과세소득에서 제외되기 때문에 세금이 줄어들게 됩니다.

7) 예를 들어 매출이 100원인 기업의 감가상각비가 50원이고 세율이 40%인 경우, 세금은 20원이 되지만, 매출액 100원 중에 감가상각비가 존재하지 않으면 40원의 세금이 발생합니다. 따라서 20원은 감가상각비로 인해 발생한 현금유입으로 볼 수 있습니다.

출은 현금흐름의 유출을 의미합니다. 일반적으로 유형자산의 내용연수[8]가 만료되어 자산을 처분하는 경우 잔여가치는 현금흐름으로 유입됩니다.

교수 아주 지루하지요?

아름 네, 약간 그렇습니다. ㅎㅎㅎ

3 현금흐름 추정

교수 지금까지 재무관리관점에서 현금흐름 추정 시 고려해야 할 내용에 대해 살펴보았습니다. 여러분이 여기서 명심해야 할 점은 현금흐름을 정확히 추정하면 할수록 보다 정확한 투자의사결정을 내릴 수 있다는 점입니다.

교수 지금까지 배운 내용을 정리하면 다음과 같습니다.

항 목	현금 유·출입 여부
감가상각비(depreciation costs)	현금유출에 포함(×)
금융비용(financial costs)	현금유출에 포함(×)
기회비용(opportunity costs)	현금유출에 포함(○)
매몰비용(sunk costs)	현금유출에 포함(×)
부수효과비용(side effect costs)	현금유출에 포함(○)
법인세절감효과(tax shield effects)	현금유입에 포함(○)
순운전자본(net working capital)	현금유출에 포함(○)
순자본지출(net capital expense)	현금유출에 포함(○)

아름 사례를 통해 현금흐름을 추정할 수 있을까요?

8) 유형고정자산의 효용이 지속되는 기간을 말합니다.

교수 네, 아주 중요합니다. 현금흐름은 두 측면에서 추정할 수 있습니다. 기업이 보유하고 있는 자산을 잘 활용하여 생산과 판매 행위로부터 발생하는 현금흐름과 자금을 조달하는 주체인 채권자와 주주로부터 발생하는 현금흐름이 있습니다. 물론 결과는 당연히 같지만 이를 현금흐름의 항등식이라고 합니다.

자산으로부터 발생하는 현금흐름 = 채권자로부터 발생하는 현금흐름
+ 주주로부터 발생하는 현금흐름

1) 자산으로부터 발생하는 현금흐름 추정

교수 먼저 자산으로부터 발생하는 현금흐름은 재무상태표의 차변 항목에서 발생하는 현금흐름으로, "영업활동으로부터 발생하는 현금흐름 − 순자본지출 − 순운전자본 변화분"으로 구할 수 있습니다.
각각을 자세히 살펴보면,

① 영업활동으로부터 발생하는 현금흐름 :
영업이익 (*EBIT*) − 법인세 + 감가상각비

② 순자본지출 :
기말순비유동자산 − 기초순비유동자산 + 감가상각비

③ 순운전자본 변화분 :
기말순운전자본 − 기초순운전자본

2) 채권자와 주주로부터 발생하는 현금흐름 추정

교수 채권자와 주주로부터 발생하는 현금흐름은 재무상태표의 대변 항목에서 발생하는 현금흐름으로 다음과 같이 각각 구한 다음 더하면 됩니다.

① 채권자로부터 발생하는 현금흐름 : 지급이자 − 순차입금

② 주주로부터 발생하는 현금흐름 : 배당금 − 순자기자본 변화분

교수 다음의 간략한 재무상태표와 손익계산서를 이용하여 현금흐름을 추정해 보기로 하겠습니다.

재무상태표

2**1년 1월 1일~12월 31일
2**2년 1월 1일~12월 31일

주식회사 경기 (단위 : 백만원)

	2**1	2**2		2**1	2**2
자산			부채		
유동자산			유동부채		
현금	104	160	외상매입	232	266
매출채권	455	688	지불어음	196	123
재고자산	553	555			
	1,112	1,403		428	389
비유동자산			장기부채	408	454
유형자산	1,644	1,709	자기자본		
			보통주	600	640
			유보금	1,320	1,629
				1,920	2,269
총자산	**2,756**	**3,112**	총부채와 자기자본	**2,756**	**3,112**

손익계산서

2**2년 12월 31일

주식회사 경기 (단위 : 백만원)

매출액		1,509
매출원가		750
감가상각비		65
영업이익		694
이자비용		70
세전순이익		624
법인세		212
당기순이익		412
배당금	103	
유보금	309	

자산으로부터 발생하는 현금흐름		**87(=547−130−330)**
	영업이익	694
	−법인세	−212
	+감가상각비	+65
영업활동으로부터 발생하는 현금흐름		547
	기말순비유동자산	1,709
	−기초순비유동자산	−1,644
	+감가상각비	+65
−순자본지출		130
	기말순운전자본*	1,014
	−기초순운전자본*	−684
−순운전자본 변화분		330

* 기말순운전자본=기말유동자산−기말유동부채=1,403−389=1,014
  기초순운전자본=기초유동자산−기초유동부채=1,112−428=684

아름 자산으로부터 발생하는 현금흐름을 추정할 수 있으며, 채권자와 주주로부터 발생하는 현금흐름을 추정할 수 있죠?

교수 네, 앞의 항등식에서 제시한 것처럼 같은 결과를 얻을 수 있습니다.[9)]

9) 채권자와 주주로부터 발생한 현금흐름을 추정하는 것은 부호에서 약간 혼란스러운 면이 있습니다. 채권자로부터 발생하는 현금흐름은 이자비용으로 −70백만 원이 발생하고 순차입금이 +46백만 원(기말장기부채−기초장기부채=454−408)이 발생하였으며, 순현금흐름은 −24백만 원이 됩니다. 마찬가지로 주주로부터 발생하는 현금흐름은 배당금 −103백만 원이 발생하고 주식 추가발행으로 +40백만 원(기말보통주−기초보통주=640−600)이 발생하였으며, 순현금흐름은 −63백만 원이 됩니다. 따라서 채권자와 주주로부터 발생한 현금흐름은 −87백만 원이 되지요. 결국은 자산을 잘 활용하여 영업활동으로부터 +87백만 원을 벌어서 채권자와 주주에게 −87백만 원을 지급하는 것으로 이해해야 합니다.

채권자와 주주로부터 발생하는 현금흐름	**87(=24+63)**
지급이자	70
−순차입금	−46
채권자로부터 발생하는 현금흐름	24
배당금	103
−순자기자본 변화분	−40
주주로부터 발생하는 현금흐름	63

교수 위의 사례를 통해 추정한 것처럼 현금흐름은 재무상태표의 차변인 자산으로부터 추정할 수 있으며, 이를 검정하기 위해 채권자와 주주로부터 발생하는 현금흐름을 추정할 수 있습니다.

제5장 요약

1. 현금흐름 :

기업 활동에서 발생하는 현금유입과 현금유출을 통틀어 말함

2. 현금흐름 추정 시 고려해야 할 사항 :

- 감가상각비(depreciation costs) : 현금유출로 보지 않음
- 금융비용(financial costs) : 현금유출로 보지 않음
- 기회비용(opportunity costs) : 현금유출로 간주
- 매몰비용(sunk costs) : 현금유출로 보지 않음
- 부수효과비용(side effect costs) : 현금유출로 간주
- 법인세절감효과(tax shield effects) : 현금유입으로 간주
- 순운전자본(net working capital) : 현금유출로 간주
- 순자본지출(net capital expense) : 현금유출로 간주

3. 현금흐름의 추정 :

현금흐름의 항등식 :

자산으로부터 발생하는 현금흐름
=채권자로부터 발생하는 현금흐름+주주로부터 발생하는 현금흐름

자산으로부터 발생하는 현금흐름 :	
①	① 영업활동으로부터 발생하는 현금흐름 : 영업이익($EBIT$)−법인세+감가상각비
−②	② 순자본지출 : 기말순비유동자산−기초순비유동자산+감가상각비
−③	③ 순운전자본 변화분 : 기말순운전자본−기초순운전자본

채권자로부터 발생하는 현금흐름	지급이자−순차입금
주주로부터 발생하는 현금흐름	배당금−순자기자본 변화분

연습문제

1 다음 중 자산으로부터 발생하는 현금흐름의 설명으로 옳은 것은? (　　)

① 영업활동으로부터 발생하는 현금흐름－순운전자본 변화분－순자본지출
② 주주로부터 발생하는 현금흐름－채권자로부터 발생하는 현금흐름
③ 영업활동으로부터 발생하는 현금흐름＋주주로부터 발생하는 현금흐름＋채권자로부터 발생하는 현금흐름
④ 영업활동으로부터 발생하는 현금흐름＋순운전자본 변화분＋순자본지출
⑤ 주주로부터 발생하는 현금흐름－순운전자본 변화분＋순자본지출

2 영업활동으로부터 발생하는 현금흐름이란? (　　)

① 특정 기간 동안의 기업의 순이익
② 기업 활동으로부터 창출되는 현금
③ 기업의 영업활동마진
④ 특정 기간 동안의 순운전자본 변화분
⑤ 추가로 유보자금에 더해지는 현금

3 채권자로부터 발생하는 현금흐름이란? (　　)

① 지급이자＋순신규차입금
② 영업활동으로부터 발생하는 현금흐름－순운전자본 변화분－순자본지출
③ 지급이자－순신규차입금
④ 지급배당금＋순신규차입금
⑤ 자산으로부터 발생하는 현금흐름＋순신규자기자본

4 주주로부터 발생하는 현금흐름이란? (　　)

① 자산으로부터 발생하는 현금흐름＋채권자로부터 발생하는 현금흐름
② 영업활동으로부터 발생하는 현금흐름－채권자로부터 발생하는 현금흐름
③ 지급배당금＋유보금 변화분
④ 지급배당금－순신규자기자본
⑤ 당기순이익－추가 유보금

5 경기기업의 매출액은 821,300,000원, 매출원가는 698,500,000원, 감가상각비는 28,400,000원, 지급이자는 8,400,000원이다. 법인세율이 34%일 경우 영업활동으로부터 발생하는 현금흐름은? (　　)

① 87,560,000원　② 89,560,000원
③ 90,560,000원　④ 91,560,000원
⑤ 93,560,000원

6 충남기업의 기초비유동자산은 348,200,000원, 기말비유동자산은 371,920,000원, 감가상각비는 46,080,000원, 이자비용은 11,460,000원이다. 순자본지출은? (　　)

① 68,800,00원　② 69,800,00원
③ 70,800,00원　④ 71,800,00원
⑤ 72,800,00원

7 호수기업의 지난해 유동자산은 67,200,000원, 유동부채는 71,100,000원, 올해 유동자산은 82,600,000원, 유동부채는 85,100,000원이다. 작년도 감가상각비는 9,600,000원이며 지급이자는 8,700,000원이다. 순운전자본 변화분은? (　　)

① 1,000,000원　② 1,200,000원
③ 1,400,000원　④ 1,600,000원
⑤ 1,800,000원

8 하동기업의 영업이익($EBIT$)은 25,380,000원, 당기순이익은 14,220,000원, 세금은 5,400,000원이다. 부채 43,800,000원을 상환하고 후에 추가로 부채 24,000,000원을 조달하였다. 채권자로부터 발생한 현금흐름은? (　　)

① 22,560,000원　② 23,560,000원
③ 24,560,000원　④ 25,560,000원
⑤ 26,560,000원

9 진주기업의 영업활동으로부터 발생한 현금흐름은 187,000,000원이며 작년에 채권자로부터 발생한 현금흐름은 61,400,000원이다. 작년에 순운전자본으로 28,000,000원을 지출하였으며 순자본지출은 48,900,000원 발생하였다. 작년도 주주로부터 발생한 현금흐름은? (　　)

① 44,700,000원　② 45,700,000원
③ 46,700,000원　④ 47,700,000원
⑤ 48,700,000원

10 서울기업의 매출액은 3,210,000,000원이며, 매출원가, 판매비와 관리비, 감가상각비로 각각 2,540,000,000원, 389,000,000원, 112,000,000원을 지출하였다. 추가로 이자비용이 118,000,000원 발생하였으며 법인세는 34%이다. 영업활동으로부터 발생한 현금흐름은? (　　)

① 263,660,000원　② 313,660,000원
③ 363,660,000원　④ 413,660,000원
⑤ 463,660,000원

11 수지기업의 2020년도 영업실적은 다음과 같다. 법인세율이 34%인 경우 자산으로부터 발생하는 현금흐름은? (　　)

- 매출액 : 38,900,000원
- 매출원가 : 24,600,000원
- 감가상각비 : 1,700,000원
- 이자비용 : 1,400,000원
- 지급배당금 : 1,000,000원
- 기초순비유동자산 : 14,300,000원
- 기초유동자산 : 8,700,000원
- 기초유동부채 : 6,600,000원
- 기말순비유동자산 : 13,900,000원
- 기말유동자산 : 9,200,000원
- 기말유동부채 : 7,400,000원

① 8,492,000원　② 9,492,000원
③ 9,992,000원　④ 10,492,000원
⑤ 10,592,000원

문제풀이

1 ①

2 ②

3 ③

4 ②

5 ⑤

영업활동으로부터 발생하는 현금흐름 = $EBIT$ − 법인세 + 감가상각비
= 94,400,000원 − 29,240,000원 + 28,400,000원
= 93,560,000원

$EBIT$ = 821,300,000원 − 698,500,000원 − 28,400,000원 = 94,400,000원

법인세 = (821,300,000원 − 698,500,000원 − 28,400,000원 − 8,400,000원) × 0.34 = 29,240,000원

6 ②

순자본지출 = 기말비유동자산 − 기초비유동자산 + 감가상각비
= 371,920,000원 − 348,200,000원 + 46,080,000원 = 69,800,000원

7 ③

순운전자본 변화분 = (기말유동자산 − 기말유동부채) − (기초유동자산 − 기초유동부채)
= (82,600,000원 − 85,100,000원) − (67,200,000원 − 71,100,000원)
= 1,400,000원

8 ④

채권자로부터 발생하는 현금흐름 = 지급이자 − 순차입금
= 5,760,000원 − (−43,800,000원 + 24,000,000원) = 25,560,000원

지급이자 추정 : 25,380,000원 − 이자 − 5,400,000원 = 14,220,000원, 따라서 이자는 5,760,000원

9 ⑤

자산으로부터 발생한 현금흐름＝채권자로부터 발생한 현금흐름＋주주로부터 발생한 현금흐름

110,100,000원＝61,400,000원＋주주로부터 발생한 현금흐름

따라서 주주로부터 발생한 현금흐름＝48,700,000원

자산으로부터 발생한 현금흐름

＝영업활동으로부터 발생한 현금흐름－순운전자본 변화분－순자본지출

＝187,000,000원－28,000,000원－48,900,000원＝110,100,000원

10 ①

$EBIT$＝3,210,000,000원－2,540,000,000원－389,000,000원－112,000,000원＝169,000,000원

법인세＝51,000,000원(＝169,000,000원－118,000,000원)×0.34＝17,340,000원

영업활동으로부터 발생한 현금흐름＝169,000,000원－17,340,000원＋112,000,000원

＝263,660,000원

11 ②

자산으로부터 발생하는 현금흐름

＝영업활동으로부터 발생하는 현금흐름－순운전자본 변화분－순자본지출

자산으로부터 발생하는 현금흐름＝10,492,000원－(－300,000원)－1,300,000원＝9,492,000원

영업활동으로부터 발생하는 현금흐름＝12,600,000원－3,808,000원＋1,700,000원＝10,492,000원

순운전자본 변화분＝(9,200,000원－7,400,000원)－(8,700,000원－6,600,000원)＝－300,000원

순자본지출＝13,900,000원－14,300,000원＋1,700,000원＝1,300,000원

$EBIT$＝38,900,000원－24,600,000원－1,700,000원＝12,600,000원

법인세＝11,200,000원(＝12,600,000원－1,400,000원)×0.34＝3,808,000원

chapter

6

자본예산: 확실성하의 투자결정기준

학습내용

보라 제6장에서는 어떤 내용을 공부하나요?

교수 본장에서는 주요 투자평가기법에 대해 학습합니다. 순현재가치평가법, 내부수익률평가법, 원금회수기간평가법, 수익성지수평가법, 평균회계수익률평가법에 대해 공부하고 이들의 장·단점에 관해 학습합니다.

1. 투자평가기법 소개
2. 순현재가치평가법
3. 내부수익률평가법
4. 원금회수기간평가법
5. 수익성지수평가법
6. 평균회계수익률평가법
7. 종합

1 투자평가기법 소개

교수 자본예산[1]은 기업이 어디에 투자할 것인가를 결정하고 자금을 배정하는 과정까지 포함합니다. 기업이 투자할 수 있는 대안은 여러 가지가 있을 수 있습니다. 여러분, 지금 여유자금이 있다면 어디에 투자하시겠습니까?

보라 그냥 전망 있는 사업에 투자하면 되지 않을까요?

교수 예전처럼 수요가 공급을 앞선 시대에서는 어떤 사업이든 시작해서 물건을 만들면 잘 팔리니까 고민할 필요가 없었지요. 그러나 지금처럼 경쟁이 치열하고 공급이 수요를 훨씬 앞서는 시대에서는 다른 이야기가 됩니다. 특히 자원을 무한히 보유하고 있는 기업도 세상에 없습니다. 따라서 기업은 이윤을 많이 남길 수 있는 사업을 선택하고 투자해야겠지요. 여러 투자대안 중에 최적의 대안을 선택하기 위한 평가기법은 전통적으로 5가지가 있습니다.

- 순현재가치평가법
- 내부수익률평가법
- 원금회수기간평가법
- 수익성지수평가법
- 평균회계수익률평가법

보라 저는 최고경영자가 어떤 감으로 투자하는 줄 알았어요.ㅠㅠ 그게 아니고 투자안을 평가하는 데 여러 가지 평가기법들이 있군요.

교수 네, 평가기법들은 제각기 장·단점을 가지고 있습니다. 그렇지만 좋은 평가기법이 갖추어야 할 공통적 조건들은 다음과 같습니다.

---

1) 자본예산(capital budget)은 자본계획(capital planning) 혹은 자본운용이라고도 합니다.

- 현금흐름의 시간가치를 반영하는가?
- 위험을 적절히 반영하는가?
- 각 투자안이 가져올 기업가치의 증가분을 구체적으로 제시하는가?

2 순현재가치평가법

교수 순현재가치평가법(NPV : Net Present Value)은 위에서 소개된 5가지 투자평가기법 중에 가장 우월한 평가방법으로 알려져 있습니다. NPV는 미래에 발생할 것으로 기대되는 현금흐름의 현재가치에서 투자비용을 차감하는 개념입니다.

0	1	2	3	⋯	n
$-I_0$	C_1	C_2	C_3	⋯	C_n

$$NPV = PV(\text{현금유입의 현재가치}) - PV(\text{현금유출의 현재가치})$$
$$= \frac{C_1}{(1+r)^1} + \frac{C_2}{(1+r)^2} + \frac{C_3}{(1+r)^3} + \cdots + \frac{C_n}{(1+r)^n} - I_0$$
$$= \sum_{t=1}^{n} \frac{C_t}{(1+r)^t} - I_0$$

NPV를 통한 투자안의 선택 여부는 다음과 같이 결정합니다.

$NPV > 0$: 채택($Aceept$)

$NPV < 0$: 기각($Reject$)

NPV가 0보다 크다는 의미는 미래에 발생하는 현금흐름의 현재가치에서 투자비용을 차감해도 이익이 남는다는 의미입니다. 따라서 0보다 큰 가치[양(+)의 가치]를 제공해 주는 투자안을 선택할 경우 기업의 가치를 증가시킬 수 있습니다. 반대로 NPV가 0보다 작은 결과를 보여주는 투자안은 음(−)의 가치를 제공하므로 기업이 선택할 경우 손실을 초래하기 때문에 채택하지 말아야 하는 투자안입니다.

교수 이해를 높이기 위해 사례를 통해 설명하겠습니다.

0	1	2	3
−165,000,000원	63,120,000원	70,800,000원	91,080,000원

교수 위와 같이 현금흐름이 발생하는 투자안의 경우 순현재가치평가법을 통해 투자 여부를 결정하려고 합니다.

보라 미래현금흐름의 현재가치를 추정하기 위해서는 할인율이 필요하지 않습니까?

교수 맞습니다. 실무적으로 NPV의 활용에 있어서 가장 어려운 점은 할인율[2)]을 추정하는 것입니다. NPV를 추정하는 단계를 다음과 같이 살펴볼 수 있습니다.

- 1단계 : 현금흐름 추정
- 2단계 : 할인율 추정
- 3단계 : 미래현금흐름을 현재가치로 전환
- 4단계 : 추정한 현재가치의 합에서 투자비용을 차감

예를 들어 본 투자안의 요구수익률을 12%로 가정한다면,

$$NPV = \frac{63,120,000}{(1.12)} + \frac{70,800,000}{(1.12)^2} + \frac{91,080,000}{(1.12)^3} - 165,000,000$$
$$= 12,627,414.36\text{원}$$

이를 재무계산기[3)]를 이용하여 계산하면,

① $CF_0 = -165,000,000$ ENTER ↓

② $CO1 = 63,120,000$ ENTER ↓ ↓

③ $CO2 = 70,800,000$ ENTER ↓ ↓

④ $CO3 = 91,080,000$ ENTER

2) 할인율은 기업이 달성해야 하는 최소한의 요구수익률로 자본의 가중평균비용($WACC$)을 의미합니다. 이 부분은 다음에 자세히 다루도록 하겠습니다.

3) 재무계산기는 Texas Instruments사의 Business Analyst를 중심으로 기술합니다.

⑤ NPV, $I=12$, ENTER ↓
⑥ CPT, $NPV=$12,627,414.36원

위의 투자안을 선택하는 경우 기업은 12,627,414.36원의 가치를 증가시키기 때문에 채택하게 됩니다. 이제 여러 투자안 중 과연 NPV를 통해서 최적의 대안을 선택하는 것이 바람직한가는 NPV의 장·단점을 살펴봄으로써 확인할 수 있습니다.

장 점	단 점
• 현금흐름의 시간가치를 적절히 반영하는가? : 네, 시점별로 발생하는 현금흐름을 적절히 할인하고 있음 • 위험을 적절히 반영하는가? : 네, 투자안의 위험을 고려하여 요구수익률을 12%로 책정하였음 • 기업가치의 증가분을 구체적으로 제시해 주는가? : 네, 12,627,414.36원의 가치를 더해 줌	• 가능한 정확한 현금흐름을 추정해야 함 • 정확한 할인율을 추정해야 함

보라 네, 충분히 이해했습니다. 참 유용한 평가법인 것 같습니다.

3 내부수익률평가법

교수 다행이군요. NPV는 미래현금흐름의 현재가치의 합에서 투자비용을 빼면 되니까 개념적으로 이해하는 데 별 어려움이 없죠? 다음은 내부수익률평가법(IRR : Internal Rate of Return)에 대해 공부하겠습니다. IRR에 의한 평가법은 실무에서 가장 많이 사용되는 아주 중요한 평가기법입니다.

0	1	2	3	$\cdots$	n
$-I_0$	C_1	C_2	C_3	$\cdots$	C_n

$$
\begin{aligned}
NPV &= \frac{C_1}{(1+IRR)^1} + \frac{C_2}{(1+IRR)^2} + \frac{C_3}{(1+IRR)^3} + \cdots + \frac{C_n}{(1+IRR)^n} - I_0 = 0 \\
&= \sum_{t=1}^{n} \frac{C_t}{(1+IRR)^t} - I_0 = 0 \\
&= \sum_{t=1}^{n} \frac{C_t}{(1+\text{할인율})^t} - I_0 = 0
\end{aligned}
$$

IRR평가법은 위의 NPV를 0으로 만드는 할인율을 추정하는 것입니다. 즉, 순현재가치를 0으로 만드는 할인율을 자체 내에서 추정하기 때문에 내부수익률평가법이라고 합니다. 따라서 NPV처럼 번거롭게 할인율을 외부에서 따로 추정해서 대입할 필요가 없습니다.

IRR을 통한 투자안의 선택 여부는 다음과 같이 결정합니다.

$IRR > r(\text{자본비용}) \Rightarrow NPV > 0$: 채택$(Accept)$

$IRR < r(\text{자본비용}) \Rightarrow NPV < 0$: 기각$(Reject)$

앞의 사례를 통해 내부수익률을 구해보면,

$$NPV = \frac{63,120,000}{(1+IRR)} + \frac{70,800,000}{(1+IRR)^2} + \frac{91,080,000}{(1+IRR)^3} - 165,000,000 = 0$$

이를 재무계산기를 이용하여 계산하면,

① $CF_0 = -165,000,000$ ENTER ↓

② $CO1 = 63,120,000$ ENTER ↓ ↓

③ $CO2 = 70,800,000$ ENTER ↓ ↓

④ $CO3 = 91,080,000$ ENTER

⑤ IRR

⑥ CPT

위의 투자안의 IRR은 16.13%가 나옵니다. 요구수익률(r) 12%보다 IRR이 높기 때문에 NPV의 가치가 양(+)의 값을 가지게 됩니다. 즉, NPV를 0으로 만드는 할인율이 요구수익률(자본비용)[4]보다 높은 것은 자본비용을 갚고도 남는 수익이 존재함을 의미하므로 채택하게 됩니다.

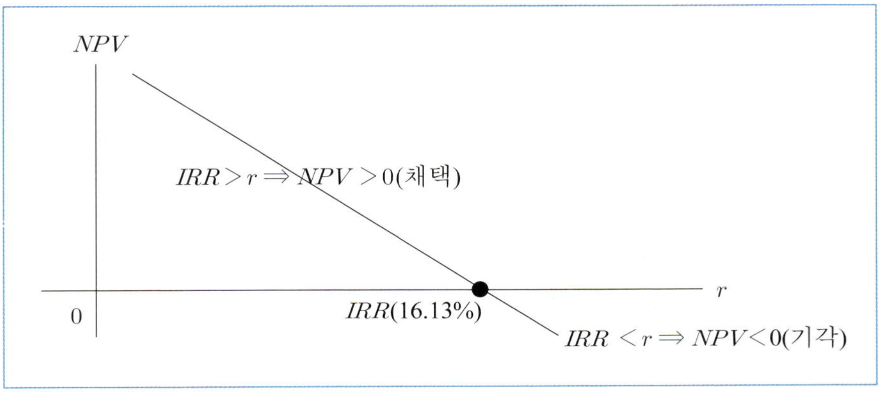

보라 내부수익률평가법이 가장 널리 사용되지만 가장 우월한 평가법은 *NPV*라고 하셨는데, 그럼 *IRR*이 무슨 문제점을 가지고 있나요?

교수 네, 다음과 같은 단점이 있습니다.

① 비전통적인 현금흐름이 발생하는 경우
② 상호배타적 투자안에 대한 의사결정

전통적 현금흐름은 현시점에 투자(현금유출)가 이루어지고 미래에 현금유입이 발생하는 경우를 말합니다. 이와 같은 현금흐름의 경우에는 *IRR*의 평가결과는 *NPV*의 평가결과와 동일하기 때문에 아무런 문제가 없습니다. 그러나 현금유입이 먼저 발생하고 현금유출이 나중에 발생하는 경우나, 현금유출이 1회 이상 발생하는 경우에는 *NPV*와 다른 결과를 가져옵니다. 예를 들어 기획사가 유명가수의 공연을 준비하는 경우, 먼저 표(ticket)를 만들어 판매함으로써 현금유입이 발생합니다. 그 다음에 유입된 자금으로 공연장임대비, 출연료 등을 지불하는 자금유출이 발생합니다. 이런 경우는 아무래도 지출이 적으면 적을수록 기업에 남는 이익이 많겠지요?

4) 요구수익률과 현재가치는 역의 관계에 있으므로 요구수익률이 높으면 현재가치는 낮아지고, 반대로 요구수익률이 낮으면 현재가치는 높아집니다.

0	1	2	3	$\cdots$	n
$+C_0$	$-C_1$	$-C_2$	$-C_3$	$\cdots$	$-C_n$

$$NPV = \frac{-C_1}{(1+IRR)^1} + \frac{-C_2}{(1+IRR)^2} + \frac{-C_3}{(1+IRR)^3} + \cdots + \frac{-C_n}{(1+IRR)^n} + C_0 = 0$$
$$= \sum_{t=1}^{n} \frac{-C_t}{(1+IRR)^t} + C_0 = 0$$
$$= \sum_{t=1}^{n} \frac{-C_t}{(1+\text{할인율})^t} + C_0 = 0$$

이런 경우 IRR을 통한 투자안의 선택 여부는 다음과 같습니다.

$IRR < r$(자본비용) $\Rightarrow NPV < 0$: 채택$(Accept)$

$IRR > r$(자본비용) $\Rightarrow NPV > 0$: 기각$(Reject)$

보라 사례를 하나 들어 주세요.

교수 네, 다음과 같이 가수 BTS[5]가 서울 공연을 계획한다고 합시다. 기획사에서 티켓수입으로 10억 원이 발생했고, 공연장임대, 인건비 등으로 9억 5천만 원이 발생했다고 가정할 경우 IRR을 구하면,

① $CF_0 = 1{,}000{,}000{,}000$ ENTER ↓

② $CO1 = 950{,}000{,}000$ ENTER

③ IRR

④ CPT, $IRR = -5\%$

5) 방탄소년단(BTS)은 2013년 6월 13일에 데뷔한 대한민국의 7인조 보이그룹으로 미국 빌보드, 영국 오피셜 차트, 일본 오리콘, 아이튠즈, 스포티파이, 애플뮤직 등 세계 유수의 차트에서 정상에 올랐습니다. 대표적 음악으로 〈2 COOL 4 SKOOL〉, 〈WINGS〉, 〈LOVE YOURSELF〉, 〈Dynamite〉, 〈Life Goes On〉 등이 있습니다.

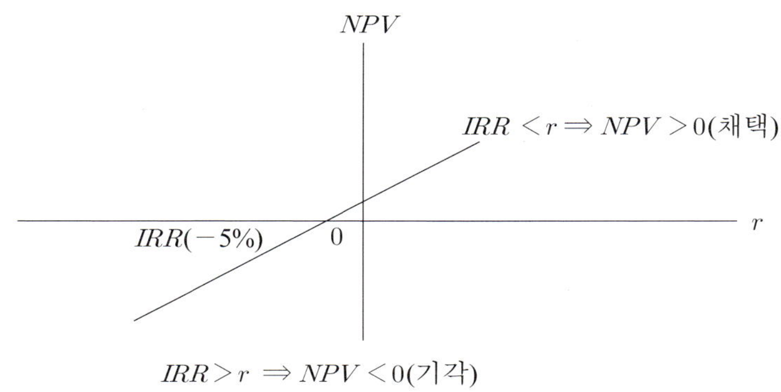

그래프에서 볼 수 있듯이 *IRR*보다 *r*이 크면 *NPV*는 양(+)의 가치를 가져 전통적 현금흐름과는 반대의 의사결정을 하게 되죠. 따라서 기업의 입장에서는 수입이 정해졌다면 지출은 적고 할인율이 높을수록 유리하겠죠. 또한 기존에 받은 수입을 *IRR*보다 높은 이자율에 적립하면 *NPV*가 증가하게 됩니다. 요구수익률이 12%라고 가정하고 *NPV*를 통해 판단해 보겠습니다.

① $CF_0 = 1{,}000{,}000{,}000$ ENTER ↓
② $CO1 = -950{,}000{,}000$ ENTER
③ NPV, $I/Y = 12\%$ ENTER ↓
④ CPT, $NPV =$ 약 162,000,000원

*NPV*는 양의 값을 보여 채택하게 되고, 기업에 약 162,000,000원의 이익을 가져다주게 됩니다. 이처럼 *NPV*는 현금흐름의 지출과 유입에 관계없이 하나의 수치를 보여주기 때문에 간단하지만 요구수익률에 따라 양과 음의 결과를 보일 수 있다는 어려움이 있습니다.

보라 그러니까, 먼저 수입이 발생하고 지출이 나중에 일어나는 투자의 경우, 지출이 적으면 적을수록 좋게 되고 *IRR*은 더 낮으면 낮을수록 기업의 이익은 증가할 가능성이 높네요. 전통적인 경우에는 *IRR*이 높으면 높을수록 좋은 투자안이 되는데, 수입 후 지출의 경우에는 *IRR*이 낮으면 낮을수록 더 유리한 투자안이 되는 것으로 이해하면 되는 거네요?

교수 네, 대단한 발견입니다. 또 다른 비전통적 현금흐름이 발생하는 경우는 현금지출이 1회 이상 발생하는 경우로, 예를 들어 탄광개발을 할 때 처음에는 채굴에 필요한 장비구입, 인건비 등의 다양한 자금유출이 발생합니다. 장기간에 걸쳐 채굴한 광물을 판매하는 경우 자금유입이 일어나게 되지요. 탄광의 수명이 끝나고 채굴에 따른 경제성이 더 이상 발생하지 않으면 탄광을 원상태로 복구시키는 작업이 필요합니다. 이때는 다시 자금유출이 발생하게 됩니다. 이렇게 현금흐름의 지출과 유입이 반복해서 일어나는 경우에는 복수의 *IRR*이 존재합니다.

보라 사례를 하나 들어주세요.

교수 네, 다음과 같이 탄광시추개발에 100억 원이 들어가고, 광물수입이 250억 원이 발생하고, 마지막에 원상복구에 155억 원이 소요된다고 할 경우 *IRR*을 구해보면,

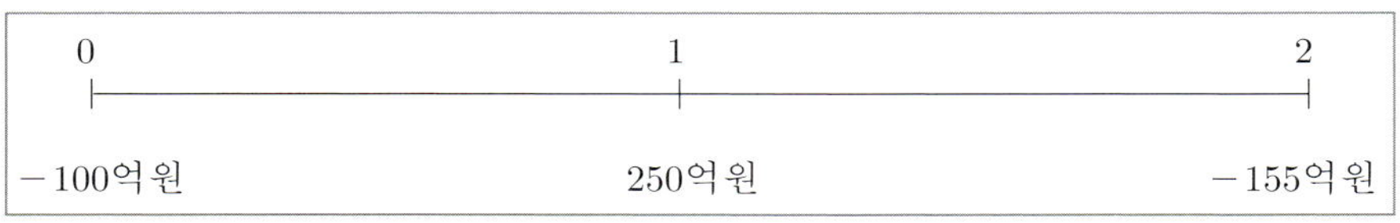

$$NPV = \frac{250}{(1+IRR)^1} + \frac{-155}{(1+IRR)^2} - 100 : IRR = 13.82\%, 36.18\%$$

위의 사례에서는 *IRR*이 13.82%와 36.18%에서 *NPV*가 제로(0)가 된다는 것을 의미합니다. 이처럼 *IRR*이 두 개인 경우 자본비용(할인율)이 13.82%와 36.18% 사이에 있는 경우 13.82%에서는 기각하고 36.18%에서는 채택하기 때문에 투자안의 선택에 혼란을 초래하게 됩니다. 그러나 요구수익률을 25%라고 가정하고 *NPV*를 구해보면,

① $CF_0 = -10{,}000{,}000{,}000$ ENTER ↓
② $CO1 = 25{,}000{,}000{,}000$ ENTER ↓ ↓
③ $CO2 = -15{,}500{,}000{,}000$ ENTER
④ *NPV*, $I = 25$, ENTER ↓
⑤ *CPT*, *NPV* = 약 80,000,000원

위의 투자안의 *NPV*는 양(+)의 값을 보여주기 때문에 채택합니다. 즉

이 투자안을 선택하는 경우 기업에 약 8천만 원의 이익을 가져다줄 것으로 판단됩니다. 이처럼 *NPV*는 심플합니다. 단지 문제는 25%의 요구수익률에 따라 *NPV*가 달라진다는 점입니다.

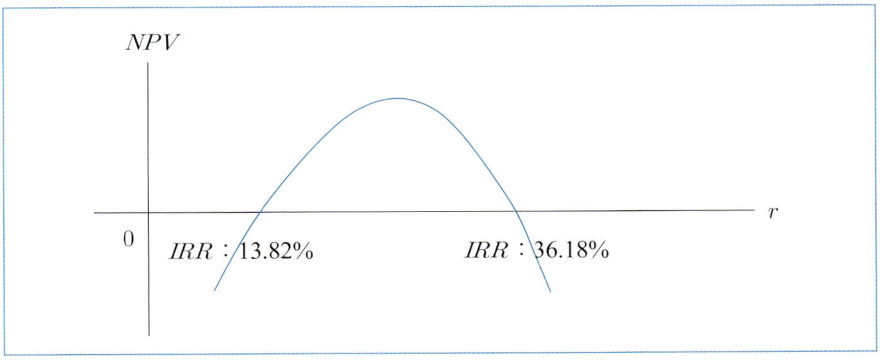

교수 다음은 상호배타적 투자안의 경우에 대해 살펴보겠습니다. 혹시 상호독립적 투자안과 상호배타적 투자안의 차이를 아시나요?[6)]

보라 좀 헷갈리는데 예를 들어 설명해 주세요.

교수 네, 다음의 사례를 살펴보도록 하죠. 자본비용(요구수익률)은 10%라고 합시다.

투자기간	투자안 A	투자안 B
0	−50,000,000원	−40,000,000원
1	32,500,000원	32,500,000원
2	32,500,000원	20,000,000원
IRR	19.43%	22.17%
NPV	6,404,958.68원	6,074,380.17원

만약 투자자가 *NPV*와 *IRR*의 평가기준에 근거하여 90,000,000원을 투

6) 상호독립적 의사결정과 상호배타적 의사결정의 간단한 사례를 들어보면, 여러분이 좋아하는 짜장면 한 그릇이 5천 원, 짬뽕 한 그릇이 5천 원이라고 할 때 수중에 1만 원 이상이 있다면 여러분은 짜장면도 짬뽕도 먹을 수 있고 둘 다 먹을 수도 있습니다. 즉 하나의 선택이 다른 선택에 영향을 주지 않는 경우를 상호독립적 의사결정이라 합니다. 반면 5천 원만 가지고 있다면 짬뽕과 짜장면 중 선택해야 합니다. 즉 하나를 선택하면 하나를 포기해야 합니다. 이런 경우를 상호배타적 의사결정이라고 합니다.

자할 의향이 있다면 투자안 A와 투자안 B 중 어느 하나를 선택하거나 혹은 둘 다 선택해도 기업의 가치를 높이는 데 도움이 됩니다. 그러나 투자할 수 있는 금액이 50,000,000원밖에 없는 경우는 선택이 달라집니다. *NPV* 기준에 의하면 투자안 A가 유리하고, *IRR* 기준에 의하면 투자안 B가 유리합니다. 어느 투자안을 선택해야 할까요? 결론적으로 *NPV*기준에 의한 투자안 A를 선택해야 됩니다.

보라 어떻게 알 수가 있는가요?

교수 각 투자안을 계산기를 이용하여 *IRR*과 *NPV*를 구해보면,

투자안 A	투자안 B
① CF_0 =−50,000,000 ENTER ↓	① CF_0 =−40,000,000 ENTER ↓
② *CO*1 = 32,500,000 ENTER ↓ ↓	② *CO*1 = 32,500,000 ENTER ↓ ↓
③ *CO*2 = 32,500,000 ENTER	③ *CO*2 = 20,000,000 ENTER
④ *IRR*	④ *IRR*
⑤ *CPT* *IRR* =19.43%	⑤ *CPT* *IRR* =22.17%

투자안 A	투자안 B
① CF_0 =−50,000,000 ENTER ↓	① CF_0 =−40,000,000 ENTER ↓
② *CO*1 = 32,500,000 ENTER ↓ ↓	② *CO*1 = 32,500,000 ENTER ↓ ↓
③ *CO*2 = 32,500,000 ENTER	③ *CO*2 = 20,000,000 ENTER
④ *NPV*, *I*= 10, ENTER ↓	④ *NPV*, *I*= 10, ENTER ↓
⑤ *CPT*, *NPV*= 약 6,404,958.68원	⑤ *CPT*, *NPV*= 약 6,074,380.17원

교수 따라서 *IRR*은 그릇된 선택을 하게끔 유도할 수 있습니다. 그렇지만 꼭 *IRR*을 이용한다면, 투자안 A와 투자안 B의 교차점을 찾음으로써 해결할 수 있습니다. 투자안 A에서 투자안 B를 빼도 되고 반대로 투자안 B에서 투자안 A를 빼도 상관없습니다.

투자기간	투자안 A	투자안 B	투자안 A−투자안 B
0	−50,000,000원	−40,000,000원	−10,000,000원
1	32,500,000원	32,500,000원	0
2	32,500,000원	20,000,000원	12,500,000원
IRR	19.43%	22.17%	

$$NPV = \frac{0}{(1+IRR)^1} + \frac{12,500,000\text{원}}{(1+IRR)^2} - 10,000,000\text{원} : IRR = 11.8\%$$

교수 이를 그래프로 나타내보면,

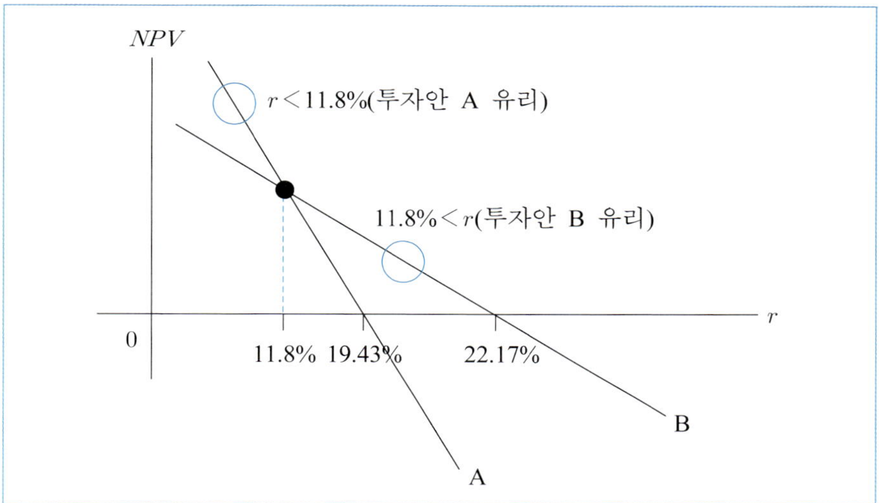

그림에서처럼 할인율이 11.8% 이하인 경우는 투자안 B보다 투자안 A가 더 많은 순현재가치를 가져다주기 때문에 투자안 A를 선택하는 것이 유리합니다. 11.8% 이상에서는 반대로 투자안 B가 더 많은 이익을 가져다주기 때문에 투자안 B를 선택하는 것이 더 유리합니다.

보라 그런데 여러 투자안에서 *IRR*만을 통한 선택기준은 어떻게 되나요?

교수 좋은 질문입니다. *NPV*처럼 *IRR* 값이 큰 순서대로 선택하면 됩니다.

보라 그럼 *IRR*과 *NPV*의 결과가 다른 경우는 어떻게 하나요?

교수 당연히 *NPV* 기준에 따라야 합니다. 그래서 실무에서는 대부분 *NPV* 기준과 *IRR*기준을 병행해서 동시에 사용합니다. *IRR*평가법의 장·단점을 살펴보도록 하겠습니다.

장 점	단 점
• 현금흐름의 시간가치를 적절히 반영하는가? : 네, 시점별로 발생하는 현금흐름을 적절히 할인함 • 위험을 적절히 반영하는가? : 네, *NPV*를 0으로 만드는 수익률을 구하게 됨 • 기업가치의 증가분을 구체적으로 제시해 주는가? : 네(수익률로 제시) • *NPV*와 비슷하거나 동일한 결과를 제시함 • 이해가 용의하며 설득력이 있음	• 현금유입이 먼저 발생하고 현금유출이 발생하는 비전통적인 현금흐름의 투자안의 경우 표준기준과 반대의 기준이 적용됨 • 현금 유출과 유입이 복수로 발생하는 비전통적인 현금흐름의 경우 복수의 *IRR*을 제공함 • 상호배타적 투자안의 경우 *NPV*와 다른 그릇된 결과를 제시함 • 기업가치의 증가분을 구체적으로 제시해 주는가? : 아니오(금액을 제시하지 못함)

보라 말씀하신 대로 내부수익률(*IRR*)평가법은 상대적으로 투자안의 할인율이 높으면 그냥 채택하면 되는 거네요.

교수 네, 맞아요. 전통적인 현금흐름이 발생하는 경우에는 그렇습니다. 따라서 실무에서 가장 선호하는 평가기법입니다.

4 원금회수기간평가법

교수 다음은 원금회수기간평가법(payback period rule)에 대해 공부하기로 하죠.

보라 교수님, 좀 쉬었다 하시죠! *NPV*와 *IRR* 두 개도 머리가 빼근합니다.

교수 ㅎㅎㅎ 그래요. 10분 휴식 후 진행하죠. 질문할 학생은 질문하세요.

보라 네.

교수 원금회수기간평가법은 비교적 간단합니다. 말 그대로 투자한 원금을 빨리 회수할 수 있는 투자안이 우선순위를 가집니다. 평가방법은 처음 발생한 현금유출에서 연차적으로 현금유입을 차감하는 방식으로 접근합니다.

위와 같은 사례를 통해 계산해 보도록 하겠습니다.

(단위 : 천원)

연 도	현금지출	현금유입	잔액(현금지출+현금유입)	
0	−165,000			
1		+63,120	−101,880	
2		+70,800	−31,080	
3		+91,080	+60,000	31,080/91,080=0.34

따라서 투자원금 165,000,000원을 회수하는 데 2.34년이 걸립니다. 만약 기업이 2년 후에 원금을 회수해야 한다면 본 투자안은 기각이 되며 3년 후에 원금을 회수해도 된다면 채택하게 됩니다.

보라 그럼 투자안의 선택 여부의 기준은 어떻게 되는지요?

교수 원금회수기간평가법을 이용하는 경우는 미리 정해진 목표 회수기간과 실제 회수기간을 비교하게 됩니다. 따라서 목표 회수기간은 기업에 따라 자의적으로 정하게 됩니다.

보라 그럼 케이스 바이 케이스로 달라지겠네요?

교수 네, 물론입니다. 그래서 기업에서는 단기여유자금을 투자할 때 투자안의 평가기법으로 많이 사용합니다. 원금회수기간에 의한 투자안의 선택 기준은 아래와 같습니다. 투자금의 실제 회수기간이 목표 회수기간보다 오래 걸리면 기각하고 짧게 걸리면 채택하게 됩니다.

목표 회수기간 > 투자금의 실제 회수기간 : 채택(*Accept*)

목표 회수기간 < 투자금의 실제 회수기간 : 기각(*Reject*)

보라 상대적으로 간단한 것 같습니다.

교수 네, 이제 원금회수기간평가법의 장·단점을 살펴보도록 하겠습니다.

장 점	단 점
• 계산이 간단하고 이해가 쉬움 • 목표 회수기간 이후 발생하는 현금흐름의 불확실성을 고려할 필요가 없음 • 유동성을 요구하는 단기투자안의 평가에 적합함	• 현금흐름의 시간가치를 적절히 반영하는가?: 아니오. • 위험을 적절히 반영하는가?: 아니오. • 기업가치의 증가분을 구체적으로 제시해 주는가?: 아니오. • 자의적 목표 회수기간 설정 • 목표기간 이후의 현금흐름 무시 • R&D, 새로운 프로젝트와 같은 장기투자안의 평가에 부적절

교수 원금회수기간평가법은 상대적으로 이해하기 쉽지 않나요? 계산이 간단하고 이해가 쉬워서 실무에서는 의외로 많이 사용됩니다.

보라 네, 잘 알겠습니다.

5 수익성지수평가법

교수 다음은 수익성지수평가법(PI : profitability index)에 대해 살펴보죠. 수익성지수평가법은 $PI = \frac{\text{현금유입의 현재가치}}{\text{현금유출의 현재가치}}$로 NPV와 아주 유사한 평가기법입니다.

보라 PI를 이용하는 경우 평가안은 어떻게 선택하나요?

교수 PI가 1보다 크면 채택하고 1보다 작으면 기각합니다.

$PI > 1$: 채택($Aceept$)

$PI < 1$: 기각($Reject$)

교수 PI가 1보다 크다는 것은 미래에 발생하는 현금흐름의 현재가치가 투입된 비용의 현재가치보다 크다는 의미이며, 반대로 PI가 1보다 작다는 것은 유출금액의 현재가치가 유입금액의 현재가치보다 크다는 것을 의미합니다. 따라서 PI가 1보다 큰 투자안은 선택하고 1보다 작은 투자안은 기각하게 됩니다. 실무적으로 그다지 많이 사용되지 않는 이유는 NPV와 유사하며 상호배타적 투자안의 경우 규모에 따른 성과를 제대로 반영하지 못한다는 것입니다.

보라 잘 이해가 안 됩니다. 사례를 통해 자세히 설명해 주세요.

교수 네, 자본비용을 12%로 가정하고 다음의 사례를 통해 NPV와 PI를 같이 추정해 보겠습니다.

연도 말	현금흐름(A)	현금흐름(B)	현금흐름(C)
0	−10,000원	−100,000원	−100,000원
1	8,000원	70,000원	80,000원
2	7,000원	50,000원	40,000원
3	6,000원	40,000원	40,000원
NPV	6,993.90	30,830.90	31,787.54
PI	1.70	1.31	1.32

$$NPV_A = \frac{8,000}{(1+0.12)} + \frac{7,000}{(1+0.12)^2} + \frac{6,000}{(1+0.12)^3} - 10,000 = 6,993.90$$

$$NPV_B = \frac{70,000}{(1+0.12)} + \frac{50,000}{(1+0.12)^2} + \frac{40,000}{(1+0.12)^3} - 100,000 = 30,830.90$$

$$NPV_C = \frac{80,000}{(1+0.12)} + \frac{40,000}{(1+0.12)^2} + \frac{40,000}{(1+0.12)^3} - 100,000 = 31,787.54$$

$$PI_A = \frac{\left[\frac{8,000}{(1+0.12)} + \frac{7,000}{(1+0.12)^2} + \frac{6,000}{(1+0.12)^3}\right]}{10,000} = \frac{16,993.90}{10,000} = 1.70$$

$$PI_B = \frac{\left[\frac{70,000}{(1+0.12)} + \frac{50,000}{(1+0.12)^2} + \frac{40,000}{(1+0.12)^3}\right]}{100,000} = \frac{130,830.90}{100,000} = 1.31$$

$$PI_C = \frac{\left[\frac{80,000}{(1+0.12)} + \frac{40,000}{(1+0.12)^2} + \frac{40,000}{(1+0.12)^3}\right]}{100,000} = \frac{131,787.54}{100,000} = 1.32$$

교수 상호배타적 투자의사 결정하에 여러분은 투자안 A, 투자안 B, 투자안 C 중에서 어느 투자안을 선택하겠습니까?

보라 당연히 투자안 C를 선택하겠지요.

교수 당연히 투자안 C를 선택하게 되지요. 그런데 PI에 따르면 투자안 A를 선택하게끔 되어 있습니다. 이는 단위의 차이에서 오는 오류라고 할 수 있습니다. 그런데 비슷한 단위인 투자안 B와 투자안 C를 비교하면, NPV와 PI 둘 다 투자안 C를 선택하도록 하는 같은 결과를 가져다줍니다.

교수 수익성지수평가법의 장 · 단점을 살펴보겠습니다.

장 점	단 점
• 현금흐름의 시간가치를 적절히 반영하는가?: 네. • 위험을 적절히 반영하는가?: 네. • 이해가 쉽고 설득력이 높아 보임 • NPV와 비슷한 결과를 보여줌	• 기업가치의 증가분을 구체적으로 제시해 주는가?: 아니오. • 상호배타적 투자안의 경우 비교가 어렵고, 특히 단위의 차이가 있는 경우 NPV와 다른 결과를 보임

보라 이제 하나 남았네요?

교수 많이 지루하죠? 마지막으로 평균회계수익률평가법만 하면 됩니다.

6 평균회계수익률평가법

교수 평균회계수익률평가법(AAR : Average Accounting Return)에 대해 공부하도록 하겠습니다. 결론적으로 말하면 평균회계수익률평가법은 실무에서 가장 사용되지 않는 평가기법입니다. 평균회계수익률은 $\frac{\text{평균당기순이익}}{\text{평균장부가치}}$으로 계산합니다. 평균회계수익률평가법을 통한 투자안의 선택 여부는 미리 정해 놓은 목표 평균회계수익률과 실제 평균회계수익률을 비교하여 목표 AAR보다 실제 AAR이 크면 채택합니다.

실제 $AAR >$ 목표 AAR : 채택($Aceept$)
실제 $AAR <$ 목표 AAR : 기각($Reject$)

보라 사례를 통해 설명해 주실 수 있으세요?

교수 앞에서 제시된 사례를 통해 설명하겠습니다. 단 목표 AAR은 25%라고 가정합니다.

0	1	2	3
−165,000	63,120	70,800	91,080
당기순이익	13,620	3,300	29,100
평균장부가치 = 72,000			

교수 따라서 $AAR = \frac{\left[\frac{13,620+3,300+29,100}{3}\right]}{72,000} = 21.3\%$가 됩니다. 따라서 본 투자안의 실제 AAR은 목표 AAR보다 작기 때문에 기각하게 됩니다.

교수 평균회계수익률평가법의 장·단점을 살펴보도록 하겠습니다.

장 점	단 점
• 계산하기가 쉬움 • 필요한 정보를 쉽게 얻을 수 있음	• 현금흐름의 시간가치를 적절히 반영하는가?: 아니오. • 위험을 적절히 반영하는가?: 아니오. • 기업가치의 증가분을 구체적으로 제시해 주는가?: 아니오. • 자의적 목표 AAR 제시

교수 위에서 보듯이 AAR은 회계자료를 그대로 이용하므로 아주 편리합니다. 그러나 기본적으로 현금흐름 추정에서 재무관리의 관점을 벗어나므로 실무에서 거의 사용하지 않습니다.

7 종 합

교수 지금까지 각 투자안의 현금유출(outflow cash flow)과 현금유입(inflow cash flow)이 주어졌다는 가정하에 최적 투자안을 선택하는 다양한 평가법에 대해 공부하였습니다. 투자안을 정확하게 평가하기 위해서는 무엇보다도 현금흐름을 현실성 있게 추정하는 것이 중요합니다. 특히 NPV 평가법을 이용하는 경우 적절한 자본비용(할인율)을 유추하는 것도 중요합니다. 자본비용 추정은 차후에 자세히 다루기로 하겠습니다. 현실적으로 투자규모가 클수록, 기업의 규모가 클수록 NPV 평가법과 IRR 평가법을 병행해서 사용합니다. 보완적으로 원금회수기간평가법도 종종 사용됩니다.

제6장 요약

1. 투자평가기법이 갖추어야 할 조건 :

① 현금흐름의 시간가치를 반영하는가?

② 위험을 적절히 반영하는가?

③ 기업가치의 증가분을 구체적으로 제시하는가?

2. 순현재가치평가법(NPV) :

① NPV 추정 : 현금흐름의 현재가치−투자비용$\left(NPV = \sum_{t=1}^{n} \frac{C_t}{(1+r)^t} - I_0\right)$

② 판단기준 : $NPV > 0$: 채택(Aceept), $NPV < 0$: 기각(Reject)

③ 장점 : 현금흐름의 시간가치 반영, 위험을 적절히 반영, 기업가치의 증분을 구체적으로 제시

④ 단점 : 정확한 할인율을 추정해야 함

3. 내부수익률평가법(IRR) :

① IRR 추정 : NPV를 0으로 만드는 수익률 추정$\left(\sum_{t=1}^{n} \frac{C_t}{(1+IRR)^t} - I_0 = 0\right)$

② 판단기준 : $IRR > r$(자본비용) $\Rightarrow NPV > 0$: 채택(Accept)
$IRR < r$(자본비용) $\Rightarrow NPV < 0$: 기각(Reject)

③ 장점 : 현금흐름의 시간가치 반영, 위험을 적절히 반영, 기업가치의 증분을 %를 통해 간접적 제시

④ 단점 : 기업가치의 증분을 구체적으로 제시(×), 복수의 현금 유출과 유입이 발생하는 비전통적 현금흐름 발생 시 복수의 IRR 발생, 현금유입 후 현금유출 시 기준이 반대, 상호배타적 투자안의 경우 그릇된 결과 제시

4. 원금회수기간평가법 :

① 원금회수기간 추정 : 투자원금의 회수기간을 추정

② 판단기준 : 목표 회수기간 > 투자금의 실제 회수기간 : 채택(Accept)
목표 회수기간 < 투자금의 실제 회수기간 : 기각(Reject)

③ 장점 : 계산이 간단, 단기투자안 평가에 유용

④ 단점 : 현금흐름의 시간가치 반영(×), 위험 반영(×), 기업가치의 증가분 제시(×), 자의적 목표 회수기간 설정, 목표 회수기간 이후의 현금흐름 무시, R&D와 같은 장기투자안의 평가에 적절치 못함

5. 수익성지수평가법(PI) :

① PI 추정 : 현금유입의 현재가치와 현금유출의 현재가치 비교
$\left(PI = \dfrac{\text{현금유입의 현재가치}}{\text{현금유출의 현재가치}}\right)$

② 판단기준 : $PI > 1$: 채택($Aceept$) , $PI < 1$: 기각($Reject$)

③ 장점 : 현금흐름의 시간가치 반영, 위험을 적절히 반영, 이해가 쉽고 설득력이 높음, NPV 와 비슷한 결과 제시

④ 단점 : 기업가치의 증가분 제시(×), 상호배타적 투자안의 비교가 어렵고 단위 차이가 있는 경우 그릇된 결과 제시

6. 평균회계수익률평가법(AAR) :

① AAR 추정 : 평균당기순이익과 평균장부가치 비교$\left(\dfrac{\text{평균당기순이익}}{\text{평균장부가치}}\right)$

② 판단기준 : 실제 $AAR >$ 목표 AAR : 채택($Aceept$)
실제 $AAR <$ 목표 AAR : 기각($Reject$)

③ 장점 : 계산하기 쉬움, 필요한 정보를 쉽게 얻을 수 있음

④ 단점 : 현금흐름의 시간가치 반영(×), 위험 반영(×), 기업가치의 증가분 제시(×), 자의적 목표 AAR 제시

7. 결론 :

실무적으로 투자안 평가 시 IRR과 NPV를 병행해서 사용하며, 다음으로 원금회수기간평가법, 수익성지수평가법 순으로 사용함

연습문제

1 순현재가치평가법(NPV)에 대한 설명으로 옳은 것은? (   )

① 유입 현금흐름의 현재가치와 투자비용 사이의 차이
② 현금유입과 유출의 차이
③ 비용과 순이익의 차이
④ 자산과 부채의 차이
⑤ 현금흐름과 이익의 차이

2 내부수익률(IRR)에 대한 설명으로 맞는 것은? (   )

① 자산으로부터 현금흐름을 0으로 만드는 할인율
② 투자안의 순현재가치를 0으로 만드는 할인율
③ 순현재가치와 투자안의 초기비용을 같게 만드는 할인율
④ 투자자의 기대수익률
⑤ 투자안의 시장수익률

3 현금흐름을 무시하는 평가기법은? (   )

① 수익성지수평가법(PI)
② 순현재가치평가법(NPV)
③ 평균회계수익률평가법(AAR)
④ 내부수익률평가법(IRR)
⑤ 원금회수기간평가법

4 다음 중 내부수익률평가법을 사용할 수 없는 조건은? (   )

① 투자기간 중 현금흐름이 0이 발생하는 경우
② 첫 현금흐름이 음(−)인 경우
③ 정해진 원금회수기간 이후에 현금흐름이 발생하는 투자안
④ 상호배타적 투자안
⑤ 현금흐름이 전통적으로 발생하는 경우

5 다음 설명 중 옳은 것은? (　　)

① 전통적 현금흐름에서 IRR이 요구수익률을 초과하면, PI는 1보다 작다.
② NPV가 음(−)이면 PI는 1보다 크다.
③ 전통적 현금흐름에서는 일반적으로 복수의 IRR이 존재한다.
④ 두 투자안이 상호배타적이면, 원금회수기간이 가장 짧은 투자안을 선택한다.
⑤ 전통적 현금흐름에서 IRR이 요구수익률보다 크면 NPV는 양(+)이다.

6 할인율이 7%인 경우와 20%인 경우의 NPV를 구하면? (　　)

기 간	현금흐름
0	−17,000,000원
1	4,500,000원
2	8,700,000원
3	11,900,000원

① 4,518,469.15원, −521,759.26원
② 4,518,469.15원, −421,759.26원
③ 4,518,469.15원, −321,759.26원
④ 5,518,469.15원, 321,759.26원
⑤ 5,518,469.15원, 421,759.26원

7 준서와 수빈은 다음과 같은 현금흐름이 발생하는 투자를 고려하고 있다. 준서의 기대수익률은 9%이고 수빈의 기대수익률은 16%이다. 각 투자자의 선택은? (　　)

기 간	현금흐름
0	−25,000,000원
1	13,700,000원
2	18,400,000원

① 준서만 선택　　② 수빈만 선택
③ 없음　　④ 둘 다 선택
⑤ NPV가 0이 되어 둘 다 중립

8 수출기업은 최근 여유자금 211,000,000원을 2.5년 후에 완전히 회수할 계획으로 창고확장공사에 투자하였다. 창고확장으로 추가 현금흐름은 다음과 같이 추정된다고 할 때 기업이 창고확장에 투자해야 하는지와 이유로 타당한 것은? (　　)

기 간	현금흐름
1	48,000,000원
2	139,000,000원
3	210,000,000원

① 예스, 투자금액은 1.53년 안에 회수 가능하므로
② 예스, 투자금액은 1.88년 안에 회수 가능하므로
③ 예스, 투자금액은 2.11년 안에 회수 가능하므로
④ 노, 초기에 현금흐름이 너무 적게 발생하므로
⑤ 노, 기간 안에 원금회수가 불가능하므로

9 (주)하나는 17%의 AAR을 요구하고 최근에 168,000,000원의 설비를 구매할 예정이며 제로장부가치(zero book value)로 4년간 감가상각이 이루어진다. 이를 통해 4년 동안 얻을 수 있는 순수익의 예상치는 8,100,000원, 10,300,000원, 17,900,000원, 19,600,000원이다. AAR기준에 근거하여 설비의 구매 여부를 결정하면? (　　)

① 예스, AAR이 17%보다 작기 때문
② 예스, AAR이 17%와 같기 때문
③ 예스, AAR이 17%보다 크기 때문
④ 노, AAR이 17%보다 작기 때문
⑤ 노, AAR이 17%보다 크기 때문

10 (주)한강은 새로운 기계구입으로 1,460,000,000원을 투자하고, 첫해 223,000,000원, 둘째, 셋째, 넷째 해에 각각 600,000,000원의 수익이 발생할 것으로 예상된다. 요구수익률이 12%라면 기계도입에 대한 견해는? (　　)

① 예스, IRR이 10.74%이므로
② 예스, IRR이 12.74%이므로
③ 노, IRR이 10.74%이므로
④ 노, IRR이 12.74%이므로
⑤ 답 없음

11 상호배타적 투자안 A와 투자안 B의 교차점에서의 수익률은? ( )

기 간	투자안 A	투자안 B
0	−46,000,000원	−46,000,000원
1	0원	14,000,000원
2	26,000,000원	17,000,000원
3	29,000,000원	19,000,000원

① 20.56%
② 21.16%
③ 21.56%
④ 22.16%
⑤ 22.56%

12 다음 두 상호배타적 투자의 교차점은 ____이며, 할인율이 12%인 경우 투자안 ___가 유리하다. ( )

기 간	투자안 A	투자안 B
0	−21,000,000원	−21,000,000원
1	7,000,000원	15,000,000원
2	7,000,000원	5,000,000원
3	15,000,000원	7,000,000원

① 13.28%, B
② 15.61%, A
③ 16.45%, B
④ 15.61%, B
⑤ 16.45%, A

13 초기자금이 71,000,000원 소요되는 프로젝트의 현금흐름은 다음과 같다. 할인율 11%에서 수익성지수(PI)는? ( )

기 간	현금흐름
1	8,000,000원
2	13,400,000원
3	18,600,000원
4	33,100,000원
5	37,900,000원

① 1.02
② 1.07
③ 1.10
④ 1.12
⑤ 1.15

14 다음 두 상호배타적 투자안을 고려하고 있으며 요구수익률은 14%이다. 빈칸에 올바르게 채운 것은? (　　)

기 간	투자안 A	투자안 B
0	－54,000,000원	－23,000,000원
1	12,700,000원	11,600,000원
2	23,200,000원	11,200,000원
3	27,600,000원	12,500,000원
4	46,500,000원	6,000,000원

원금회수기간평가법을 적용하면 선택안은 ____이며, 순현재가치평가법을 적용하면 선택안은 ___이고, 내부수익률평가법을 적용하면 선택안은 ___이다. 또한 수익률지수평가법을 적용하면 선택안은 ___가 될 것이다. 위 네 가지 해답에 근거하여 최종적으로 선택된 투자안은 ___이다.

① B, A, A, A, A　　② B, A, B, B, A
③ B, A, B, A, A　　④ B, B, B, A, A
⑤ A, B, A, A, A

문제풀이

1 ①

2 ②

3 ③

4 ④

5 ⑤

6 ③

할인율이 7%인 경우와 20%인 경우의 NPV를 구하면,

7%	20%
① $CF_0=-17,000,000,000$ ENTER ↓	① $CF_0=-17,000,000,000$ ENTER ↓
② $CO1=4,500,000,000$ ENTER ↓↓	② $CO1=4,500,000,000$ ENTER ↓↓
③ $CO2=8,700,000,000$ ENTER ↓↓	③ $CO2=8,700,000,000$ ENTER ↓↓
④ $CO3=11,900,000,000$ ENTER	④ $CO3=11,900,000,000$ ENTER
④ NPV, $I=7$, ENTER ↓	④ NPV, $I=20$, ENTER ↓
⑤ CPT, $NPV=$ 약 4,518,469.15원	⑤ CPT, $NPV=$ 약 $-321,759.26$원

7 ④

준 서	수 빈
① $CF_0=-25,000,000,000$ ENTER ↓	① $CF_0=-25,000,000,000$ ENTER ↓
② $CO1=13,700,000,000$ ENTER ↓↓	② $CO1=13,700,000,000$ ENTER ↓↓
③ $CO2=18,400,000,000$ ENTER	③ $CO2=18,400,000,000$ ENTER
④ NPV, $I=9$, ENTER ↓	④ NPV, $I=16$, ENTER ↓
⑤ CPT, $NPV=$ 약 3,055,719.22원	⑤ CPT, $NPV=$ 약 484,542.21원

8 ③

기 간	현금흐름	잔 액
1	48,000,000원	$-211,000,000+48,0000=-163,000,000$
2	139,000,000원	$-163,000,000+139,000,000=-24,000,000$
3	210,000,000원	$24,000,000\div210,000,000=0.11$

약 2.11년 후에 원금 회수 가능!

9 ④

$$AAR=\frac{\text{평균당기순이익}}{\text{평균장부가치}}=\frac{13,975,000}{84,000,000}=0.166,\ \text{약 } 16.6\%$$

$$\text{평균당기순이익}=\frac{8,100,000+10,300,000+17,900,000+19,600,000}{4}=13,975,000\text{원}$$

$$\text{평균장부가치}=\frac{168,000,000+0}{2}=84,000,000\text{원}$$

10 ②

IRR을 구하면,

① CF_0 =− 1,460,000,000 ENTER ↓

② $CO1$ = 223,000,000 ENTER ↓ ↓

③ $CO2$ = 600,000,000 ENTER ↓ ↓

④ $CO3$ = 600,000,000 ENTER ↓ ↓

⑤ $CO4$ = 600,000,000 ENTER ↓

⑥ IRR, CPT, IRR = 12.74%

11 ⑤

상호배타적 투자안 A와 투자안 B의 교차점 :

기 간	투자안 A	투자안 B	투자안 A − 투자안 B
0	−46,000,000원	−46,000,000원	0원
1	0원	14,000,000원	−14,000,000원
2	26,000,000원	17,000,000원	9,000,000원
3	29,000,000원	19,000,000원	10,000,000원

IRR을 구하면,

① CF_0 = 0 ENTER ↓

② $CO1$ =− 14,000,000 ENTER ↓ ↓

③ $CO2$ = 9,000,000 ENTER ↓ ↓

④ $CO3$ = 10,000,000 ENTER ↓

⑤ IRR, CPT, IRR = 22.56%

12 ①

기 간	투자안 A	투자안 B	투자안 A − 투자안 B
0	−21,000,000원	−21,000,000원	0원
1	7,000,000원	15,000,000원	−8,000,000원
2	7,000,000원	5,000,000원	2,000,000원
3	15,000,000원	7,000,000원	8,000,000원

IRR을 구하면,

① CF_0 = 0 ENTER ↓

② $CO1$ =− 8,000,000 ENTER ↓ ↓

③ $CO2$ = 2,000,000 ENTER ↓ ↓

④ $CO3$ = 8,000,000 ENTER ↓

⑤ IRR, CPT, IRR = 13.28%

투자안 A의 IRR을 구하면	투자안 B의 IRR을 구하면
① CF_0 = −21,000,000 ENTER ↓	① CF_0 = −21,000,000 ENTER ↓
② $CO1$ = 7,000,000 ENTER ↓ ↓	② $CO1$ = 15,000,000 ENTER ↓ ↓
③ $CO2$ = 7,000,000 ENTER ↓ ↓	③ $CO2$ = 5,000,000 ENTER ↓ ↓
④ $CO3$ = 15,000,000 ENTER ↓	④ $CO3$ = 7,000,000 ENTER ↓
⑤ IRR, CPT, IRR = 15.61%	⑤ IRR, CPT, IRR = 16.45%

이를 그래프로 그려보면,

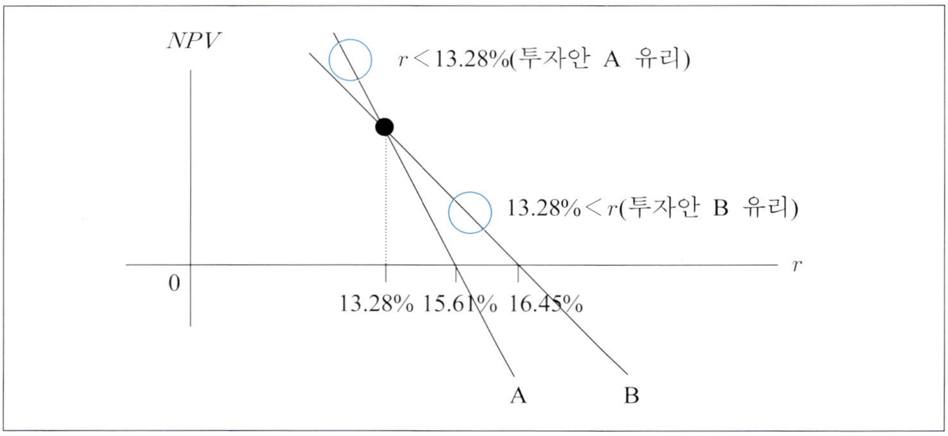

교차점 13.28% 이하에서는 투자안 A가 유리, 이상에서는 투자안 B가 유리

13 ②

$$PI = \frac{\text{현금유입의 현재가치}}{\text{현금유출의 현재가치}} = \frac{75,978,908.08}{71,000,000} = 1.07$$

기 간	현금흐름	현재가치
1	8,000,000원	$\frac{8,000,000}{1.11}$ = 7,207,207.21원
2	13,400,000원	$\frac{13,400,000}{1.11^2}$ = 10,875,740.61원
3	18,600,000원	$\frac{18,600,000}{1.11^3}$ = 13,600,159.69원
4	33,100,000원	$\frac{33,100,000}{1.11^4}$ = 21,803,995.24원
5	37,900,000원	$\frac{37,900,000}{1.11^5}$ = 22,491,805.33원

현금유입의 현재가치의 합은 약 75,978,908.08원

14 ③

1) 원금회수기간평균법 : 투자안 B가 유리

투자안 A : −54,000,000 + 12,700,000 + 23,200,000 = −18,100,000원

−18,100,000/27,600,000 = 0.66, 약 2.66년

투자안 B : −23,000,000 + 11,600,000 + 11,200,000 = −200,000원

−200,000/12,500,000원 = 0.02, 약 2.02년

2) *NPV* : 투자안 A가 유리

투자안 A : 약 21,152,944.28원

투자안 B : 약 7,783,100.53원

3) *IRR* : 투자안 B가 유리

투자안 A : 28.50%

투자안 B : 30.94%

4) *PI* : 투자안 A가 유리

투자안 A : 1.39

투자안 B : 1.34

chapter

7

자본예산: 불확실성하의 투자결정기준 I

학습내용

규현 제7장에서는 어떤 내용을 공부하나요?

교수 앞의 제6장에서는 확실성하의 투자결정기준에 관해 공부를 하였습니다. 제7장과 제8장에서는 불확실성하의 투자결정기준에 관해 학습합니다. 본장에서는 과거의 주어진 자료를 통해 수익률, 위험, 위험프리미엄에 대한 개념정리와 계산방법을 공부합니다. 또한 정보반영 정도에 따른 효율적 자본시장의 개념에 대해 이해합니다.

1 수익률의 추정

교수 우리가 흔히 말하는 수익과 수익률은 어떻게 다를까요?

규현 수익은 벌어들인 금액을 말하고 수익률은 %로 나타낸 것을 말하는 것 같습니다.

교수 맞습니다. 예를 들어 1,000,000원에 해당하는 주식을 매입 후 1년이 지나서 배당금을 10,000원 받고 1,100,000원에 매도한 경우를 생각해 보겠습니다. 수익금[1)]은 매매차익 100,000원(=1,100,000−1,000,000)과 배당금을 합쳐서 110,000원입니다. 이를 수익률로 전환하면 어떻게 될까요?

$$\text{수익률} = \frac{(\text{매도금액} - \text{매입금액} + \text{배당금})}{\text{매입금액}} \text{이므로}$$

$$\text{여기에서는 } \frac{(1,100,000 - 1,000,000 + 10,000)}{1,000,000} = 11\% \text{가 됩니다.}$$

규현 이해할 수 있을 것 같습니다.

교수 쉬운 질문 하나 하겠습니다. 수익과 비용은 어떤 차이가 날까요?

규현 수익은 입금되어 들어오는 현금이고 비용은 지출되어 나가는 현금입니다.

교수 네, 맞습니다. 그럼 은행에 저축하는 경우 이자는 여러분 입장에서는 수익이 되지만 은행 입장에서는 비용이 됩니다. 같은 논리로 기업이 투자를 위해 주식이나 채권을 통해 자금을 빌릴 때 비용이 발생합니다. 이를 자본비용이라고 합니다. 이는 투자자들이 기업에 요구하는 최소요구수익률이 되는 것입니다.

---

1) 일반적으로 수익은 수익금액을 의미합니다.

규현 그렇군요. 그럼 위험과 수익률[2]은 어떤 관계가 있는지요? 제가 알기로는 일반적으로 위험이 높으면 수익률이 높고 위험이 낮으면 수익률이 낮은 거죠? 따라서 High risk, high return! low risk, low return!이라고 말하지 않습니까?

교수 네, 그러면 위험이 큰 자산과 작은 자산에 대한 대가는 어떻게 표현할까요?

규현 위험의 정도에 따른 대가의 차이를 말씀하시는 건가요?

교수 네, 비슷합니다. 혹시 위험프리미엄(risk premium)에 대해 들어보셨나요?

규현 위험을 감수하는 경우 뭔가 덤으로 주는 보상을 말하는 건가요?

교수 네, 맞습니다. 그럼 위험성이 크다 작다를 말할 때는 어떤 기준이 있어야 하겠지요. 무위험자산을 기준으로 위험의 크기를 측정하게 됩니다. 무위험자산(risk free asset)을 보유하게 되면 원금과 이자를 정해진 날짜에 정확하게 받을 수 있다는 것을 의미합니다. 따라서 무위험자산의 수익률은 당연히 낮겠죠. 예를 들어 여러분이 아르바이트로 2백만 원을 벌었다고 합시다. 정말 소중한 돈이죠. 저축하고 싶은데 시중은행(예를 들어 농협은행, 신한은행, 국민은행, KEB하나은행, 우리은행 등)에서는 2%의 이자율을 준다고 하고 일반 저축은행(예를 들어 신협, 새마을금고, 축협 등)에서는 2.5%의 이자율을 준다고 합니다. 왜 이런 차이가 발생하고 여러분은 어느 은행을 선택하시겠습니까?

교수 네, 일부 학생은 시중은행, 다른 일부 학생은 저축은행을 선택하네요.

규현 그리고 신용도 차이 때문에 이자율이 다른 게 아닐까요?

교수 네, 맞습니다. 시중은행은 신용도가 높아서 저축은행보다 위험이 작습

2) 일반적으로 수익률은 평균수익률을 나타냅니다.

니다. 따라서 이자를 적게 주어도 위험을 싫어하는 고객들이 믿고 돈을 맡깁니다. 반면 상대적으로 신용도가 낮은 저축은행들은 고객들을 유인하기 위해서 시중은행보다 높은 이자율을 제시합니다.

규현 그럼 0.5%의 차이가 일종의 위험프리미엄이 되는 거네요?

교수 네, 그렇습니다. 그럼 무위험자산에는 어떤 종류가 있을까요? 현실적으로 무위험자산은 존재하지 않으며 이론적으로 고려하여 사용합니다. 확률적으로 고객이 원금과 이자를 못 받을 확률이 거의 제로(0)에 가깝다면 그런 자산을 무위험자산이라고 정의합니다.[3)]

규현 어떤 종류가 무위험자산에 속하나요?

교수 국가마다 다르지만, 미국은 T-bill, 우리나라는 국채 · 통안증권 RP금리를 무위험자산으로 분류합니다.[4)] 따라서 무위험자산을 제외한 모든 위험자산에 투자하는 경우 위험을 감수하는 대가로 보상을 원하며 이를 위험프리미엄이라 합니다.

> 위험프리미엄(risk premium)
> =위험자산(risk asset)의 수익률−무위험자산(risk-free asset)의 수익률

규현 그럼 위험은 어떻게 측정하나요?

---

3) 1997년 IMF 금융위기를 겪으면서 고객을 보호하는 차원에서 예금보험제도가 도입되었으며 1998년 4월 1일부터 모든 금융기관은 예금보험공사의 예금보험기금에 보험료를 납부하게 됩니다. 가입된 금융기관이 예금자의 예금을 지급할 수 없는 상황에 처할 때 예금보험기금에서 원금과 이자를 포함하여 5천만 원까지 보장해 주고 있습니다.
4) T-bill(Treasury Bill)은 미국 재무부(treasury)에서 발행하는 1년 미만의 단기채권이며, 우리나라는 2021년 2월 26일 기존의 CD금리에서 국채 · 통안증권 환매조건부채권(RP : repurchase agreement) 금리를 무위험자산으로 교체하였습니다.

2 변동성의 추정

교수 위험은 변동성(volatility, variability)을 통해 측정하게 됩니다. 여러분, 통계를 배웠지요? 관측치의 분포를 그림으로 도식한 것을 도수분포라고 합니다. 도수분포에서 대부분의 관측치는 평균에 집중되어 있으며, 평균에서 벗어난 관측치와 평균 사이를 편차라고 합니다. 다음의 예를 통해 이해력을 높이도록 하겠습니다. 과거 5년간의 연도별 수익률은 다음과 같습니다.

	1년	2년	3년	4년	5년	합
금리	6%(r_1)	5%(r_2)	4%(r_3)	3%(r_4)	2%(r_5)	20%
편차	0.02 (0.06−0.04)	0.01 (0.05−0.04)	0.00 (0.04−0.04)	−0.01 (0.03−0.04)	−0.02 (0.02−0.04)	0
편차^2	0.0004	0.0001	0.0000	0.0001	0.0004	0.001

위의 경우 평균수익률5) $= \dfrac{(0.06+0.05+0.04+0.03+0.02)}{5} = 0.04$가 됩니다.

이를 수식으로 표기하면, $\mu = \dfrac{(r_1+r_2+r_3+r_4+r_5)}{5}$

위의 자료를 이용하여 기하평균수익률(geometric average returns)을 구해 볼 수 있습니다.

$$\sqrt[5]{(1.06)\times(1.05)\times(1.04)\times(1.03)\times(1.02)} - 1 = 0.0399$$

이를 수식으로 표기하면,

$$\mu = \sqrt[n]{(1+r_1)\times(1+r_2)\times(1+r_3)\times\cdots\times(1+r_n)} - 1$$
$$= [(1+r_1)\times(1+r_2)\times(1+r_3)\times\cdots\times(1+r_n)]^{\frac{1}{n}} - 1$$

교수 5년 동안의 평균수익률은 4%입니다. 평균으로부터 각 관측치가 떨어져 있는 정도를 편차(deviation)라고 합니다. 그럼 전체적으로 얼마나 떨어져 있는가를 파악하기 위해서는 편차의 평균이 필요합니다. 불행히도 편차

5) 산술평균수익률을 나타냅니다. 평균(μ)을 구하는 방법에는 산술평균법, 기하평균법 등이 있으나 일반적으로 과거의 수익률은 산술평균법으로 계산합니다.

의 합은 0이 되기 때문에 이를 5로 나누어도 0이 되어 평균수익률을 구하는 것처럼 단순히 구하는 것은 의미가 없습니다. 부득이하게 평균적으로 관측치들이 평균에서 얼마나 떨어져 있는가를 파악하기 위해서는 표준편차를 구해야 합니다.

교수 여러분, 표준편차 구하는 방법 아시죠?

학생들 (묵묵부답!!!)

교수 표준편차(standard deviation)는 분산을 통해 구할 수 있습니다. 분산(variance)은 각 편차의 제곱에 가중치를 곱한 다음 합하면 됩니다. 위 표에서 각 편차를 제곱하여 합한 다음 4로 나눈[6] 후 제곱근(square root)을 취하면 표준편차는 0.01581이 됩니다.

$$\text{분산}(\sigma^2) = \frac{1}{N-1}[(r_1-\mu)^2+(r_2-\mu)^2+(r_3-\mu)^2+(r_4-\mu)^2+(r_5-\mu)^2]$$

$$\text{표준편차}(\sigma) = \sqrt{\frac{1}{N-1}[(r_1-\mu)^2+(r_2-\mu)^2+(r_3-\mu)^2+(r_4-\mu)^2+(r_5-\mu)^2]}$$

$$\text{즉, 분산}(\sigma^2) = \frac{1}{4}[(0.06-0.04)^2+(0.05-0.04)^2+(0.04-0.04)^2 + (0.03-0.04)^2+(0.02-0.04)^2] = 0.00025$$

$$\text{표준편차}(\sigma) = \sqrt{\sigma^2} = \sqrt{0.00025} = 0.01581$$

교수 여기서 구한 분산과 표준편차는 자산수익률의 변동성이 됩니다. 변동성이 크다는 것은 뭘 의미하는 걸까요?

규현 변동성이 크다는 것은 평균수익률을 많이 벗어나 위험도 크다는 의미인가요?

교수 네, 맞습니다. 구체적으로 정규분포를 통해 설명해 보기로 하겠습니다.

---

6) 분산은 σ^2으로 표기하며 관측치의 흩어진 정도를 나타냅니다. 편차의 합을 구한 다음 모집단인 경우는 $\frac{1}{N}$로 가중치를 두고, 표본집단인 경우는 $\frac{1}{N-1}$의 가중치를 두어 구합니다.

우리 주변에 발생하는 수많은 통계자료는 정규분포(normal distribution)를 따릅니다. 따라서 통계이론에서 가장 중요한 확률분포는 평균에 관측치들이 집중되어 있고 도수분포곡선이 평균값을 중심으로 좌우대칭인 종(bell) 모양을 이루는 특징을 가집니다.

표준정규분포곡선

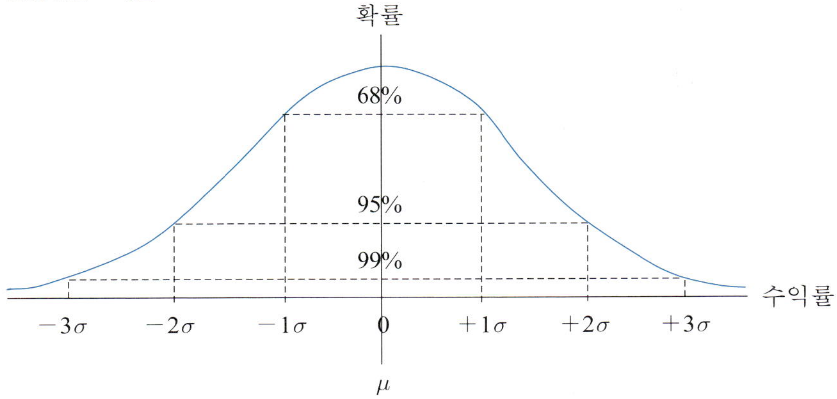

규현 정규분포에서 평균과 표준편차는 어떤 관계가 있나요?

교수 평균인 μ와 표준편차가 σ인 정규분포의 기호는 $N(\mu, \sigma^2)$으로 나타냅니다. 정규분포에서는 내가 알고자 하는 값이 평균으로부터 몇 개의 표준편차만큼 떨어져 있는가를 파악하는 것이 중요합니다. 신뢰구간 68%, 95%, 99%가 일반적으로 많이 사용되고 있으며, 신뢰구간 68%는 관측치가 $\mu \pm \sigma$에 속할 확률을 나타내고, 신뢰구간 95%는 관측치가 $\mu \pm 2\sigma$에 속할 확률을 나타내며, 신뢰구간 99%는 관측치가 $\mu \pm 3\sigma$에 속할 확률을 나타냅니다.

규현 정규분포와 수익률 및 표준편차가 어떤 관계가 있는지 예를 들어 설명해 주세요.

교수 네, 서울기업의 지난 4년 동안 연평균주식수익률은 15%, 6%, 11%, 22%입니다. 68%, 95%, 99% 구간에서 주식의 기대수익률의 범위를 구해 봅시다.

우선 평균수익률을 구하면, $\frac{0.15+0.06+0.11+0.22}{4}=0.135$

표준편차를 구하기 위해 분산을 구하면,

$$\sigma^2=\frac{(0.15-0.135)^2+(0.06-0.135)^2+(0.11-0.135)^2+(0.22-0.135)^2}{3}$$
$$=0.004567$$

표준편차(σ)= $\sqrt{0.004567}=0.06758$

따라서 68% 범위는 $\mu-\sigma\leq E(r)\leq\mu+\sigma$

$=0.135-0.06758\leq E(r)\leq 0.135+0.06758$

$=0.06742\leq E(r)\leq 0.20258$, 즉 6.74%~20.26%

95% 범위는 $\mu-2\sigma\leq E(r)\leq\mu+2\sigma$

$=0.135-2\times 0.06758\leq E(r)\leq 0.135+2\times 0.06758$

$=-0.00016\leq E(r)\leq 0.27016$, 즉 −0.02%~27.02%

99% 범위는 $\mu-3\sigma\leq E(r)\leq\mu+3\sigma$

$=0.135-3\times 0.06758\leq E(r)\leq 0.135+3\times 0.06758$

$=-0.06774\leq E(r)\leq 0.33774$, 즉 −6.77%~33.77%

규현 이 범위가 무엇을 의미하는 건가요?

교수 좋은 질문입니다. 만약에 우리가 서울기업의 주식을 사는 경우, 기대수익률이 6.74%에서 20.26%에 속할 확률이 68%이고, 기대수익률이 −0.02%에서 27.02%에 속할 확률이 95%이며, 기대수익률이 −6.77%에서 33.77%에 속할 확률이 99%라는 의미입니다.

규현 그럼 범위가 넓어지면 그만큼 예상수익률의 범위도 넓어져서 예측하기가 쉽지 않겠네요?

교수 네, 맞습니다. 신뢰구간의 범위뿐만 아니라 표준편차가 크면 자동적으로 전체 범위도 넓어지겠죠? 예를 들어 위의 서울기업과 기대수익률은 같지만 표준편차가 10%인 경기기업의 기대수익률 구간을 추정하여 비교하기로 합시다.

		서울기업	경기기업
평균		0.135	0.135
표준편차		0.06758	0.1
기대수익률 구간	68%	6.74%～20.26%(간격 : 13.52%)	3.5%～23.5%(간격 : 20%)
	95%	−0.02%～27.02%(간격 : 27.04%)	−6.5%～33.5%(간격 : 40%)
	99%	−6.77%～33.77%(간격 : 40.54%)	−16.5%～43.5%(간격 : 60%)

위에서처럼 표준편차가 커지면 각 구간의 범위가 넓어지는 것을 알 수 있습니다. 이는 마치 물고기 100마리를 큰 교실에 방사시킨 다음 잡은 것과 1평의 방에 방사시킨 다음 잡는 것의 차이와 같습니다.

규현 그러니까, 1평에 비해 큰 교실에서 물고기를 잡는 것이 훨씬 어려우니까 물고기를 못 잡을 불확실성이 증가하게 되는 거네요?

교수 맞습니다. 앞에서 잠깐 언급했듯이 분산이나 편차는 변동성을 나타내며 또한 불확실성을 의미합니다. 지금껏 평균수익률, 위험을 나타내는 분산과 표준편차를 배웠고 서로 어떤 관계가 있는지를 배웠습니다. 혹시 질문이 있나요?

규현 딱히 없습니다. 좀 쉬었다가 하시죠?

교수 네, 좀 쉬었다가 자본시장의 효율성에 대해 공부하겠습니다.

3 자본시장의 효율성

교수 자본시장은 장기금융시장으로 단기금융시장인 화폐시장과 구분됩니다. 특히 증권시장은 자본시장에서 자금조달의 주요 창구가 됩니다. 증권시장에서는 주로 채권과 주식의 거래가 이루어지며 규모 면에서는 채권시장이 크지만 거래규모에서는 주식시장이 훨씬 큽니다. 주식가격은 어떻게 움직이고 결정될까요?

규현 가격은 매수자와 매도자 간의 합의에 의해 이루어지고 가격은 글쎄요? 혹시 정보?

교수 네, 맞아요. 주식가격은 정보에 의해 움직이고 수요와 공급에 의해 가격이 결정됩니다. 효율적 자본시장이란 주식의 시장가격이 가능한 모든 정보를 충분히 반영한 자본시장을 말합니다. 따라서 시장의 위험을 충분히 고려해도 효율적 자본시장에서는 시장수익률[7)]을 초과하는 수익률을 올릴 수 없습니다.

규현 그럼 자본시장이 효율적이라면 양(+)의 수익률을 거둘 수 없는 건가요?

교수 좋은 질문입니다. 수요와 공급의 균형상태에서 형성되는 시장가격을 정상가격 혹은 공정가격(fair price)이라고 합니다. 시장수익률을 초과하는 수익률을 비정상적 혹은 초과 수익률(abnormal return or excess return)이라고 합니다. 자본시장이 효율적이라고 해서 양(+)의 수익률을 거둘 수 없다는 것은 아니고 단지 시장수익률을 능가하는 수익률을 거둘 수 없다는 의미입니다. 시장의 새로운 정보는 주식가격에 어떻게 반영될까요?

규현 글쎄요. 좀 궁금해요.

교수 여러분은 주식투자를 할 때 새롭게 획득한 정보를 어떻게 활용하나요? 주식가격은 1,400원인데 시점 0에서 새로운 정보가 공개되고 정보의 가치가 400원이라 하면, 새로운 정보에 대해 대체로 다음과 같은 반응을 보일 것입니다.

---

7) 시장수익률은 우리나라에서는 대표적으로 코스피 수익률을 말합니다.

정보에 대한 주식가격 반응

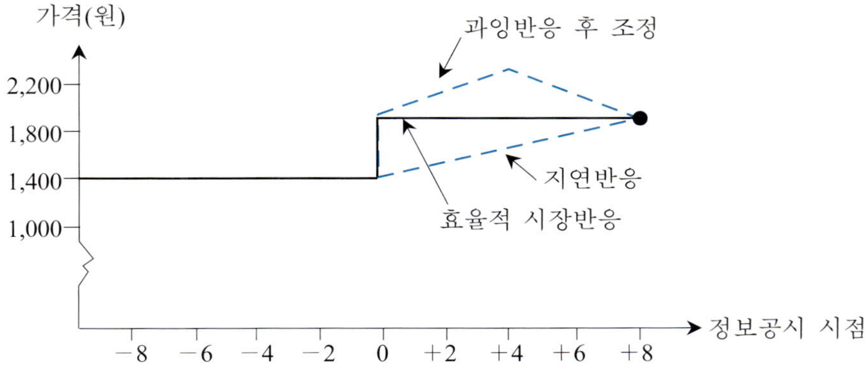

효율적 시장반응 : 가격이 정보를 즉각적으로 반영하기 때문에 그 정보에 대한 추가적 상승이나 하락의 여지를 보이지 않습니다.

지연반응 : 가격이 부분적으로 정보를 반영하기 때문에 상당한 시일 후에야 정상적인 가격으로 돌아옵니다.

과잉반응 : 가격이 정보에 과잉반응을 보여 정보의 가치보다 높은 가격으로 상승했다가 점차 정상적인 가격으로 돌아옵니다.

① 효율적 시장에서는 시장의 새로운 정보가 주식가격에 즉각 반영되어 새로운 정보를 이용하여도 초과수익률을 올릴 수 없습니다.

② 지연반응은 투자자가 정보의 가치를 저평가하여 주식가격이 천천히 정상가격에 도달하게 됩니다.

③ 과잉반응은 투자자가 정보의 가치를 고평가하여 주식가격이 과하게 올랐다가 정상적인 가격으로 떨어집니다. 따라서 주식가격의 지연반응과 과잉반응은 비효율적 시장에서 형성된다고 할 수 있겠지요.

규현 그럼 무엇이 자본시장을 효율적으로 만드나요?

교수 좋은 질문입니다. 자본시장을 효율적으로 만드는 요인들은 첫째는 투자자들의 시장분석능력, 둘째는 투자자와 거래자 간의 경쟁 등을 들 수 있습니다. 앞에서 시장이 효율적이라고 해서 양(+)의 수익률을 거둘 수 없는 것은 아니라고 했습니다. 투자자들은 정보가 시장에 나오면 끊임없는 분석을 통해 수익률을 높이고자 노력합니다. 즉 시장수익률보다 높은 수익률을 거두고자 합니다. 이때 가격은 가용한 모든 정보를 반영한다고 볼 수 있습니다. 만약에 투자자들이 투자를 위한 분석을 더 이상 하지 않는다면 시장의 효율성은 점점 더 떨어지게 될 것입니다. 더 높은 수익률을 올리기 위한 경쟁도 시장이 효율적으로 다가가는 데 기여합니다.

교수 자, 그럼 모든 자본시장이 효율적일까요?

규현 글쎄요?

교수 정보의 반영 정도에 따라 효율적 시장에 대한 세 가지 가설을 설정할 수 있습니다. 이론적으로 효율적 시장가설은 증권의 순현재가치(*NPV*)를 0으로 만드는 상태를 말합니다. 이때 기대수익률은 위험을 반영한 요구수익률이라고 할 수 있습니다. 결론적으로 시장이 효율적이라면 정보는 즉각적으로 가격에 반영되며 가격은 랜덤하게 움직이기 때문에 가격변화의 예측은 불가능합니다.

규현 좀 전에 말씀하신 정보에 따른 효율적 시장의 가설은 어떻게 분류하나요?

교수 효율적 시장의 가설은 정보의 반영 정도에 따라 ① 약형 효율적 시장, ② 준강형 효율적 시장, ③ 강형 효율적 시장으로 나눌 수 있습니다. 먼저 약형 효율적 시장(weak form efficient market)은 모든 과거의 정보를 이용하여 분석해도 초과수익률을 올릴 수 없는 시장을 말합니다.

교수 그럼 주요 과거 정보는 어떤 것이 있을까요?

규현 가격?

교수 네, 가격은 중요하죠. 또한 거래량이 중요한 과거 정보가 됩니다. 이런 과거 정보를 분석하는 기법을 기술적 분석(technical analysis)이라고 합니다. 만약에 시장이 약형 효율적 시장이라면 이런 기술적 분석을 통해 초과수익률을 올릴 수 없다는 것입니다. 앞에서도 언급한 것처럼 단지 초과수익률을 거둘 수 없다는 것이지 양(+)의 수익률을 올릴 수 없다는 말이 아닙니다.

교수 두 번째로 준강형 효율적 시장(semi-strong form efficient market)은 과거의 정보뿐만 아니라 현재 이용 가능한 모든 정보를 이용하여도 초과수익률을 거둘 수 없는 시장을 말합니다. 과거 정보 이외에 현재에 이용 가능한 정보가 어떤 것이 있을까요?

규현 음, 혹시 증권가 지라시?

교수 맞아요. 어떻게 아셨어요? 이것 이외에도 재무제표에서 나오는 회계정보 등이 여기에 속합니다. 이런 정보를 이용한 분석을 기본적 분석(fundamental analysis)이라고 합니다. 이런 분석을 통해서도 초과수익률을 올릴 수 없는 시장을 준강형 효율적 시장이라고 합니다. 즉 준강형 효율적 시장에서는 과거의 정보와 현재 가능한 모든 정보를 이용하게 되는 겁니다.

교수 마지막으로 강형 효율적 시장(strong form efficient market)에 대해 설명하도록 하겠습니다. 앞에서 언급한 과거 정보, 현재 이용 가능한 정보뿐만 아니라 내부정보까지 이용하여도 초과수익률을 올릴 수 없는 시장을 말합니다. 결론적으로 현재 어느 나라의 자본시장을 살펴보아도 강형 효율적 시장은 존재하지 않습니다. 대부분의 국가에서 기업 내부정보(insider information)를 이용하여 주식투자를 하는 것을 불법으로 규정하는 이유도 여기에 있습니다.

규현 그럼 내부정보를 이용하는 경우는 초과수익률을 올릴 수 있다는 거네요?

교수 당연하겠죠. 예를 들어 지금 유행하고 있는 코로나바이러스-19[8] 치료약

8) 코로나바이러스감염증-19(COVID-19)는 2019년 11월 중국 우한에서 최초로 발견되어 전 세계적으로 전파된 감염병입니다. 특히 빠른 변이가 발생하면서 적절한 백신으로 대처가 힘든 범유행 전염병으로 세계보건기구(WHO)는 보고하였습니다.

이 개발되지 않고 있는데요. 만약 어떤 제약회사가 특효약을 발견했다면 이건 특종이 되겠죠?

교수 이상과 같이 정보의 반영 정도에 따른 자본시장의 효율성에 관한 가설에 대해 공부했습니다. 시장효율성은 투자분석이 필요 없기 때문에 어느 주식에나 투자해도 상관이 없다는 이야기가 아닙니다. 위험-수익 사이에는 반대급부가 존재하기 때문에 노력 없는 초과수익률은 기대하기 힘듭니다. 일반적으로 자본시장이 발달한 국가일수록 투자분석이 발달하고 활발하기 때문에 효율적 시장으로 좀 더 가까이 접근하는 경향이 있겠죠?

이를 아래의 그래프로 이해하면 훨씬 쉬울 수도 있겠죠.

효율적 자본시장에 관한 가설

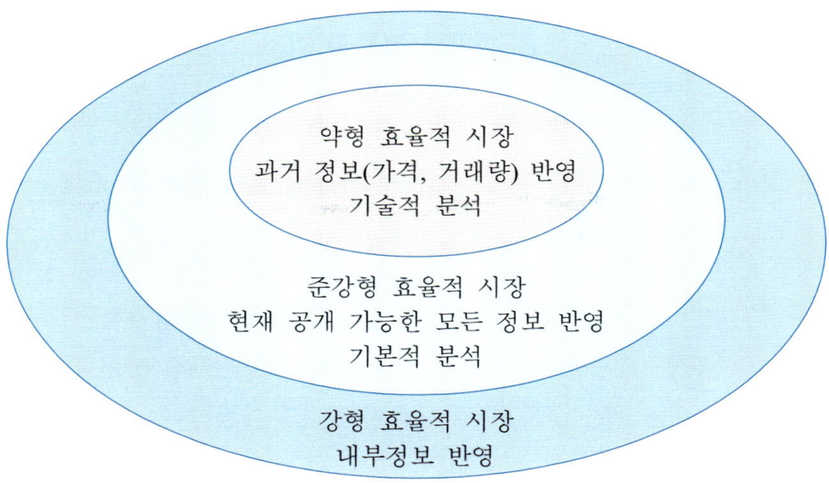

제 7 장 요약

1. 수익률의 추정 :

① 수익률은 평균수익률을 나타내며 이익금을 투자한 금액으로 나누어 백분위로 나타냄

② 평균수익률의 추정방법 : 산술평균수익률, 기하평균수익률

③ 산술평균수익률 : $\mu=\dfrac{(r_1+r_2+\cdots+r_n)}{n}$

④ 가하평균수익률 : $\mu=\sqrt[n]{(1+r_1)\times(1+r_2)\times(1+r_3)\times\cdots\times(1+r_n)}-1$

$=[(1+r_1)\times(1+r_2)\times(1+r_3)\times\cdots\times(1+r_n)]^{\frac{1}{n}}-1$

2. 위험프리미엄 :

① 자산에 내재되어 있는 위험을 감수하는 데 대한 대가

② 위험프리미엄=위험자산의 수익률−무위험자산의 수익률

③ 일반적으로 위험이 크면 위험프리미엄이 높고 위험이 작으면 위험프리미엄도 낮음

3. 변동성 추정 :

① 평균수익률에서 떨어져 있는 정도를 나타내며 분산과 표준편차를 통해 추정함

② 분산과 표준편차가 크면 변동성이 큰 것으로 판단하여 고위험자산으로 분류, 반대로 분산과 표준편차가 작으면 변동성이 크지 않는 것으로 판단하여 저위험자산으로 분류함

② 분산(σ^2)= $\dfrac{1}{N-1}[(r_1-\mu)^2+(r_2-\mu)^2+(r_3-\mu)^2+(r_4-\mu)^2+(r_5-\mu)^2]$

표준편차(σ)= $\sqrt{\sigma^2}$

③ 일반적으로 위험이 크면 수익률이 높고 위험이 작으면 수익률도 낮음

4. 정규분포를 통한 변동성의 이해 :

① 우리 주변에 가장 일반적 통계분포를 보여주는 정규분포는 평균과 표준편차의 관련성을 보여줌

② 68%의 신뢰구간 : $\mu-\sigma\le E(r)\le\mu+\sigma$

95%의 신뢰구간 : $\mu-2\sigma\le E(r)\le\mu+2\sigma$

99%의 신뢰구간 : $\mu-3\sigma\le E(r)\le\mu+3\sigma$

③ 신뢰구간이 늘어날수록 표준편차가 클수록 평균에서 더 떨어져 있음을 의미하며 변동성도 큼

5. 자본시장의 효율성 :

① 효율적 자본시장은 이용 가능한 모든 정보가 가격에 충분히 반영되어 초과수익률을 올릴 수 없는 상태로 가격은 랜덤하게 움직이며 가격예측은 불가능함

② 정보의 반영 정도에 따른 효율적 자본시장의 가설

- 약형 효율적 시장 : 과거의 정보를 이용하여 주식투자를 해도 초과수익률을 올릴 수 없는 시장으로, 과거 정보를 이용한 기술적 분석이 초과수익률 획득에 도움이 안 됨
- 준강형 효율적 시장 : 과거의 정보와 공개 가능한 정보를 이용하여 주식투자를 해도 초과수익률을 올릴 수 없는 시장으로, 이런 기본적 분석이 초과수익률 획득에 도움이 안 됨
- 강형 효율적 시장 : 과거의 정보, 공개 가능한 정보 및 내부정보를 이용하여 주식투자를 해도 초과수익률을 올릴 수 없는 시장으로 정의하지만, 대부분의 국가에서 내부정보를 이용하여 주식투자를 하는 것을 불법으로 규정함

연습문제

1 저축은행의 이자율은 2.5%이며 시중은행의 이자율은 2%이다. 이때 0.5%는? (　　)

① 위험프리미엄(risk premium)
② 인플레이션 프리미엄(inflation premium)
③ 요구수익률(required return)
④ 실질수익률(real return)
⑤ 평균수익률(average return)

2 분산은 다음 중 어느 것의 차이를 제곱하여 평균한 것인가? (　　)

① 평균수익률과 표준편차(average return and standard deviation)
② 실제수익률과 평균수익률(actual return and average return)
③ 실제수익률과 무위험수익률(actual return and risk-free rate)
④ 실질수익률과 평균수익률(real return and average return)
⑤ 실질수익률과 무위험수익률(real return and risk-free rate)

3 다음 설명 중 옳은 것은? (　　)

① 무위험자산의 수익률은 1의 위험프리미엄을 가진다.
② 위험을 감수하는 데서 오는 보상은 표준편차다.
③ 기대수익률이 높을수록 수익률의 분포는 넓어진다.
④ 일반적으로 위험과 기대수익률은 역의 관계에 있다.
⑤ 위험프리미엄은 수익률의 표준편차와 역의 관계에 있다.

4 증권의 수익률의 표준편차가 낮을수록, 일반적으로 기대수익률은 ______ 위험은 ______.
(　　)

① 낮아지고, 높다
② 높아지고, 낮다
③ 높아지고, 높다
④ 낮아지고, 낮다
⑤ 알 수 없음

5 표준편차는 시간경과에 따른 증권수익률의 무엇에 의해 측정되는가? (　　)

① 산술평균　② 기하평균
③ 평균　④ 빈도
⑤ 변동성

6 진호는 1년 전에 3,600,000원을 지급하고 달나라주식 600주를 매수하였다. 정기적으로 배당금을 지급하지는 않지만 지난주에 특별히 주당 250원을 지급하였다. 오전에 주당 7,250원에 매도하였다. 총수익률은? (　　)

① 25%　② 27%
③ 29%　④ 30%
⑤ 30.5%

7 무위험수익률이 3.8%이고 물가상승률이 3.1%이며 수익률은 26.3%였다. 같은 기간 동안의 실질수익률은? (　　)

① 19.92%　② 20.50%
③ 21.08%　④ 21.67%
⑤ 22.50%

8 서울기업은 매년 정률배당(constant dividend)을 지불한다. 당신은 1년 전에 12,000원을 지불하고 1주를 매입하였고 배당수익률은 2%였다. 작년의 물가상승률은 2.6%였고, 주식에 대한 요구수익률은 8%이다. 오늘 주식을 처분한다면 총명목수익률은? (　　)

① −77%　② −75%
③ −73%　④ −70%
⑤ −66%

9 지난 4년 동안 수익률이 각각 11%, 18%, −6%, −13%, 21%인 경우 표준편차는? (　　)

① 7.75%　② 8.87%
③ 9.23%　④ 14.99%
⑤ 16.64%

10 채권의 평균수익률은 6.3%, 표준편차는 3.8%인 경우 68% 범위에서 기대수익률의 범위는? (　　)

① －1.30～13.9%
② －1.30～10.1%
③ 2.5～7.8%
④ 2.5～13.9%
⑤ 2.5～10.1%

11 충청기업의 지난 4년 동안의 산술평균수익률은 9.3%였으며, 4개년 중 3개년의 수익률은 14.1%, 15.6%, 3.4%였다. 4년 동안의 기하평균수익률은? (　　)

① 7.72%
② 8.41%
③ 8.93%
④ 9.16%
⑤ 9.37%

12 연초 주가는 74,000원, 배당금은 800원, 연말 주가는 76,000원이다. 자본수익률은? (　　)

① 2.70%
② 3.29%
③ 3.78%
④ 4.01%
⑤ 4.23%

문제풀이

1 ①

2 ②

3 ③

4 ④

5 ⑤

6 ①

주당 매입가 : $\frac{3,600,000}{600}=6,000$원, $\frac{7,250-6,000+250}{6,000}=0.25(25\%)$

7 ⑤

$(1+\text{명목수익률})=(1+\text{실질수익률})\times(1+\text{물가상승률})$

실질수익률 $=\frac{1+\text{명목수익률}}{1+\text{물가상승률}}-1$, 실질수익률 $=\frac{1+0.263}{1+0.031}-1=0.2250(22.50\%)$

8 ③

배당수익률 $=\frac{D_1}{12,000}=0.02$, $D_1=240$원, $P_o=\frac{D}{r}=\frac{240}{0.08}=3,000$원

총수익률 $=\frac{3,000-12,000+240}{12,000}=-0.73(-73\%)$

9 ④

평균 $=\frac{0.11+0.18-0.06-0.13+0.21}{5}=0.062$

분산 $=\frac{(0.11-0.062)^2+(0.18-0.062)^2+(-0.06-0.062)^2+(-0.13-0.062)^2+(0.21-0.062)^2}{4}$

$=0.02247$

표준편차 $=\sqrt{0.02247}=0.149899$(약 14.99%)

10 ⑤

68% 신뢰구간 : $\mu-\sigma\leq E(r)\leq\mu+\sigma$, $0.063-0.038\leq E(r)\leq 0.063+0.038$,

$0.025\leq E(r)\leq 0.101$, $2.5\%\leq E(r)\leq 10.1\%$

11 ④

산술평균수익률 $=\frac{0.141+0.156+0.034+r}{4}=0.093$, $r=0.041$

기하평균수익률 $=\sqrt[4]{(1.141)\times(1.151)\times(1.034)\times(1.041)}-1=0.0916$(약 9.16%)

12 ①

자본수익률 $=\frac{76,000-74,000}{74,000}=0.0270$(약 2.70%)

chapter

8

자본예산: 불확실성하의 투자결정기준 II

학습내용

수연 제8장에서도 추가로 투자결정기준에 관해 공부하나요?

교수 네, 제7장에서는 과거의 주어진 자료를 통해 수익률과 위험을 추정하는 방법을 공부하였습니다. 본장에서는 미래의 수익률과 위험을 어떻게 계산하는가를 학습하게 됩니다. 단일자산의 기대수익률과 위험뿐만 아니라 여러 자산으로 구성된 포트폴리오의 수익률과 위험도 구해봅니다. 위험을 세분화시켜 체계적 위험과 비체계적 위험으로 나누고 자본자산가격결정모형을 통해 미래수익률을 계산하는 방법을 학습합니다.

1. 기대수익률과 위험
2. 포트폴리오
3. 위험의 구성
4. 자본자산가격결정모형의 추정

1 기대수익률과 위험

교수 앞 제7장은 과거의 수익률과 위험에 대한 내용이었습니다. 그러나 우리에게 정말 중요한 관심은 미래의 수익률과 위험이죠? 미래의 수익률과 위험은 어떻게 구할까요?

수연 글쎄요. 미래는 알 수 없는데 어떻게 구하나요?

교수 그렇죠? 그러나 우리는 확률이라는 개념을 도입함으로써 미래의 수익률을 추정할 수 있습니다. 간단한 퀴즈를 하나 낼까요? 제가 동전을 던지면 확률은 두 경우입니다. 앞면 아니면 뒷면이죠. 우리 내기를 하죠? 앞면이 나오면 제가 여러분에게 1,000원을 주고 뒷면이 나오면 여러분이 500원을 주는 것으로, 누가 할래요?

수연 제가 하겠습니다.

교수 그럼 학생의 기대수익은 어떻게 될까요? +1,000원 혹은 −500원

수연 글쎄요.

교수 아래처럼 학생의 기대수익은 250원입니다. 남는 장사네요.

	앞 면	뒷 면
확률	$\frac{1}{2}$	$\frac{1}{2}$
보상금	1,000	−500
기대수익	$\frac{1}{2}\times 1{,}000+\frac{1}{2}\times(-500)=250$	

수연 그렇네요. ㅎㅎㅎ

교수 네, 맞아요. 학생의 입장에서는 해볼 만한 장사네요. 이것을 공식으로

표시하면,

$$기대수익 = P_{앞} \times R_{앞} + P_{뒤} \times R_{뒤} = \sum_{i=1}^{n} P_i \times R_i$$

수연 근데 이것이 주식의 기대수익률과는 어떤 연관성이 있을까요?

교수 좋은 질문입니다. 앞에서 말한 동전의 경우처럼, 예를 들어 다음 기업 A의 사례를 통해 설명해 보겠습니다.

경제상황	확 률[1]	수익률	확률×수익률
침체(recession)	20%	−5%	−0.01[=0.2×(−0.05)]
보통(normal)	50%	10%	0.05[=0.5×0.1]
호황(bull)	30%	30%	0.09[=0.3×0.3]
합			0.13

내년도 기업 A의 주가를 예측하고자 합니다. 경제상황을 고려할 때 과거 경기가 침체일 경우 기업 A의 주가수익률은 −5%, 보통일 경우 10%, 호황일 경우 30%의 수익률을 거뒀습니다. 내년의 경제상황이 20%의 침체, 50%의 보통, 30%의 호황이 될 것으로 예상합니다. 이런 경우 예상되는 기대수익률[2]을 구해보세요.

수연 앞의 동전의 경우를 그대로 적용하면 되는 거죠?

교수 네, 그렇습니다.

수연 $E(r_A) = 0.2 \times (-0.05) + 0.5 \times 0.1 + 0.3 \times 0.3 = 0.13$입니다.

$$= \sum P_A r_A$$

교수 맞습니다. 참 잘했어요. 다음은 위험을 표준편차를 통해 계산해 보세요.

수연 그건 좀 복잡한 것 같습니다.

1) 확률의 합은 항상 1(100%)입니다.

2) 기업 A의 기대수익률은 $E(r_A)$로 표기하며 여기서 E는 Expected rate of return을 나타냅니다.

교수 먼저 분산을 계산한 다음 표준편차를 구하면 되겠지요? 먼저 수식으로 분산계산식을 나타내보면,

$$분산(\sigma_A^2) = P_{침체} \times [r_{침체} - E(r_A)]^2 + P_{보통} \times [r_{보통} - E(r_A)]^2 + P_{호황} \times [r_{호황} - E(r_A)]^2 = \sum P_A [r_A - E(r_A)]^2$$

$$\sigma_A^2 = 0.2 \times (-0.05 - 0.13)^2 + 0.5 \times (0.1 - 0.13)^2 + 0.3 \times (0.3 - 0.13)^2 = 0.0156$$

표준편차$(\sigma_A = \sqrt{\sigma_A^2})^0 = \sqrt{기업\ A의\ 수익률의\ 분산} = \sqrt{0.0156} = 0.124899$, 약 12.5%

경제상황[3]	확 률 (ⓐ)	수익률 (ⓑ)	편 차 (ⓒ)	편차의 제곱 (ⓓ)	확률×편차의 제곱 (ⓐ×ⓓ)
침체	20%	−0.05	−0.05−0.13	0.0324	0.00648(=0.2×0.0324)
보통	50%	0.1	0.1−0.13	0.0009	0.00045(=0.5×0.0009)
호황	30%	0.3	0.3−0.13	0.0289	0.00867(=0.3×0.0289)
합					$\sigma_A^2 = 0.0156$

교수 이제 기대수익률과 분산 및 표준편차를 구할 수 있겠죠?

수연 네, 할 수 있을 것 같습니다.

2 포트폴리오

교수 다음으로 포트폴리오[4]에 대해 공부하도록 하겠습니다. 여러분 많이 들

3) 물론 사람에 따라서는 30%의 침체, 50%의 보통, 20%의 호황의 확률을 예상할 수도 있습니다. 또는 10%의 아주 침체, 20%의 약간 침체, 40%의 보통, 20%의 약간 호황, 10%의 아주 호황으로 확률을 세분화할 수도 있습니다. 단 확률의 합은 반드시 100%가 되어야 합니다.

4) 포트폴리오(Portfolio)의 어원은 여행용 가방으로 여행할 때 생필품을 조금씩 준비하면 여행에서 불편함을 줄일 수 있다는 의미입니다. 현재 재무관리에서 포트폴리오는 다양한 종목으로 자산을 구성하면 한 종목으로 구성하는 경우에 발생할 수 있는 손실을 줄일 수 있다는 의미로 많이 사용됩니다.

어보셨죠? 포트폴리오가 뭐죠?

수연 분산투자? 이 정도는 들은 것 같아요.

교수 포트폴리오와 분산투자는 차이가 있습니다.

수연 어떤 차이가 있죠?

교수 엄밀히 말해서 포트폴리오는 한 종목 이상으로 구성된 자산의 그룹을 말합니다. 예를 들어 나의 자산그룹이 금융업종인 국민은행, 신한은행, 하나은행 등으로 구성되었다면 이는 포트폴리오가 구성된 것으로 볼 수 있습니다. 그런데 분산투자가 되었다고 말할 수 없습니다. 분산투자는 다양한 업종으로 구성된 포트폴리오를 말합니다. 예를 들어 국민은행, 삼성전자, 엘지화학 등으로 구성되면 분산투자로 구성된 포트폴리오라고 말할 수 있습니다.

수연 이해를 할 것 같습니다.

교수 다음은 포트폴리오의 수익률과 위험을 어떻게 구하는지를 공부할 차례입니다. 포트폴리오의 수익률[5]을 구할 때와 개별자산의 수익률을 구할 때의 차이는 가중치[6]를 고려해야 한다는 것입니다.

수연 가중치요?

교수 일단 간단한 것부터 해보죠. 주식 A에 3십만 원, 주식 B에 5십만 원, 주식 C에 2십만 원, 총 1백만 원을 투자하는 경우, 주식 A의 가중치(W_A)는 $\frac{300,000}{1,000,000} = 0.3$, 주식 B의 가중치($W_B$)는 $\frac{200,000}{1,000,000} = 0.2$, 주식 C의 가중치($W_C$)는 $\frac{500,000}{1,000,000} = 0.5$가 됩니다.

---

5) 포트폴리오의 수익률은 개별주식의 수익률의 가중평균의 합으로 구합니다.
6) 가중치(Weight)는 평균값을 구할 때 각각의 개별 값에 부여하는 중요도를 의미합니다.

자산구성	투자금액	가중치	기대수익률	기대수익금	기대수익률
주식 A	300,000	0.3	5%	15,000원	0.015(=0.05×0.3)
주식 B	500,000	0.5	8%	40,000원	0.04(=0.08×0.5)
주식 C	200,000	0.2	10%	20,000원	0.02(=0.1×0.2)
포트폴리오				75,000원	0.075(=75,000/1,000,000)

이를 공식을 이용해서 구하면, 다음과 같이 개별주식의 수익률에 가중치를 곱해서 합한 것으로 개별주식의 수익률의 가중평균의 합으로 나타낼 수 있습니다.

$$E(r_P) = W_A \times E(r_A) + W_B \times E(r_B) + W_C \times E(r_C) = \sum_{i=1}^{n} W_i E(r_i)$$

$= 0.3 \times 0.05 + 0.5 \times 0.08 + 0.2 \times 0.1 = 0.075$로 이는 총수익금을 원금으로 나눈 것과 같습니다. 즉, 1백만 원을 투자하여 7만 5천 원을 수익금으로 거둬 수익률은 7.5%$\left(= \frac{75,000}{1,000,000}\right)$가 됩니다.

수연 이해가 됩니다.

교수 다음은 포트폴리오의 위험을 구할 차례입니다. 위험은 개별자산에서처럼 분산과 표준편차를 통해 추정합니다. 어떻게 구할까요?

수연 좀 복잡할 것 같은데요.

교수 다음의 사례를 통해 단계별로 천천히 구해보도록 하죠.

경제상황	확 률	주식 A 수익률 (W_A=50%)	주식 B 수익률 (W_B=50%)	포트폴리오 수익률
불황	0.4	30%	−5%	12.5%
호황	0.6	−10%	25%	7.5%
평균수익률		6%	13%	9.5%

[1단계] 각 주식의 기대수익률을 구합니다.

$$E(r_A) = 0.4 \times 0.3 + 0.6 \times (-0.1) = 0.06$$

$$E(r_B) = 0.4 \times (-0.05) + 0.6 \times 0.25 = 0.13$$

[2단계] 각 주식의 표준편차를 구합니다.

$$\sigma_A = \sqrt{0.4 \times (0.3 - 0.06)^2 + 0.6 \times (-0.1 - 0.06)^2} = 0.195656$$

$$\sigma_B = \sqrt{0.4 \times (-0.05 - 0.13)^2 + 0.6 \times (0.25 - 0.13)^2} = 0.146969$$

[3단계] 포트폴리오의 기대수익률은 다음과 같이 두 가지 방법으로 구합니다.

$E(r_P) = 0.4 \times 0.125 + 0.6 \times 0.075 = 0.095$

혹은 $= 0.5 \times 0.06 + 0.5 \times 0.13 = 0.095$

[4단계] 포트폴리오의 분산과 표준편차를 구합니다.

$\sigma_P^2 = 0.4 \times (0.125 - 0.095)^2 + 0.6 \times (0.075 - 0.095)^2 = 0.0006$

$\sigma_P = \sqrt{0.0006} = 0.024495$

교수 여기서 중요한 사실이 있습니다. 포트폴리오를 구성하는 이유는 수익률을 높이기보다는 투자위험을 줄이는 데 그 목적이 있습니다. 따라서 포트폴리오의 표준편차는 각 주식의 표준편차보다 작다는 것을 발견할 수 있습니다.[7]

수연 아, 정말이네요. 어떻게 이런 일이 발생하죠?

교수 공분산[8]이라는 것이 그 역할을 합니다. 공분산이 뭔지 아시죠?

수연 네, 배운 것 같은데요, 가물가물 ㅠㅠ

교수 자, 설명해 보겠습니다.

교수 공분산의 역할을 설명하기 위해서는 주식 A와 주식 B로 구성된 포트폴리오의 분산을 다음과 같이 수식을 통해 추정해 보는 것입니다.

$$\begin{aligned}\sigma_P^2 &= Var(w_A r_A + w_B r_B) \\ &= Var(w_A r_A) + Var(w_B r_B) + 2Cov(w_A r_A, w_B r_B) \\ &= w_A^2 \sigma_A^2 + w_B^2 \sigma_B^2 + 2 w_A w_B \sigma_{AB}\end{aligned}$$ [9]

---

7) 이처럼 포트폴리오를 구성하는 목적은 위험을 줄이는 데 있습니다.

8) 공분산(Covariance)은 co+variance로 공통분산으로 두 자산이 서로 어떻게 움직이는지에 대한 선형관계를 보여줍니다. 즉 두 자산의 관계를 양(숫자)으로 나타낸 것을 말합니다.

9) 여러분, $(a+b)^2 = a^2 + 2ab + b^2$은 익숙했죠? 분산 자체가 제곱을 나타냅니다.

위 식에서 주어진 주식 A와 주식 B의 수익률을 통해 가중치와 분산은 간단히 구했지만, 공분산은 다음과 같이 구해야 합니다.

$$\sigma_{AB} = P_{호황} \times [r_A - E(r_A)][r_B - E(r_B)] + P_{불황} \times [r_A - E(r_A)][r_B - E(r_B)]$$

$$\sigma_{AB} = \sum_{i=1}^{n} P_i \times [r_A - E(r_A)][r_B - E(r_B)]$$

$$\sigma_{AB} = 0.4 \times [0.3 - 0.06][-0.05 - 0.13] + 0.6 \times [-0.1 - 0.06][0.25 - 0.13]$$
$$= -0.0288$$

공분산이 음(−)의 값을 가지므로 주식 A의 수익률과 주식 B의 수익률은 반대 방향의 관계가 있는 것으로 파악할 수 있습니다.

$$\sigma_P^2 = 0.5^2 \times 0.196^2 + 0.5^2 \times 0.147^2 + 2 \times 0.5 \times 0.5 \times (-0.0288) = 0.0006$$

포트폴리오의 표준편차는 $\sigma_P = \sqrt{0.0006} = 0.024495$가 됩니다.

위의 식은 아래의 식으로도 나타낼 수 있습니다.[10)]

$$\sigma_P^2 = w_A^2 \sigma_A^2 + w_B^2 \sigma_B^2 + 2 w_A w_B \sigma_A \sigma_B \rho_{AB}$$

상관관계계수를 구하면,

$$\rho_{AB} = \frac{-0.0288}{0.1957 \times 0.1470} = -1$$

$$\sigma_P^2 = 0.5^2 \times 0.196^2 + 0.5^2 \times 0.147^2 + 2 \times 0.5 \times 0.5 \times (-1) \times 0.196 \times 0.147$$
$$= 0.0006$$

교수 포트폴리오의 분산[11)]을 구하면 위의 두 방식의 결과는 같게 나오게 됩니다. 따라서 공분산 혹은 상관관계계수 값이 개별주식의 분산 값을 낮추게 됨에 따라 포트폴리오를 구성함으로써 위험이 줄어드는 결과가 나오게 됩니다.

수연 그럼 수익률은 어떻게 되나요? 위험이 줄어들었으니 수익률도 좀 줄겠죠?

교수 네, 당연히 줄어들게 됩니다. 위에서 주식 B의 수익률보다는 줄지만, 주

---

10) 상관관계계수(Correlation coefficient)는 공분산을 표준화시킨 값으로 $\rho_{AB} = \frac{\sigma_{AB}}{\sigma_A \sigma_B}$이며, $-1 \le \rho_{AB} \le 1$의 범위를 가집니다. 따라서 $\sigma_{AB} = \rho_{AB} \times \sigma_A \sigma_B$로 나타낼 수 있습니다.

11) 포트폴리오의 분산은 포트폴리오의 수익률을 구하는 방식처럼 개별주식의 분산의 가중평균의 합으로 구하면 절대 안 됩니다.

식 A의 수익률보다는 높게 나옵니다. 결국 포트폴리오를 구성함으로써 수익률의 감소 대비 더 많은 위험을 줄일 수 있다는 것입니다.

교수 추가로 상관관계에 따른 주식 A의 수익률과 주식 B의 수익률 사이의 예시는 다음과 같습니다.

상관관계 예시

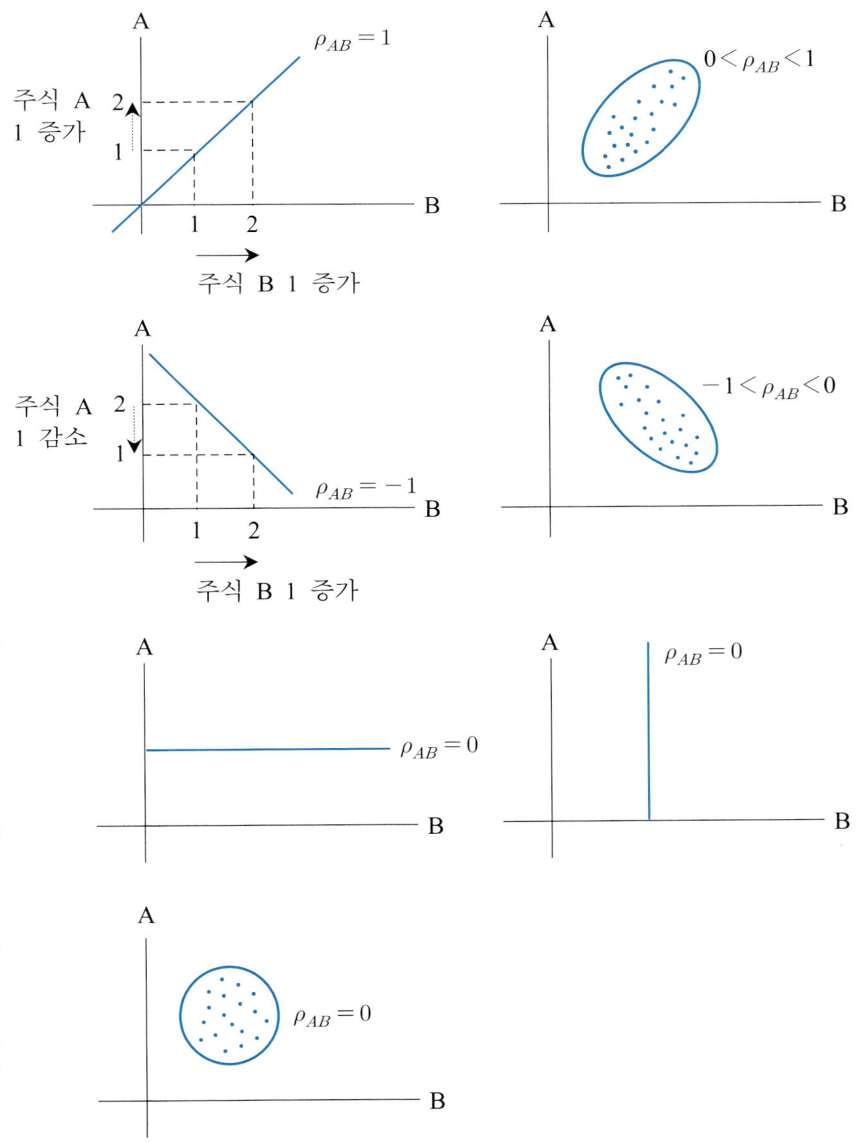

교수 좀 이해가 되었는지 모르겠군요?

수연 이해가 됩니다. 위험과 수익률의 관계에 대해서 많이 알게 되었습니다. 투자할 때 위험을 고려하는 게 중요하군요.

3 위험의 구성

교수 네 맞습니다. 금융자산, 특히 주식은 정보에 민감하게 움직이기 때문입니다. 지금까지 구한 분산과 표준편차는 총위험[12]을 나타냅니다. 지금부터는 위험의 구성에 대해 자세히 살펴보도록 하겠습니다.

> 총수익률 = 기대수익률 + 비기대수익률
>
> = 기대수익률 + 체계적 부분 + 비체계적 부분

사전에 예측한 기대수익률이 실제 수익률과 일치하면 좋겠지만 여러 예상치 못한 요인들로 인해 실제 수익률과 다를 확률이 훨씬 높습니다. 예측하지 못한 비기대수익률은 예측하지 못한 정보로부터 발생하며 체계적 부분과 비체계적 부분으로 나누어집니다. 비체계적 부분[13]은 특정 산업이나 기업에 한정된 위험을 말합니다. 따라서 포트폴리오를 다양한

---

12) 총위험(total risk)은 체계적 위험과 비체계적 위험으로 나누어 나타낼 수 있습니다.

13) 비체계적 부분은 특정 산업이나 기업에 한정된 독특한 위험으로 잘 분산된 포트폴리오를 구성함으로써 사라지는 위험을 말합니다. 예를 들어 파업, 부품 부족 등을 들 수 있습니다. 반면 체계적 부분은 시장 전반에 영향을 미치는 위험으로 시장위험 혹은 체계적 위험이라 합니다, 포트폴리오를 잘 구성해도 사라지지 않는 위험으로, 예를 들어 시장금리, 경기불황, 전쟁, 코로나 바이러스 등을 들 수 있습니다.
- 비체계적 위험(unsystematic risk) = 독특한 위험(specific risk) = 회사나 산업 고유의 위험(unique risk) = 사라지는 위험, 분산 가능한 위험(diversifiable risk)의 개념으로 표기됩니다.
- 체계적 위험(systematic risk) = 시장위험(market risk) = 사라지지 않는 위험(non-diversifiable risk)의 개념으로 표기됩니다.

산업의 주식들로 잘 구성하면 비체계적 위험은 거의 줄어들거나 사라지게 됩니다. 결국 남아 있는 위험은 체계적 위험으로 예측하기 힘들 뿐만 아니라 훨씬 중요하게 인식됩니다.

포트폴리오의 위험분산 효과

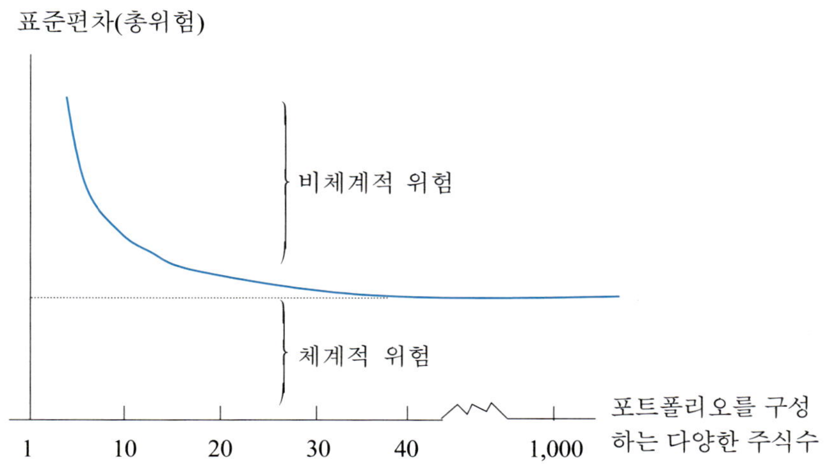

수연 결국 체계적 위험이 중요한 거네요? 그럼 체계적 위험은 어떻게 알 수가 있습니까?

교수 체계적 위험은 베타를 통해 측정 가능합니다. 재무관리에서 베타(Beta)는 전체시장의 변동에 따른 특정 자산이나 포트폴리오의 변동을 보여줍니다. 예를 들어 주식 A의 베타는 주식 A와 시장의 공분산을 시장분산으로 나눈 것으로 시장움직임에 대한 주식 A의 민감도로 정의합니다. 시장의 움직임이 발생할 때 주식 A가 얼마만큼 반응하는가를 보여줍니다. 다음과 같이 베타를 구할 수 있으며, 시장의 베타는 시장의 분산으로 자기 자신의 공분산[14]을 나누어주니 1이 됩니다.

$$\beta_A = \frac{\sigma_{AM}}{\sigma_M^2},\ \beta_M = \frac{\sigma_{MM} = \sigma_M^2}{\sigma_M^2} = 1$$

14) 자기 자신의 공분산은 결국 분산이 됩니다.

수연 그런데 베타를 이용하여 주식투자도 할 수 있나요?

교수 네, 좋은 질문입니다. 베타는 다음과 같이 분류할 수 있습니다.[15]

베타계수	내 용
$\beta > 1$	예를 들어 $\beta_A = 1.5$인 경우는 시장수익률이 10% 상승하면 주식 A의 수익률은 15% 상승하게 됩니다. 시장수익률이 10% 하락하면 주식 A의 수익률은 15% 하락하게 됩니다.
$\beta = 1$	$\beta_A = 1$인 경우는 시장수익률이 10% 상승하면 주식 A의 수익률도 10% 상승하게 됩니다. 시장수익률이 10% 하락하면 주식 A의 수익률도 10% 하락하게 됩니다.
$\beta < 1$	예를 들어 $\beta_A = 0.5$인 경우는 시장수익률이 10% 상승하면 주식 A의 수익률은 5% 상승하게 됩니다. 시장수익률이 10% 하락하면 주식 A의 수익률은 5% 하락하게 됩니다.

교수 따라서 투자자는 호황기에는 1보다 큰 베타를 가진 주식에 투자함으로써 시장수익률보다 높은 수익률을 얻을 수 있습니다. 반대로 침체기에는 1보다 작은 베타를 가진 주식이나 채권에 투자함으로써 수익률은 높일 수 없어도 손실을 줄일 수 있습니다.

수연 네, 그렇군요. 그럼 포트폴리오의 베타도 계산할 수 있나요?

교수 네, 포트폴리오의 베타는 포트폴리오의 수익률을 구하는 방식과 마찬가지로 개별주식의 베타의 가중평균의 합으로 계산합니다.

주 식	투자금액(ⓐ)	가중치(ⓑ)	베타(ⓒ)	ⓑ×ⓒ
A	200,000	20%	1.6	0.32
B	500,000	50%	1.2	0.60
C	300,000	30%	0.7	0.21
포트폴리오	1,000,000	100%		1.13

$$\beta_P = W_A\beta_A + W_B\beta_B + W_C\beta_C,\ \beta_P = \sum_{i=1}^{n} W_i\beta_i$$

15) 주식의 β값이 1이면 시장과 같은 크기로 움직이며, 1보다 작으면 시장보다 더 작게 변동하고 1보다 크면 시장보다 더 크게 변동합니다.

수연 이건 쉽네요.

교수 그럼 이제 베타를 이용하여 기대수익률을 구하는 방법을 알아보죠. 만약 비체계적 위험이 사라졌다면, 기대수익률은 전적으로 체계적 위험에 달려 있으며 체계적 위험에 따른 보상비율은 같아야[16] 공정하겠죠? 투자에서 위험에 대한 보상이 무엇일까요? 혹시 위험프리미엄이라는 용어를 들어본 적이 있나요?

수연 예전에 수익률에서 약간 언급된 것으로 기억합니다. 프리미엄은 뭔가 덤으로 주는 것 같은데요?

교수 뭐, 대략은요. 위험프리미엄은 위험을 감수함으로써 받게 되는 대가를 말합니다.[17] 따라서 위험프리미엄은 위험자산의 기대수익률에서 위험이 없는 무위험수익률을 빼주면 됩니다.

위험프리미엄 = 기대수익률 − 무위험수익률[18]

자산 A의 위험프리미엄[$E(r_A)-r_f$]은 자산 A의 기대수익률에서 무위험수익률을 빼서 구합니다. 자산 B의 위험프리미엄[$E(r_B)-r_f$]은 자산 B의 기대수익률에서 무위험수익률을 빼서 구합니다. 마찬가지로 모든 자산으로 구성된 시장의 위험프리미엄[$E(r_M)-r_f$]은 시장의 기대수익률에서 무위험수익률을 빼서 구합니다. 이를 다음과 같이 체계적 위험과 함께 표시할 수 있습니다.

$$\frac{E(r_A)-r_f}{\beta_A}=\frac{E(r_B)-r_f}{\beta_B}=\cdots=\frac{E(r_M)-r_f}{\beta_M(=1)}$$

---

16) 퀴즈의 난이도에 관계없이 정답에 따른 대가가 동일하면, 상품의 보상비율$\left(\frac{\text{보상수}}{\text{정답수}}\right)$이 같다는 의미로 정답의 숫자만큼 보상을 준다는 의미입니다. 예를 들어 2문제에 대한 정답에는 상품 2개, 5문제에 대한 정답에는 상품 5개를 보상으로 주게 되면 비율은 $\frac{2}{2}=\frac{5}{5}=1$이 되어 같아집니다. 체계적 위험에 대한 보상은 시장위험에 반응하는 각 자산의 위험의 크기에 따라 그에 준하는 보상이 동등하게 주어져야 보상비율이 같아집니다.

17) 투자자는 투자자산의 위험이 높으면 더 많은 위험프리미엄을 요구합니다.

18) 무위험자산의 수익률(return of risk-free asset)은 r_f로 표기합니다. 미국 같은 경우는 T-bill의 수익률, 우리나라에서는 국채 · 통안증권 환매조건부채권(RP : repurchase agreement)금리를 말합니다.

따라서 위 식을 정리하면 재무관리 이론에서 아주 중요한 자본자산가격결정모형을 구할 수 있습니다.

4 자본자산가격결정모형의 추정

$$\frac{E(r_A)-r_f}{\beta_A}=\frac{E(r_M)-r_f}{1},\ E(r_A)-r_f=[E(r_M)-r_f]\times\beta_A,$$

$$E(r_A)=r_f+[E(r_M)-r_f]\times\beta_A:\quad CAPM(\text{자본자산가격결정모형})$$

$E(r_A)$	=	r_f	+	$[E(r_M)-r_f]$	×	β_A
위험자산의 기대수익률		무위험수익률 [국공채수익률]		시장위험프리미엄 [코스피 수익률－국공채수익률]		베타

교수 자본자산가격결정모형(*CAPM*)[19]은 여러 한계점에도 불구하고 여전히 실무에서 위험자산의 수익률을 추정할 때 많이 사용되고 있습니다.

수연 한계점이란 무슨 의미인가요?

교수 *CAPM*은 시장이 효율적이고 완전한 자본시장을 전제로 하고 있습니다. 실제로 존재할 수 없는 시장환경입니다.

수연 그런 한계점이 있는데 왜 중요하죠?

교수 물론 이런 한계점에도 불구하고 위험자산의 수익률을 예측하는 데 더 나은 대안이 아직 없기 때문이기도 합니다.

교수 *CAPM*을 그래프로 나타낸 것이 증권시장선(*SML* : Security Market Line) 입니다.

---

19) *CAPM*은 Capital Asset Pricing Model의 첫자를 따서 표기합니다.

수연 사례를 통해 설명해 주세요.

교수 예를 들어 주식 A의 정상기대수익률은 20%, 무위험기대수익률은 4%, 베타는 1.6인 경우 적정보상비율은 10으로 *SML*상에 놓이게 됩니다. 만약 시장에서 기대수익률이 15%로 형성되어 있다면 투자자들은 보상비율이 낮다고 판단하고 주식을 매도하게 될 것입니다. 그러면 가격은 하락하게 되고 수익률은 점점 상승하면서 결국 정상수익률과 보상비율에 도달하게 됩니다.

또한 시장에서 기대수익률이 25%로 형성되어 있다면 투자자들은 보상비율이 높다고 판단하고 주식을 매수하게 될 것입니다. 가격은 상승하게 되고, 수익률은 점점 하락하여 결국 정상수익률과 보상비율에 도달하게 됩니다.

그래프로 표시하면 아래와 같습니다.

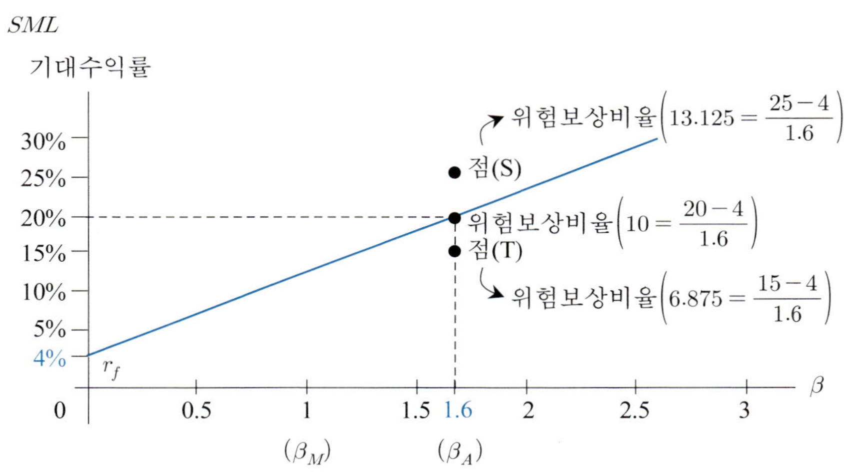

점 S는 보상비율이 높음 → 주식매수 → 가격상승 → 수익률 하락 → 정상수익률로 복귀
점 T는 보상비율이 낮음 → 주식매도 → 가격하락 → 수익률 상승 → 정상수익률로 복귀

수연 아, 충분히 이해했습니다.^^

제 8 장 요약

1. 기대수익률과 위험 :

① 기대수익률 = 확률×수익률, $E(r_i) = \sum_{i=1}^{n} P_i r_i$

② 분산$(\sigma_i^2) = \sum P_i [r_i - E(r_i)]^2$

표준편차$(\sigma_A) = \sqrt{\sigma_A^2}$

2. 포트폴리오와 분산투자 :

① 포트폴리오는 개별자산의 위험을 줄이기 위해 한 종목 이상으로 구성된 자산의 그룹

② 분산투자는 다양한 산업군에 속하는 주식으로 구성된 포트폴리오

③ 포트폴리오의 기대수익률은 각 자산의 수익률의 가중평균의 합, 즉 각 자산의 가중치와 각 자산의 기대수익률의 곱의 합, $E(r_P) = \sum_{i=1}^{n} W_i E(r_i)$

④ 포트폴리오의 위험은 각 자산의 수익률의 분산과 공분산의 합

$$\sigma_P^2 = Var(w_A r_A) + Var(w_B r_B) + 2Cov(w_A r_A, w_B r_B)$$
$$= w_A^2 \sigma_A^2 + w_B^2 \sigma_B^2 + 2 w_A w_B \sigma_{AB}$$
$$= w_A^2 \sigma_A^2 + w_B^2 \sigma_B^2 + 2 w_A w_B \sigma_A \sigma_B \rho_{AB}$$

⑤ 공분산은 두 자산의 선형관계를 보여줌, $\sigma_{AB} = \sum_{i=1}^{n} P_i \times [r_A - E(r_A)][r_B - E(r_B)]$

⑥ 상관관계계수는 공분산을 표준화시킨 값으로 $\rho_{AB} = \dfrac{\sigma_{AB}}{\sigma_A \sigma_B}$ 이고, $-1 \le \rho_{AB} \le 1$ 의 범위를 가지며 $\sigma_{AB} = \rho_{AB} \times \sigma_A \sigma_B$로 나타낼 수 있음

⑦ 포트폴리오를 구성하는 목적은 수익률 감소 대비 위험을 큰 폭으로 줄이는 데 있음

3. 총위험의 분해 :

① 기대수익률과 실제수익률 간의 차이는 기대치 못한 위험으로부터 발생하며 총위험은 체계적 위험과 비체계적 위험으로 나눌 수 있음

② 비체계적 위험은 기업 고유의 위험 혹은 분산 가능한 위험으로 분산투자를 통해 제거할 수 있음

③ 체계적 위험은 시장위험 혹은 사라지지 않는 위험으로 시장 전반에 미치는 광범위한 위험

④ 체계적 위험은 베타를 통해 측정 가능하며, 베타는 특정 자산과 포트폴리오의 시장 움직임에 대한 민감도를 나타냄, $\beta_A = \dfrac{\sigma_{AM}}{\sigma_M^2}$

⑤ 베타를 이용한 투자전략은

- $\beta>1$: 시장보다 더 민감하게 반응, 호황기에 흑자를 볼 수 있지만 불황기에는 더 큰 적자
- $\beta=1$: 시장과 같이 움직임
- $\beta<1$: 시장보다 덜 민감하게 반응, 불황기에 적자를 줄일 수 있음

⑥ 포트폴리오의 베타는 각 자산의 베타의 가중평균의 합으로 구함

$$\beta_P = W_A\beta_A + W_B\beta_B + W_C\beta_C,\ \beta_P = \sum_{i=1}^{n} W_i\beta_i$$

4. 위험프리미엄 :

① 위험프리미엄은 위험자산에 따른 보상, 높은 위험의 자산은 더 높은 위험프리미엄 요구

② 위험프리미엄＝위험자산의 기대수익률－무위험수익률

③ 위험자산의 기대수익률은 자본자산가격결정모형을 통해 추정 가능

$CAPM : E(r_A) = r_f + [E(r_M) - r_f] \times \beta_A$

④ $CAPM$을 그래프로 표기하면 증권시장선(SML : Security Market Line)이 됨

연습문제

1 다음 중 포트폴리오에 대한 올바른 설명은? (　　)

① 투자자가 보유한 자산의 그룹　② 시장위험과 동일한 위험을 가진 증권
③ 위험증권　④ 신규로 발행된 주식
⑤ 무위험증권에 대한 투자

2 체계적 위험에 대해 올바르게 기술한 것은? (　　)

① 개별증권의 총위험　② 시장 전반에 영향을 미치는 위험
③ 분산 가능한 위험　④ 특정 자산에 한정된 위험
⑤ 기업의 독특한 위험

3 체계적 위험을 측정하는 측정치는? (　　)

① 표준편차　② 평균
③ 베타계수　④ 분산
⑤ 편차의 제곱

4 증권시장선은 ____________ 사이의 관계를 보여준다. (　　)

① 베타와 표준편차　② 체계적 위험과 비체계적 위험
③ 명목수익률과 실질수익률　④ 기대수익률과 베타
⑤ 위험프리미엄과 베타

5 투자자의 최소요구수익률은? (　　)

① 무위험수익률　② 시장위험프리미엄
③ 기대수익률-무위험수익률　④ 시장수익률
⑤ 자본비용

6 $CAPM$에서 개별증권의 위험프리미엄 계산은? (　　)

① $\beta\times[E(r_M)-r_f]$
② $E(r_M)-r_f$
③ $E(r)-E(r_M)$
④ $E(r)-\beta\times[E(r_M)-r_f]$
⑤ $\beta\times[E(r)-r_f]$

7 여러 개별주식으로 구성된 포트폴리오의 기대수익률의 계산과정으로 옳은 것은? (　　)

① 포트폴리오의 기대수익률은 반드시 양(+)이어야 한다.
② 각 경제상황을 고려한 포트폴리오의 수익률편차의 합은 반드시 0이 된다.
③ 개별증권으로 구성된 포트폴리오의 산술평균의 베타는 반드시 1이 된다.
④ 포트폴리오의 베타는 반드시 1이 된다.
⑤ 포트폴리오의 편차는 항상 1이 된다.

8 표준편차는 ______ 위험을 나타내며 베타는 ______ 위험을 측정한다. (　　)

① 체계적, 비체계적
② 비체계적, 체계적
③ 총, 체계적
④ 총, 비체계적
⑤ 자산특정, 시장

9 잘 분산된 포트폴리오의 분산은 다음 중 어느 것을 제거하는 데 목적이 있는가? (　　)

① 포트폴리오 위험프리미엄
② 총투자위험
③ 시장위험
④ 비체계적 위험
⑤ 위험감수에 따른 보상

10 자본자산가격결정모형($CAPM$)에 근거하여 투자자들의 보상과 관련이 있는 것은? (　　)

Ⅰ. 시장위험프리미엄 Ⅱ. 포트폴리오의 표준편차 Ⅲ. 포트포리오의 베타 Ⅳ. 무위험수익률

① Ⅰ, Ⅲ
② Ⅱ, Ⅳ
③ Ⅰ, Ⅱ, Ⅲ
④ Ⅱ, Ⅲ, Ⅳ
⑤ Ⅰ, Ⅲ, Ⅳ

11 다음 주어진 정보에 근거하여 주식의 표준편차를 구하면? (　　)

경제상황	발생확률	수익률
호황	0.04	0.26
정상	0.74	0.17
불황	0.22	−0.44

① 19.90%　② 20.52%
③ 22.41%　④ 23.79%
⑤ 25.52%

12 광수는 주식 A와 주식 B로 포트폴리오를 구성하고 있다. 주식 A의 가치는 654,000원이고 기대수익률은 11.2%, 주식 B의 기대수익률은 8.1%이다. 포트폴리오의 가치가 950,000원인 경우 포트폴리오의 기대수익률은? (　　)

① 9.58%　② 9.62%
③ 9.74%　④ 9.97%
⑤ 10.24%

13 포트폴리오 구성으로 주식 A : 38%, 주식 B : 43%, 나머지는 주식 C이다. 각 주식의 기대수익률은 10.7%, 15.4% 및 9.1%이면 포트폴리오의 기대수익률은? (　　)

① 10.55%　② 11.02%
③ 11.67%　④ 12.33%
⑤ 13.01%

14 다음 포트폴리오에서 주식 A의 비중이 40%, 주식 B의 비중이 35%인 경우 포트폴리오의 표준편차는? (　　)

경제상황	발생할 확률	각 주식수익률		
		주식 A	주식 B	주식 C
정상	0.65	14.3%	16.7%	18.2%
침체	0.35	−9.8%	5.4%	−26.9%

① 11.86%　② 12.72%
③ 13.16%　④ 13.43%
⑤ 13.57%

15 주식 A와 주식 B, 그리고 무위험자산으로 구성된 포트폴리오의 기대수익률이 12.3%이다. 주식 A의 기대수익률은 9.7%이고 주식 B의 기대수익률은 17.7%이며 무위험자산의 기대수익률은 3.8%이다. 포트폴리오의 가치는 7,800,000원, 무위험자산의 가치는 1,800,000원인 경우 주식 A의 가치는? (　　)

① 1,860,000원　② 1,966,700원
③ 2,137,500원　④ 2,220,400원
⑤ 2,480,000원

16 무위험자산과 두 개의 주식으로 구성된 포트폴리오의 가치는 36,000,000원이다. 주식 A의 베타는 1.29이고 주식 B의 베타는 0.90이며 포트폴리오의 반은 무위험자산에 투자되었다. 포트폴리오의 베타가 0.58일 경우 주식 A에 투자된 금액은? (　　)

① 6,000,000원　② 9,000,000원
③ 12,000,000원　④ 15,000,000원
⑤ 18,000,000원

17 당신의 최근의 포트폴리오는 다음과 같이 구성되어 있으며 포트폴리오의 베타가 시장베타의 90%가 되게 하려면 가장 위험한 자산을 얼마나 무위험자산으로 대체해야 하는가? (　　)

포트폴리오 구성	가 치	베 타
주식 A	16,400,000원	1.06
주식 B	20,500,000원	1.32
주식 C	18,200,000원	0.98

① 7,023,150원　② 7,811,290원
③ 8,666,670원　④ 9,613,636원
⑤ 10,318,500원

18 주식 A의 베타는 1.47이고 주식 B의 베타는 1.08이며 기대수익률은 13.2%이다. 무위험자산의 수익률은 4.5%이고 두 주식의 위험프리미엄에 대해 동일한 보상이 주어지는 경우 주식 A의 기대수익률은? (　　)

① 12.12%　② 15.07%
③ 16.34%　④ 16.89%
⑤ 17.78%

19 주식 A의 베타는 1.47이고 기대수익률은 15.8%이며, 주식 B의 베타는 1.05이고 기대수익률은 11.9%이다. 이들 주식이 증권시장선상에 있다면 무위험수익률은? (　　)

① 2.05%　　② 2.15%
③ 2.55%　　④ 3.34%
⑤ 3.88%

20 다음의 자료를 이용하여 주식수익률의 적정성 여부를 올바르게 판단한 것은? (　　)

무위험수익률 : 4.2%	시장기대수익률 : 12.3%
주식 A의 베타 : 1.2	주식 A의 기대수익률 : 13.1%
주식 B의 베타 : 0.87	주식 B의 기대수익률 : 11.4%

① 주식 A는 과소평가, 주식 B는 적정평가
② 주식 A는 적정평가, 주식 B는 과소평가
③ 주식 A는 과대평가, 주식 B는 적정평가
④ 주식 A는 과소평가, 주식 B는 과대평가
⑤ 주식 A는 과대평가, 주식 B는 과소평가

문제풀이

1 ①

2 ②

3 ③

4 ④

5 ⑤

6 ①

7 ②

8 ③

9 ④

10 ⑤

11 ⑤

평균수익률$=0.04\times0.26+0.74\times0.17+0.22\times(-0.44)=0.0394$

분산$=0.04\times(0.26-0.0394)^2+0.74\times(0.17-0.0394)^2+0.22\times(-0.44-0.0394)^2$

$=0.06512964$

표준편차$=\sqrt{0.06512964}=0.2552$(약 25.52%)

12 ⑤

각 주식의 가중치를 구하면, $W_A=\dfrac{654,000}{950,000}=0.69$, $W_B=\dfrac{296,000}{950,000}=0.31$, $W_A+W_B=1$

$E(r_P)=W_A\times E(r_A)+W_B\times E(r_B)$

$E(r_P)=0.69\times0.112+0.31\times0.081=0.10239$(약 10.24%)

13 ④

가중치의 합$=W_A+W_B+W_C=1$, $W_C=18\%$

$E(r_P)=0.38\times0.107+0.43\times0.154+0.18\times0.091=0.12326$(약 12.33%)

14 ①

경제상황	발생할 확률	각 주식수익률			포트폴리오 수익률
		주식 A(0.4)	주식 B(0.35)	주식 C(0.25)	
정상	0.65	14.3%	16.7%	18.2%	0.16115
침체	0.35	−9.8%	5.4%	−26.9%	−0.08755

각 주식의 기대수익률 :

주식 A : $0.65\times0.143+0.35\times(-0.098)=0.05865$

주식 B : $0.65 \times 0.167 + 0.35 \times 0.054 = 0.12745$

주식 C : $0.65 \times 0.182 + 0.35 \times (-0.269) = 0.02415$

포트폴리오의 수익률 : $0.4 \times 0.05865 + 0.35 \times 0.12745 + 0.25 \times 0.02415 = 0.074105$

포트폴리오의 분산 :

$0.65 \times (0.16115 - 0.074105)^2 + 0.35 \times (-0.08755 - 0.074105)^2 = 0.014071$

포트폴리오의 표준편차 : $\sqrt{0.014071} = 0.118622$(약 11.86%)

15 ③

포트폴리오의 비중을 구하면,

$7{,}800{,}000 = A + B + 1{,}800{,}000,\ A + B = 6{,}000{,}000,\ B = 6{,}000{,}000 - A$

$$0.123 = \frac{6{,}000{,}000 - A}{7{,}800{,}000} \times 0.177 + \frac{A}{7{,}800{,}000} \times 0.097 + \frac{1{,}800{,}000}{7{,}800{,}000} \times 0.038$$

$A = 2{,}137{,}500$원

16 ③

포트폴리오의 베타 : $\beta_P = W_A \times \beta_A + W_B \times \beta_B + W_{r_f} \times 0 = 0.58$

$$0.58 = \frac{A}{36{,}000{,}000} \times 1.29 + \frac{36{,}000{,}000 - A - 18{,}000{,}000}{36{,}000{,}000} \times 0.9 + 0.5 \times 0$$

$A = 12{,}000{,}000$원

17 ④

시장의 베타는 1이기 때문에, 시장베타의 90%는 0.9

$$0.9 = \frac{16{,}400{,}000}{55{,}100{,}000} \times 1.06 + \frac{20{,}500{,}000 - X}{55{,}100{,}000} \times 1.32 + \frac{18{,}200{,}000}{55{,}100{,}000} \times 0.98 + \frac{X}{55{,}100{,}000} \times 0$$

주식 B 자산 9,613,636원을 무위험자산으로 대체

18 ③

$$\frac{R_A - 0.045}{1.47} = \frac{0.132 - 0.045}{1.08},\ R_A = 0.1634(16.34\%)$$

19 ②

증권시장선의 기울기는 동일함, $\dfrac{E(r_A) - r_f}{\beta_A} = \dfrac{E(r_B) - r_f}{\beta_B},\ \dfrac{0.158 - r_f}{1.47} = \dfrac{0.119 - r_f}{1.05}$

$r_f = 0.0215(2.15\%)$

20 ⑤

$CAPM$을 이용하여 각 주식의 적정수익률을 구하면,

$E(r_A) = 0.042 + 1.2 \times (0.123 - 0.042) = 13.92\%$

$E(r_B) = 0.042 + 0.87 \times (0.123 - 0.042) = 11.25\%$

chapter

9

채권의 가치평가

학습내용

민지 제9장에서는 어떤 내용을 학습하나요?

교수 본장에서는 채권의 가치평가에 관해 학습합니다. 채권의 종류, 채권의 현재가치 평가, 채권의 계약서 등에 관해 학습합니다. 또한 물가상승률과 이자율 사이의 관계와 채권수익률의 결정요인에 관해 배웁니다.

1. 채권의 종류
2. 이표채권
3. 채권의 현재가치 계산
4. 만기수익률 추정
5. 채권계약서
6. 물가상승률과 이자율
7. 채권수익률의 결정요인

교수 이번 장에서는 채권(bond)에 대해 공부하도록 하겠습니다. 여러분, 채권에 대해서 들어보셨죠?

민지 네, 들어보기는 했습니다. 정확히 뭔지는 잘 모르겠습니다.

교수 그렇죠? 흔하게 사용하는 용어는 아니니까요. 채권은 일종의 차입통장입니다.

민지 좀 더 자세히 설명해 주세요.

교수 기업들은 기업 활동을 하는 데 자본을 필요로 합니다. 자본조달은 자기자본과 타인자본을 통해 이루어지며 자기자본만으로 기업 활동을 하는 경우는 거의 드물다고 할 수 있습니다. 자기자본 이외에 기업이 다른 방법으로 자금을 조달할 수 있는 길은 은행 같은 금융기관에서 돈을 차입하는 것입니다. 이런 경우 기업에는 두 가지 번거로움이 발생할 수 있습니다. 먼저 기업은 장기적으로 돈을 빌리고 싶은데 거의 매년 은행에서 대출연장을 해야 하는 번거로움이 있습니다. 대출연장이 어렵거나 대출금액이 줄어들어 일부를 상환해야 하는 난처한 경우도 발생합니다.[1] 특히 우량한 몇몇 대기업을 제외하고는 항상 이런 어려움에 직면하곤 합니다. 이런 문제를 해결할 수 있는 방법 중 하나가 투자자로부터 직접 돈을 빌리는 것입니다. 이때 사용되는 일종의 차용증서가 채권입니다. 다시 말해 기업의 장기부채를 확약하는 문서가 됩니다.

민지 그럼 기업에서만 채권을 발행하나요?

교수 꼭 그런 건 아닙니다. 채권은 발행주체, 상환기간, 이자지급방법, 보증유·무, 담보 유·무 등에 따라 다양하게 분류할 수 있습니다.

1) 비용 측면에서도 채권을 통해 자금을 빌리는 것이 금융기관을 통하는 것보다 적은 비용이 발생합니다.

1 채권의 종류

1) 발행주체에 따른 분류

교수 앞의 질문에 답을 하면, 채권은 누가 발행하느냐에 따라 국채, 지방채, 특수채, 금융채, 회사채 등으로 나눌 수 있습니다.

- 국채는 중앙정부가 재정정책이나 자금조달의 목적으로 발행하는 채권을 말합니다.
- 지방채는 지방정부와 지방공공기관이 지방재정의 건전한 운영과 공공의 목적을 위해 발행하는 채권을 말합니다.
- 특수채는 특수한 목적으로 설립된 기관이 특별법에 근거하여 채권을 발행하고 정부가 원리금의 지급을 보증합니다. 예를 들어 한국토지공사에서 발행하는 토지개발채권, 한국전력공사에서 발행하는 한국전력공사채권, 예금보험공사에서 발행하는 예금상환기금채권(예보채) 등이 있습니다.
- 금융채는 금융기관이 자체적으로 자금을 조달하기 위해 발행하는 채권을 말합니다.
- 회사채는 기업이 시설투자나 기업운영에 필요한 자금을 조달하기 위해 발행하는 채권을 말합니다.

2) 상환기간에 따른 분류

교수 채권은 만기, 즉 상환기간에 따라 단기채권, 중기채권, 장기채권으로 나눌 수 있습니다.

- 단기채권은 상환기간이 1년 이하인 채권으로 통화안정채권,[2] 재정증권, 양곡기금증권, 단기금융채권 등이 있습니다.
- 중기채권은 상환기간이 1년 이상 5년 이하인 채권으로 국민주택1종

2) 시중의 유동성을 조절하기 위해 한국은행이 발행하는 증서로 통화안정증권이라고도 합니다.

채권, 지역개발채권, 외국환평형기금채권 등이 있습니다. 금융채 3년물과 회사채 3년물이 일반적으로 많이 발행됩니다.

- 장기채권은 상환기간이 5년을 초과하는 채권으로 국민주택2종채권, 서울시 도시철도채권 등이 있습니다.

참고로 미국에서는 1년 이하의 채권을 단기채권(bill), 1년 초과 10년 이하의 채권을 중기채권(note), 10년 초과의 채권을 장기채권(bond)으로 분류하고 있습니다.

3) 이자지급방법에 따른 분류

교수 채권은 이자(쿠폰, 이표)지급방법에 따라 할인채권, 복리채권, 이표채권으로 분류할 수 있습니다.

- 할인채권(discount bond)은 이자가 지급되지 않기 때문에 무이표채권(zero coupon bond)이라고도 합니다. 액면가에서 상환일까지 이자를 차감한 금액으로 판매됩니다. 발행가격이 액면가격보다 낮으며 차이가 이자인 셈입니다. 발행시장에서 할인채권의 비중이 높으면 유통시장에서도 활발히 거래가 이루어집니다.
- 복리채권은 상환일 이전에 이자가 지급되지 않는 대신 이자가 복리계산되어 상환일에 원금과 함께 이자가 지급됩니다.
- 이표채권은 채권을 발행할 때 채권의 권면에 이자지급교부표가 붙어있으며 이자지급일에 정해진 이자를 지급합니다. 이자지급주기는 1개월, 3개월, 6개월이며 회사채권의 경우 주로 3개월 단위로 이자(이표)가 지급됩니다.

4) 보증 유 · 무에 따른 분류

교수 채권은 원리금 상환을 발행회사가 아닌 제3자가 보증하는 보증채권과 보증이 없는 무보증채권으로 나눌 수 있습니다.

- 보증채권은 보증주체가 정부인 정부보증채권과 시중은행이나 다른 보증기관 등이 보증한 일반보증채권으로 나눌 수 있습니다. 과거 외

환위기 이전(1997년 11월)에는 대체로 보증채권으로 발행되었습니다.

- 무보증채권은 제3자의 보증 없이 채권발행회사의 신용에 근거하여 발행하는 채권을 말하며 현재 대부분의 채권은 무보증채권으로 발행됩니다.

5) 담보 유 · 무에 따른 분류

교수 채권을 발행할 때 발행회사의 원리금 상환을 보증하기 위해 담보를 설정하는 담보채권과 담보 없이 신용만으로 발행하는 무담보채권이 있습니다.

- 담보채권은 채권의 원리금 상환을 보증하기 위해 부동산, 공장, 기계설비 등을 담보로 설정하며, 때에 따라서는 다른 채권과 주식을 담보로 제공하기도 합니다.
- 무담보채권은 무보증채권처럼 채권의 원리금 상환을 발행회사의 신용에 근거하여 발행하는 채권을 말합니다.

교수 좀 헷갈리지요?

민지 좀 복잡하기는 하지만 개념상으로는 그다지 어렵지 않습니다.

교수 다행입니다.

2 이표채권

교수 지금부터는 가장 일반적인 이표채권을 중심으로 좀 더 자세히 설명하기로 하겠습니다. 지금 여러분은 학생 신분으로, 직장과 정기적 수입이 없기 때문에 은행에서 돈을 빌릴 수 없습니다. 그러나 다음에 여러분이 직장생활을 하면서 혹시 돈이 필요하면 은행으로부터 돈을 빌릴 수 있겠지요. 그래서 서류를 작성하고 대출을 받게 되는데, 대출서류에는 원금, 이율, 이자납부일자, 만기 등이 적혀 있을 겁니다. 예를 들어 은행에서 10,000,000원을 6%에 1년 동안 빌리는 경우의 현금흐름은 다음과 같습니다.

1월	2월	⋯	11월	12월
50,000원	50,000원	⋯	50,000원	10,000,000 + 50,000 = 10,050,000원

교수 채권에서도 마찬가지로 동일한 현금흐름이 발생합니다. 채권의 특성을 좀 더 알아보도록 하겠습니다.

- **원금, 액면가**(face value, principal, future value)
  만기에 상환해야 하는 금액을 말합니다.

- **표면이자, 이표, 쿠폰**(coupon)
  정기적으로 갚아야 하는 이자를 말합니다. 일반적으로 3개월이나 6개월마다 지급됩니다.

- **표면금리, 이표율, 쿠폰율**(coupon rate)
  연간 이자를 채권의 액면가로 나누어 구합니다. 즉, $\frac{\text{이표}}{\text{액면가}}$로 구합니다.

- **채권이율, 경상수익률**(bond yield)
  연간 이자를 채권의 시장가치로 나누어 구합니다. 즉, $\frac{\text{연간 이자}}{\text{현재가격}}$로 구합니다.

- **상환일, 만기**(maturity)
  채권의 수명이 끝나는 시점으로 액면가가 지급되는 시점을 말합니다.

- **만기수익률**(yield to maturity) **혹은 수익률**(yield)
  채권의 시장요구수익률을 말합니다. 채권을 만기까지 보유하는 경우 발생하는 수익[현금흐름]의 현재가치의 합과 시장가치를 같게 만들어 주는 할인율로 내부수익률(Internal rate of return)이라고도 합니다.

교수 위의 개념들은 아주 중요하니까 잘 기억해 주세요. 다음은 채권의 현재가치를 구하도록 하겠습니다. 현재가치가 왜 중요할까요?

민지 글쎄요?

교수 채권은 주식처럼 거래소에서 거래가 이루어집니다. 따라서 매수자는 적절한 매수가격을 파악할 수 있습니다. 신규로 채권을 발행하고자 하는 회사는 적정 발행가격을 가늠할 수 있어서 중요합니다.

민지 아, 그렇군요.

3 채권의 현재가치 계산

$$P_0 = \frac{C}{(1+r)^1} + \frac{C}{(1+r)^2} + \cdots + \frac{C+F}{(1+r)^n}$$

$$P_0 = \frac{C}{r}\left[1 - \frac{1}{(1+r)^n}\right] + \frac{F}{(1+r)^n}$$

민지 현실적인 사례를 통해 설명해 주실 수 없으세요?

교수 알겠습니다. 액면가 1,000원, 연 8% 이자 후급, 만기 2년, 요구수익률 6%인 채권을 사례로 들어보도록 하지요.
ⓐ 1년마다 이자가 지급되는 경우, ⓑ 반년마다 이자가 지급되는 경우, ⓒ 분기마다 이자가 지급되는 경우로 나누어 현재가치를 계산해 보겠습니다.[3]

---

3) 중요한 점은 1년에 n번 이자가 지급되는 채권의 경우 연간 이자(이표)와 할인율은 $\frac{1}{n}$로 나누어 구하며 지급횟수는 n만큼 늘어납니다.

ⓐ 1년마다 이자가 지급되는 경우 :

$$P_0 = \frac{80}{(1.06)^1} + \frac{80}{(1.06)^2} + \frac{1,000}{(1.06)^2} = 1,036.67\text{원}$$

$$P_0 = \frac{80}{0.06}\left[1 - \frac{1}{(1.06)^2}\right] + \frac{1,000}{(1.06)^2} = 1,036.67\text{원(연금의 공식이용)}$$

재무계산기 이용 : 80 PMT, 6 I/Y, 1,000 FV, 2 N, CPT PV?

ⓑ 반년마다 이자가 지급되는 경우 :

$$P_0 = \frac{40}{(1.03)^1} + \frac{40}{(1.03)^2} + \frac{40}{(1.03)^3} + \frac{40}{(1.03)^4} + \frac{1,000}{(1.03)^4} = 1,037.17\text{원}$$

$$P_0 = \frac{40}{0.03}\left[1 - \frac{1}{(1.03)^4}\right] + \frac{1,000}{(1.03)^4} = 1,037.17\text{원(연금의 공식이용)}$$

재무계산기 이용 : 40(80/2) PMT, 3(6/2) I/Y, 1,000 FV, 4(2×2) N, CPT PV?

ⓒ 분기마다 이자가 지급되는 경우 :

$$P_0 = \frac{20}{(1.015)^1} + \frac{20}{(1.015)^2} + \frac{20}{(1.015)^3} + \frac{20}{(1.015)^4} + \frac{20}{(1.015)^5} + \frac{20}{(1.015)^6} + \frac{20}{(1.015)^7} + \frac{20}{(1.015)^8} + \frac{1,000}{(1.015)^8}$$

$$= 1,037.43\text{원}$$

$$P_0 = \frac{20}{0.015}\left[1 - \frac{1}{(1.015)^8}\right] + \frac{1,000}{(1.015)^8} = 1,037.43\text{원(연금의 공식이용)}$$

재무계산기 이용 : 20(80/4) PMT, 1.5(6/4) I/Y, 1,000 FV, 8(2×4) N, CPT PV?

교수 이해가 될까요? 위의 사례를 보면 액면가는 1,000원인데 시장에서 거래되는 가격은 1,000원이 넘습니다. 이처럼 채권이 액면가보다 높은 가격에서 거래되는 경우를 할증채권(premium bond)이라고 합니다.

민지 네, 이해가 됩니다. 채권의 현재가치를 구하는 방법은 앞에서 연금의 현금흐름에서 배운 공식을 그대로 이용하면 되니까 그다지 어렵지는 않네요.

교수 다행입니다. 채권은 일반적으로 발행시점에서 액면가, 만기, 이표율, 지급횟수가 결정됩니다. 그러나 유일하게 결정되지 않고 수시로 변하는 요소가 할인율입니다. 따라서 할인율에 따라 채권의 가격은 변화하게 됩니다. 그래서 할인율이 중요합니다.

민지 네?

교수 위의 사례에서 다른 것은 같고 채권의 요구수익률이 6%에서 8%로 바뀌고 1년마다 이자가 지급되는 경우 채권의 현재가치를 구해보면,

$$P_0 = \frac{80}{(1.08)^1} + \frac{80}{(1.08)^2} + \frac{1,000}{(1.08)^2} = 1,000\text{원}$$

$$P_0 = \frac{80}{0.08}\left[1 - \frac{1}{(1.08)^2}\right] + \frac{1,000}{(1.08)^2} = 1,000\text{원}$$

재무계산기 이용 : 80 PMT, 8 I/Y, 1,000 FV, 2 N, CPT PV?

민지 어, 채권의 액면가와 현재가치가 같네요?

교수 잘 봤습니다. 이처럼 채권의 액면가와 같은 가격에서 거래되는 채권을 액면가 채권(par bond)이라고 합니다. 마지막으로 위의 사례에서 다른 것은 같고 채권의 요구수익률이 6%에서 10%로 바뀌고 1년마다 이자가 지급되는 경우 채권의 현재가치를 구해보면,

$$P_0 = \frac{80}{(1.1)^1} + \frac{80}{(1.1)^2} + \frac{1,000}{(1.1)^2} = 965.29\text{원}$$

$$P_0 = \frac{80}{0.1}\left[1 - \frac{1}{(1.1)^2}\right] + \frac{1,000}{(1.1)^2} = 965.29\text{원}$$

재무계산기 이용 : 80 PMT, 10 I/Y, 1,000 FV, 2 N, CPT PV?

교수 어떻게 되었지요?

민지 어, 채권의 현재가치가 액면가격보다 낮네요.

교수 맞습니다. 이처럼 채권의 액면가보다 낮은 가격에 거래되는 채권을 할인채권(discount bond)이라고 합니다. 이해가 되나요?

민지 네, 좀 정리를 해 주실 수 있나요?

교수 다음의 표를 통해 정리해 보겠습니다.

이표율＜만기수익률	채권가격＜액면가격 : 할인채권(discount bond)
이표율＝만기수익률	채권가격＝액면가격 : 액면가 채권(par bond)
이표율＞만기수익률	채권가격＞액면가격 : 할증채권(premium bond)

좀 헷갈리면, 이렇게 생각해 보세요. 이표율은 분자에 위치하고 만기수익률은 분모에 위치합니다. 분자가 분모보다 크면 1보다 크게 됩니다. 여기에 액면가를 곱하면 액면가보다 높아서 할증채권이 됩니다. 반대로 분자가 분모보다 작으면 1보다 작게 됩니다. 여기에 액면가를 곱하면 액면가보다 낮은 할인채권이 되지요. 마지막으로 분자와 분모가 같으면 1이 되기 때문에 여기에 액면가를 곱하면 액면가와 같은 액면가 채권이 됩니다. 다시 말해, 채권의 가격은 만기수익률과 역의 관계에 있다는 것을 알 수 있습니다.[4] 다시 말해, 만기수익률이 올라가면 채권가격은 내려가고 만기수익률이 내려가면 채권가격은 올라가게 됩니다. 이렇게 설명하면 좀 쉽게 이해할 수 있을까요?

민지 훨씬 이해가 잘 되는 것 같습니다. 집에 가서 잘 정리해 보겠습니다.

교수 따라서 채권의 가치 결정은 다음과 같이 공식으로 나타낼 수 있습니다.

채권의 현재가치＝현금흐름(이표)의 현재가치＋액면가격의 현재가치

$$PV(P_0) = \frac{C}{r}\left[1 - \frac{1}{(1+r)^n}\right] + \frac{FV}{(1+r)^n}$$

4) 채권의 이자율위험은 금리변동에 따라 채권가격이 변하는 것을 의미합니다.

4 만기수익률 추정

교수 채권의 만기수익률은 어떻게 계산할까요?

민지 공식으로 계산하면 안 되나요?

교수 공식으로는 안 됩니다. 재무계산기가 있으면 쉽게 풀 수 있지만 없으면 시행착오법으로 계산해야 합니다.

민지 사례를 통해 설명해 주시면 감사하겠습니다.

교수 이해를 높이기 위해서는 사례를 통해 설명하는 게 좋겠지요. 액면가 1,000원, 연 10% 이자 후급, 만기 5년, 980원에 거래되며 반년마다 이자가 지급되는 채권의 만기수익률을 구해봅시다.

교수 재무계산기가 있으면, 50 PMT, −980 PV, 1,000 FV, 10 N, CPT I/Y? 5.26%(반년), 따라서 1년 만기수익률은 10.52%입니다.

민지 재무계산기를 이용하면 너무 쉬운데요.

교수 근데 재무계산기가 없는 경우라면, 액면가가 1,000원인데 현재 시장가격이 980원이기 때문에 할인채권이라는 것을 알 수 있겠지요? 그러면 이표율 10%보다 높은 만기수익률이라는 것을 알 수 있습니다. 반년마다 이표가 지급되면 5%보다 높은 이자율에서 시작하여 이자율을 올려가면서 시행착오법을 통해 구합니다. 꽤 번거롭죠?

민지 네, 복잡해요.

교수 다른 방법으로는 근사법을 통해 추정할 수 있습니다.

$$YTM = \frac{\left[C + \frac{FV - P_0}{n}\right]}{\left[\frac{FV + P_0}{2}\right]}, \quad \frac{\left[50 + \frac{1{,}000 - 980}{10}\right]}{\left[\frac{1{,}000 + 980}{2}\right]} = 0.052525(\text{약 } 5.25\%)$$

이렇게 추정하면 훨씬 근사치에 가깝게 접근하겠지요?

민지 아 네, 훨씬 시간을 줄일 수 있을 것 같습니다.

5 채권계약서

교수 채권계약서는 채무자(발행회사)와 채권자 사이의 문서화된 합의서를 말합니다. 계약서에 기재되는 기본적인 주요 내용을 살펴보겠습니다.

① 채권의 기본약관 : 발행회사소개 등
② 총액면가
③ 담보물건의 기술
④ 상환조건
⑤ 수의상환조항
⑥ 보호조항의 상세 내용

교수 채권계약서에 기재되는 주요 항목들을 살펴보기로 하겠습니다. 채권발행 시 소유자 명기 여부에 따라 기명식과 무기명식으로 나눕니다.

- 기명식(registered form)은 채권발행 시 소유자의 이름이 증서에 명시됩니다.
- 무기명식(bearer form)은 소유자의 이름 없이 발행되며 채권의 소지자가 주인이 됩니다.

교수 채권의 상환보증을 위한 담보설정 여부에 따라 담보와 무담보로 나눕니다.

- 담보를 설정하는 방법은 다른 증권(채권, 주식)을 담보로 설정하는 경

우와 실물자산을 담보로 설정하는 경우가 있습니다.

• 무담보는 담보 없이 발행회사의 신용에 근거하여 채권을 발행합니다.

교수 발행된 채권의 원금과 이자를 상환하는 순서를 우선 조항으로 명시하는데 선순위채권(unsubordinated bond)과 후순위채권(subordinated bond)으로 나눕니다.
후순위채권은 원금과 이자에 대해 선순위채권보다 하위청구권을 가집니다.

교수 채권자들은 채권발행 시 채권의 상환조건을 명기하기도 합니다.
대표적으로 감채기금(sinking fund)은 채권의 상환자원을 확보하기 위해 자금을 적립하는 제도입니다.

민지 혹시 액면가가 큰 경우에 채권자가 만기에 원금을 원활히 회수하기 위해 채무자에게 사전에 조금씩 저축하게끔 하는 제도인가요?

교수 정확히 맞습니다. 따라서 일반적으로 감채기금은 해당 채권의 상환에만 사용됩니다. 다음은 콜조항(call provision)에 관해 공부하겠습니다. 콜조항은 좀 생소하시죠?

민지 네, 전혀 들어보지 못한 거 같습니다.

교수 콜조항은 수의상환조항으로 발행회사가 만기 이전에 채권을 회수할 수 있는 권리가 부여된 조항입니다.

민지 회사가 여유자금이 있을 때 그렇게 하나요?

교수 네, 그럴 수도 있습니다. 그러나 일반적으로 채권이 액면가보다 높은 가격으로 거래되는 경우에 발행회사가 권리를 행사합니다. 예를 들어 액면가가 1,000원인데 지금 1,200원에 거래가 이루어진다면 발행회사는 1,000원에 회수하고 다시 1,200원에 발행을 하면 200원 높은 가격에 같은 채권을 발행함으로써 자금을 더 많이 확보할 수 있습니다.

민지 그럼 콜조항은 채권자에게는 불리한 조항이네요?

교수 네, 채권자에게는 불리한 조항입니다. 따라서 일반적으로 콜조항이 붙은 채권은 낮은 가격에 발행되고 콜조항을 행사할 때는 남은 기간의 이표를 합산해서 매입하는 경우가 일반적입니다. 따라서 채권자는 콜금지조항을 요구하기도 합니다.

민지 채권자는 불리하니까 그렇게 요구하겠군요.

교수 네, 그렇습니다. 다음은 채권자가 채무자에게 요구하는 채권보호조항(protective covenants)에 관해 알아보겠습니다. 보호조항에는 금지조항과 의무조항이 있습니다.

- 금지조항은 채무자가 하지 말아야 하는 내용입니다. 예를 들어, 주요 자산의 매각금지, 배당제한, 자산저당금지, 합병금지, 채권자의 동의 없이 주요 자산을 매각하거나 리스하지 말 것, 추가로 장기부채발행 금지 등을 포함합니다.
- 의무조항은 채무자가 정기적으로 이행해야 하는 내용을 포함합니다. 예를 들어, 일정 이상의 운전자본을 유지할 것, 정기적으로 채권자에게 재무보고서를 제공할 것, 담보물건이나 증권을 건전하게 유지할 것 등입니다.

민지 채권자가 채권의 권리를 보장받기 위해 일종의 보안장치를 마련하는 거네요?

교수 네, 맞습니다. 다음은 채권수익률의 결정요인에 대해 공부할까 합니다. 그 전에 이자율에 대해 좀 살펴보는 것이 수익률의 구조를 이해하는 데 훨씬 도움이 될 것 같습니다.

민지 이자율에 관해서는 예전에 공부한 기억이 나는데요?

교수 네, 그때는 APR과 EAR의 관계에 관해 배웠습니다. 이번에는 인플레이션, 즉 물가상승률을 추가하여 공부해 보겠습니다.

6 물가상승률과 이자율

교수 물가상승률, 실질이자율, 명목이자율은 서로 어떤 관계가 있을까요?

- 명목이자율(nominal rate)은 흔히 말하는 시장이자율을 말하며 물가상승률(inflation rate)이 반영되지 않은 상태를 말합니다. 은행에서 고시하는 이자율도 명목이자율에 해당합니다.
- 실질이자율(real rate)은 물가상승률을 반영한 이자율을 말합니다.
- 피셔효과(Fisher Effect)는 명목이자율, 실질이자율 및 물가상승률 사이의 이론적 관계를 보여줍니다.

$$(1+\text{명목이자율})=(1+\text{실질이자율})\times(1+\text{물가상승률})$$

$$\text{실질이자율}=\frac{1+\text{명목이자율}}{1+\text{물가상승률}}-1$$

$$\text{명목이자율}\approx\text{실질이자율}+\text{물가상승률}$$

민지 그럼 은행에서 고시하는 이자율은 반드시 물가상승률을 고려한 실질이자율과 더불어 고려하는 것이 좋겠네요.

교수 ㅎㅎㅎ 재무관리를 배우는 보람이겠죠!

7 채권수익률의 결정요인

교수 이제 채권수익률의 결정요인을 공부하겠습니다. 그 전에 채권수익률의 형태에 대해 좀 이해를 하는 게 좋겠죠? 채권의 수익률은 만기와 관련이 많습니다. 왜 그럴까요?

민지 글쎄요. 만기가 길면 불확실성이 높아서 수익률이 높을 것 같습니다.

교수 네, 맞습니다. 일반적으로 채권의 수익률은 만기가 짧으면 낮고 길면 높습니다. 이처럼 만기까지의 잔존기간과 수익률(만기수익률) 사이의 관계를 수익률곡선(yield curve) 혹은 이자율 기간구조(term structure)라고 합니다. 앞의 이자율에서 설명한 것처럼 일반적인 이자율은 명목이자율을 나타냅니다. 수익률곡선은 상향형과 하향형으로 구분됩니다.

- 상향형(upward sloping)은 일반적인 경우로 장기채권의 수익률이 단기채권의 수익률보다 높은 형태를 보입니다. 이자율이 낮은 시기에 향후 이자율이 상승할 것으로 기대되는 경우, 경기침체가 상승기로 전환되어 기업의 장기투자자금의 수요가 증가하는 경우, 향후 물가상승률의 증가가 예상되는 경우에 나타납니다.
- 하향형(downward sloping)은 장기채권의 수익률이 단기채권의 수익률보다 낮은 형태를 보입니다. 현재 이자율이 아주 높아 향후 이자율이 하락할 것으로 예상되는 경우, 경기상승의 정점에 있는 경우, 경기상승 마무리 단계에서 주로 발생합니다.

학생 (대부분의 학생들 고개를 끄덕임)

채권수익률의 상향형 그래프

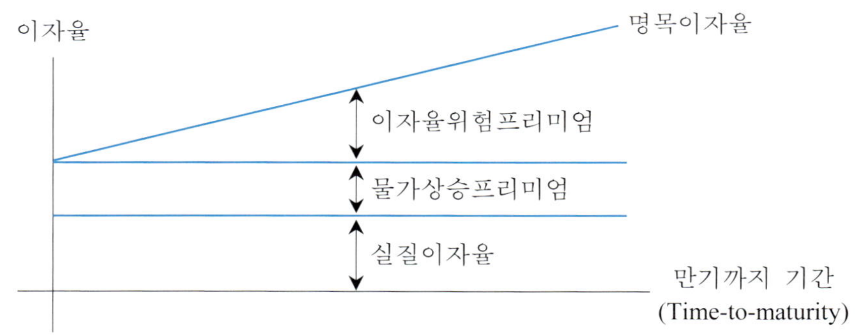

채권수익률의 하향형 그래프

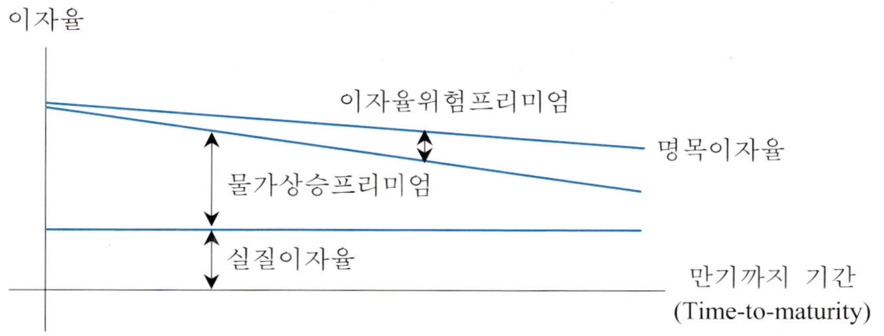

교수 앞의 요인들 이외에도 채권의 수익률에 영향을 미치는 다른 요인들은 뭘까요?

민지 글쎄요. 잘 모르겠네요.

교수 디폴트위험프리미엄, 세제프리미엄, 유동성프리미엄 등이 있습니다.

- 이자와 원금을 정해진 시점에 상환하지 못하는 경우에 발생하는 디폴트위험프리미엄(default risk premium)으로 채권등급이 낮으며 수익률이 높습니다.
- 세제프리미엄(taxability premium)은 일반 기업에서 발행한 채권에 비해 국채나 지방채의 경우 세제혜택을 받기 때문에 일반사채는 수익률이 높습니다.
- 유동성프리미엄(liquidity premium)은 주식은 채권에 비해 거래가 활발하지 않습니다. 따라서 쉽게 거래가 발생하는 채권의 수익률은 낮습니다.

민지 채권은 실제 어떻게 거래가 이루어지고 있나요?

교수 좋은 질문입니다. 채권거래는 투자자와 딜러 사이의 매수가격, 매도가격 및 매수-매도 스프레드의 관계로 이루어집니다.

- 매수가격(bid price)은 딜러가 채권을 매수하는 가격으로, 투자자가 채권을 매도하는 가격을 말합니다.
- 매도가격(asked price)은 딜러가 채권을 매도하는 가격으로, 투자자가 채권을 매수하는 가격을 말합니다.
  딜러는 낮은 가격에 매수하고 높은 가격에 매도하며, 반대로 투자자는 낮은 가격에 매도하고 높은 가격에 매수해야 거래가 이루어집니다.
- 매수-매도 스프레드(bid-ask spread)는 딜러의 수익으로, 매도가격과 매수가격의 차이를 말합니다.

제 9 장 요약

1. 채권이란 :

기업이 직접 조달하는 장기부채

2. 채권의 종류 :

- 발행주체에 따른 분류 : 국채, 지방채, 특수채, 금융채, 회사채
- 상환기간에 따른 분류 : 단기채, 중기채, 장기채
- 이자지급방법에 따른 분류 : 할인채, 복리채, 이표채
- 보증 유·무에 따른 분류 : 보증채, 무보증채
- 담보 유·무에 따른 분류 : 담보채, 무담보채

3. 이표채권의 소개 :

- 원금, 액면가(face value, principal, future value) : 만기에 상환해야 하는 금액을 말함
- 표면이자, 이표, 쿠폰(coupon) : 정기적으로 갚아야 하는 이자를 말하며 일반적으로 3개월이나 6개월마다 지급됨
- 표면금리, 이표율, 쿠폰율(coupon rate) : 연간 이자를 채권의 액면가로 나누어 구함$\left(\frac{\text{이표}}{\text{액면가}}\right)$
- 채권이율, 경상수익률(bond yield) : 연간 이자를 채권의 시장가치로 나누어 구함 $\left(\frac{\text{연간 이자}}{\text{현재가격}}\right)$
- 상환일, 만기(maturity) : 채권의 수명이 끝나는 시점으로 액면가가 지급되는 시점을 말함
- 만기수익률(yield to maturity), 수익률(yield) : 채권의 시장요구수익률로 채권을 만기까지 보유하는 경우 발생하는 수익[현금흐름]의 현재가치의 합과 시장가치를 같게 만들어주는 할인율로 내부수익률(Internal rate of return)이라고도 함

4. 채권의 이론가격 추정 :

채권의 현재가치＝현금흐름(이표)의 현재가치 ＋액면가격의 현재가치

$$PV(P_0) = \frac{C}{r}\left[1-\frac{1}{(1+r)^n}\right] + \frac{FV}{(1+r)^n}$$

5. 거래가격에 따른 채권의 종류 :

- 할인채(discount bond) : 이표율이 만기수익률보다 낮은 경우 채권가격이 액면가격보다 낮게 거래됨
- 할증채(premium bond) : 이표율이 만기수익률보다 높은 경우 채권가격이 액면가격보다 높게 거래됨
- 액면가 채권(par bond) : 이표율이 만기수익률과 같으며 채권가격이 액면가격과 같은 가격에 거래됨

6. 만기수익률 추정 :

시행착오법 : $YTM = \dfrac{\left[C + \dfrac{FV - P_0}{n}\right]}{\left[\dfrac{FV + P_0}{2}\right]}$

7. 채권계약서 :

발행기업과 채권자 간의 채권발행에 대한 여러 내용들로 구성된 문서화된 합의서

8. 물가상승률과 이자율 :

- $(1 + \text{명목이자율}) = (1 + \text{실질이자율}) \times (1 + \text{물가상승률})$
- $\text{실질이자율} = \dfrac{1 + \text{명목이자율}}{1 + \text{물가상승률}} - 1$
- $\text{명목이자율} \approx \text{실질이자율} + \text{물가상승률}$

9. 채권수익률의 결정요인 :

- 수익률곡선(yield curve) 혹은 이자율 기간구조(term structure) : 만기까지의 잔존기간과 수익률(만기수익률) 사이의 관계를 보여주는 그래프
- 상향형(upward sloping) : 일반적인 경우로 장기채권의 수익률이 단기채권의 수익률보다 높은 형태
- 하향형(downward sloping) : 장기채권의 수익률이 단기채권의 수익률보다 낮은 형태
- 기타요인 : 디폴트위험프리미엄, 세제프리미엄, 유동성프리미엄

연습문제

1 시장에서 요구하는 채권의 이자율이란? (　　)

① 만기수익률　② 이표율
③ 풋수익률　④ 콜수익률
⑤ 경상수익률

2 채권수익률(current yield)은 연간 이자를 무엇으로 나눈 것인가? (　　)

① 액면가격　② 시장가격
③ 발행가격　④ 만기가치
⑤ 할인가격

3 만기에 채권의 원금을 상환하기 위한 목적으로 조성된 예치금은? (　　)

① 콜계좌　② 기명식 계좌
③ 감채기금　④ 프리미엄기금
⑤ 무기명 계좌

4 콜조항은 채권발행자에게 어떤 권리를 부여하는가? (　　)

① 채권을 주식으로 교환할 수 있는 권리
② 자동적으로 채권의 만기를 연장할 수 있는 권리
③ 채권기간연장을 결정할 때 채권자들과 접촉할 수 있는 권리
④ 만기 이전에 미리 정해진 가격에 채권을 재매입할 수 있는 권리
⑤ 만기 이전에 공개시장에서 채권을 매도할 수 있는 권리

5 투자자가 인플레이션을 반영하기 전에 얻는 수익률은? (　　)

① 더티수익률(dirty rate)　② 클린율(clean rate)
③ 이표율(coupon rate)　④ 실질수익률(real rate)
⑤ 명목수익률(nominal rate)

6 채권이 충분한 시장성을 갖지 못하는 경우 채권자에게 부여하는 보상은? (　　)

① 유동성프리미엄(liquidity premium)
② 세제프리미엄(taxability premium)
③ 디폴트위험프리미엄(default risk premium)
④ 인플레이션프리미엄(inflation premium)
⑤ 이자율위험프리미엄(interest rate risk premium)

7 채권의 가치에 영향을 미치는 요인으로 구성된 것은? (　　)

① 이표율과 채권이율
② 이표율과 만기수익률
③ 채권이율과 만기수익률
④ 이표율을 제외한 만기수익률과 채권이율은 전혀 영향을 미치지 않는다.
⑤ 만기수익률을 제외한 채권이율과 이표율은 전혀 영향을 미치지 않는다.

8 가나기업은 액면가 1,000,000원에 채권을 발행하였고 1,013,000원에 거래가 이루어지고 있다. 11년 후에 만기가 도래하며 만기수익률이 5.34%인 경우 채권이율(current yield)은? (　　)

① 3.43%　　② 4.43%
③ 5.43%　　④ 5.50%
⑤ 5.77%

9 1년 전에 하나기업은 15년 만기 채권을 액면가격에 발행하였다. 1년에 한 번 지급하는 이표의 이표율은 6.5%이고 현재 시장이자율은 7.2%이다. 액면가격 대비 현재 거래되는 채권가격은? (　　)

① 4.99% 낮음　　② 5.38% 낮음
③ 액면가격과 같음　　④ 6.05% 낮음
⑤ 1.36% 높음

10 다음의 자료를 이용하여 채권이율, 만기수익률, 연 실효수익률을 차례대로 각각 구한 것은? ( )

ⓐ 이표율 : 6%	ⓑ 액면가 : 1,000,000원	ⓒ 매매가격 : 액면가의 98%
ⓓ 만기 : 8년	ⓔ 이표지급 : 반년마다	

① 5.12%, 6.42%, 6.42%
② 5.12%, 6.32%, 6.42%
③ 6.12%, 6.32%, 6.62%
④ 6.12%, 6.42%, 6.42%
⑤ 6.12%, 6.32%, 6.42%

11 영수는 두 종류의 채권을 보유하고 있다. 둘 다 연 1회 이표를 지급하며 이표율은 6%, 액면가는 100,000원, 만기수익률은 6%이다. 채권 A는 12년의 만기가 남았으며 채권 B는 4년의 만기가 남았다. 시장이자율이 기대치 않게 7%로 상승하면 채권 A와 채권 B의 가격변동은 어떻게 되겠는가? ( )

① 채권 A : 7.94% 하락, 채권 B : 3.39% 하락
② 채권 A : 7.94% 하락, 채권 B : 3.39% 상승
③ 채권 A : 7.94% 상승, 채권 B : 3.39% 하락
④ 채권 A : 7.94% 상승, 채권 B : 3.39% 상승
⑤ 채권 A : 7.00% 하락, 채권 B : 7.00% 하락

12 액면가격 1억 원으로 국채 매수가는 115.21%이고 매도가는 115.22%이다. 채권의 매수-매도스프레드(bid-ask spread)는? ( )

① 31,000원
② 31,250원
③ 32,250원
④ 33,250원
⑤ 35,250원

13 액면가격은 10,000,000원이며 1년에 2회 쿠폰이 지급된다. 이표율은 8%이고 청산가격(clean price)은 1,011,000원이다. 다음 이표지급이 5개월 후에 이루어지는 경우, 채권의 청구가격(invoice price)은? ( )

① 997,666원
② 1,007,666원
③ 1,017,666원
④ 1,117,666원
⑤ 1,217,666원

14 바다기업은 15년 만기 채권을 발행하여 28억 원을 조달할 예정이고 요구수익률은 8%이며 두 가지 선택을 두고 고심 중에 있다. 제1안은 연 1회 8%의 이표를 지급하는 이표채권의 발행이고, 제2안은 무이표채권의 발행이다. 35%의 법인세율하에 15년 후의 이표채의 상환금액과 무이표채의 상환금액은? (　　)

① 28억 원, 122.12억 원
② 28억 원, 88.82억 원
③ 30억 원, 122.12억 원
④ 30.24억 원, 88.82억 원
⑤ 30.24억 원, 122.12억 원

15 액면가 : 1,000,000원, 채권이율 : 7.606%, 이자지급 : 연 2회, 현재 채권가격 : 98.6%인 경우 이표금액은? (　　)

① 약 32,500원
② 약 37,500원
③ 약 50,000원
④ 약 70,000원
⑤ 약 75,000원

16 만기가 7년이고 이표율이 5.5%이며 액면가는 1,000,000원이다. 6개월마다 이자가 지급되고 만기수익률이 6.23%이면 채권의 시장가격은? (　　)

① 959,090.69원
② 979,090.69원
③ 999,090.69원
④ 1,009,090.69원
⑤ 1,119,090.69원

문제풀이

1 ①

2 ②

3 ③

4 ④

5 ⑤

6 ①

7 ②

8 ③

계산기를 이용하여 이표를 구하면,

1,000,000 FV, −1,013,000 PV, 5.34 I/Y, 11 N, CPT PMT? 55,993원

$$채권이율 = \frac{이표}{시장가격} = \frac{54,993}{1,013,000} = 0.05429$$

9 ④

액면가격이 1,000원이라 가정하고 현재가격을 구하면,

1,000 FV, 7.2 I/Y, 14 N, 65 PMT, CPT PV? 939.51원

$$\frac{939.51 - 1,000}{1,000} = -0.06049(약\ -6.05\%)$$

10 ⑤

$채권이율 = \frac{이표}{시장가격}$, 채권의 시장가격은 $1,000,000 \times 0.98 = 980,000$원

$$채권이율 = \frac{이표}{시장가격} = \frac{60,000}{980,000} = 0.0612(약\ 6.12\%)$$

만기수익률 :

1,000,000 FV, 30,000 PMT, 16 N, −980,000 PV, CPT I/Y? 3.16%*2=6.32%

연 실효수익률(EAR) : $EAR = \left(1 + \frac{APR}{m}\right)^m - 1 = (1 + 0.0316)^2 - 1 = 0.06419(약\ 6.42\%)$

11 ①

이표율과 만기수익률이 같기 때문에 채권 A와 B의 현재가격 : 100,000원이다. 만기수익률이 7%가 되는 경우,

채권 A의 가격 :

100,000 FV, 6,000 PMT, 12 N, 7 I/Y, CPT PV? 92,057.31원

가격변동 : $\frac{92,057.31-100,000}{100,000}=-0.0794$(약 -7.94%)

채권 B의 가격 :

100,000 FV, 6,000 PMT, 4 N, 7 I/Y, CPT PV? 96,612.79원

가격변동 : $\frac{96,612.79-100,000}{100,000}=-0.0339$(약 -3.39%)

12 ②

$115\frac{22}{32}\%-115\frac{21}{32}\%=\frac{1}{32}\%$(bid-ask spread)

따라서 bid-ask spread margin$=\frac{1}{32}\%\times 100,000,000=31,250$원

13 ③

6개월마다 40,000원의 쿠폰이 발생하며, $40,000\times\frac{1}{6}=6,666.67$

청구가격$=1,011,000+6,666.67=$약 1,017,666.67원

14 ④

이표채의 경우 : 원금 2,800,000,000원$+$224,000,000원$=$3,024,000,000원

무이표채의 경우 : $2,800,000,000\times(1.08)^{15}=8,882,073,519.76$원

15 ②

채권이율 : $\frac{\text{이표}}{\text{시장가격}}=\frac{\text{이표}}{986,000}=0.07606$

이표$=0.07606\times 986,000=74,995.16$원(연이표)

따라서 $\frac{74,995.16}{2}=37,497.58$원

16 ①

1,000,000 FV, 27,500 PMT, 14 N, 3.115 I/Y, CPT PV? 959,090.69원

chapter

10 주식의 가치평가

학습내용

민지 제10장에서는 어떤 내용을 학습하나요?

교수 본장에서는 주식에 관한 내용들을 공부합니다. 항상성장모형을 통한 주식의 가치평가, 주식의 종류, 채권과 주식의 비교 등에 관해 학습합니다.

1. 주식의 가치평가
2. 주식의 종류
3. 채권과 주식의 비교

1 주식의 가치평가

교수 지난 시간에는 채권의 가치평가에 대한 공부를 하였습니다. 이번 시간에는 주식(stock)의 가치평가에 대해 공부하도록 하겠습니다. 여러분, 주식이 뭔지는 잘 아시죠? 앞에서 배운 채권을 차용증서라고 한다면 주식은 투자증서라고 할 수 있겠죠. 따라서 주식을 보유한다는 것은 그 회사의 주인이 된다는 것을 의미합니다. 빌려준다는 의미와 투자한다는 의미는 상당히 차이가 있다는 것 아시죠?

민지 빌려준다는 것은 나중에 갚아야 한다는 의미가 담겨 있고 투자한다는 것은 나중에 갚지 않아도 되는 것 아닌가요?

교수 정확히 맞아요. 따라서 투자를 한다는 의미는 지분과 관련이 있어서 일정 부분 주인이 되는 것을 의미하기 때문에 투자금액의 손실에 대한 보장을 장담할 수 없습니다.

민지 그럼 주식을 매입하면 주인이 된다는 말씀이시죠?

교수 네, 맞습니다. 주식 한 주를 매입해도 그 회사의 주인이 되는 겁니다. 따라서 매수자는 주식의 적정 시장가치를 파악하는 게 중요합니다. 그러나 불행히도 주식의 시장가치를 파악하는 것은 채권보다 훨씬 어렵습니다. 왜 그럴까요?

민지 글쎄요? 채권은 현금흐름을 파악할 수 있지만, 주식도 현금흐름이 있나요?

교수 네, 맞아요. 채권은 발행시점에서 미래의 현금흐름과 만기가 정해지기 때문에 만기수익률만 알면 현재가치를 파악하기 쉬웠습니다. 그러나 주식은 기업이 주식을 통해 돈을 빌린 것이 아니므로 정기적으로 이자를 갚는다든지 원금을 상환할 의무가 전혀 없습니다. 만기도 존재하지 않습니다.

민지 그럼 어떻게 현재가치를 추정할 수 있죠?

교수 방법을 찾아내야죠? 주식을 보유한 주주가 얻을 수 있는 금전적 혜택이 뭘까요?

민지 낮은 가격에 매입하여 높은 가격에 매도하는 경우와 연말에 주는 배당이 아닐까요?

교수 그렇습니다. 기업은 일반적으로 이익이 나면 주식을 보유한 주주에게 이자와 같은 보상을 하게 됩니다. 이를 배당금이라고 합니다. 물론 법적으로 반드시 배당금을 지급해야 하는 의무가 있는 것은 아닙니다. 그러나 주주들의 최고의사결정기구인 주주총회에서 당기순이익의 일정 부분을 배당으로 지급할 것을 요구하게 되면 지급하게 됩니다.

민지 근데 배당금하고 주식의 현재가치를 추정하는 거하고 어떤 관계가 있나요?

교수 예를 들어 주식 A를 지금 매입하여 연말에 배당으로 1,000원을 받고 10,000원에 매도할 수 있을 것으로 예상된다면 얼마에 매입하는 것이 적당할까요? 기대수익률이 10%라고 가정합시다. 현금흐름과 할인율이 제시되었으니 다음과 같이 간단히 현재가치를 추정할 수 있습니다.

$$P_0 = \frac{1,000}{1.1} + \frac{10,000}{1.1} = 10,000\text{원}$$

$$P_0 = \frac{D_1}{1+r} + \frac{P_1}{1+r}$$

민지 이건 이해할 수 있을 것 같습니다.

교수 이번에는 기간을 늘려서 주식 A를 지금 매입하여 1년 후에 배당으로 1,000원을 받고, 2년 후에 또 배당으로 1,000원을 받고 10,000원에 팔 수 있을 것으로 예상된다면 지금 얼마에 매입하는 것이 적당할까요? 기대 수익률이 10%라고 가정합시다.

$$P_0 = \frac{1,000}{1.1} + \frac{1,000}{1.1^2} + \frac{10,000}{1.1^2} = 10,000\text{원}$$

$$P_0 = \frac{D_1}{(1+r)^1} + \frac{D_2}{(1+r)^2} + \frac{P_2}{(1+r)^2}$$

이처럼 기간을 계속 늘리면 주식의 현재가치에서 배당이 차지하는 비중이 점점 증가하게 됩니다. 예를 들어 주식 A를 팔지 않고 계속 보유한다고 가정하면 주식의 현재가치는 배당의 현금흐름에만 의존하게 됩니다. 부연 설명으로 기업이 배당금 지급을 결정하면, 주식의 주인이 누가 되든 상관없이 기업은 현재 소유주에게 배당금을 지급합니다. 기업은 생명체와 같아서 지속적인 성장과 발전을 한다고 가정하기 때문에 주식의 현재가치는 배당금의 현재가치를 통해 이론적으로 추정할 수 있습니다.

$$\underset{1}{\frac{D_1}{(1+r)}} + \underset{2}{\frac{D_2}{(1+r)^2}} + \underset{3}{\frac{D_3}{(1+r)^3}} + \cdots + \underset{\infty}{\frac{D_\infty}{(1+r)^\infty}}$$

$$P_0 = \sum_{t=1}^{\infty} \frac{D_t}{(1+r)^t}$$

민지 그런데요. 배당금이 매년 달라질 수 있지 않나요?

교수 정말 좋은 질문입니다. 앞에서 말한 것처럼 배당금은 매년 말 결산 후 주주총회에서 결정되기 때문에 사전에 예측하는 것은 거의 불가능합니다. 따라서 배당금을 통해 주식의 이론가격을 구하려면 다음과 같이 배당금의 미래현금흐름에 대한 가정이 필요합니다.

1) 항상성장모형

가 정	현금흐름
경우 ①	매년 같은 금액의 배당금이 지급되는 경우
경우 ②	매년 일정한 비율로 배당금이 영구히 증가하는 경우
경우 ③	사업초기에는 불규칙하지만, 안정기에 접어들면서 매년 일정한 비율로 배당금이 영구히 증가하는 경우

- 경우 ①의 현재가치 :

$$\overset{1}{\frac{D}{(1+r)}} + \overset{2}{\frac{D}{(1+r)^2}} + \overset{3}{\frac{D}{(1+r)^3}} + \cdots + \overset{\infty}{\frac{D}{(1+r)^\infty}}$$

이런 현금흐름은 앞의 영구연금의 현금흐름에서 배웠죠?

$P_0 = \frac{D}{r}$: 제로성장모형

- 경우 ②의 현재가치 :

$$\overset{1}{\frac{D_0(1+g)}{(1+r)}} + \overset{2}{\frac{D_0(1+g)^2}{(1+r)^2}} + \overset{3}{\frac{D_0(1+g)^3}{(1+r)^3}} + \cdots + \overset{\infty}{\frac{D_0(1+g)^\infty}{(1+r)^\infty}}$$

위 식을 약간의 정리를 통해 간단히 나타내려면, $\frac{D_0(1+g)}{1+r} = a$로 두고, 매년 늘어나는 $\frac{1+g}{1+r} = x$로 두면, 다음과 같은 식이 됩니다.

$P_0 = a + \cancel{ax} + \cancel{ax^2} + \cancel{ax^3} + \cdots$를 식 ①로 두고, 양변에 x를 곱해서

$-)\, xP_0 = \quad \cancel{ax} + \cancel{ax^2} + \cancel{ax^3} + \cdots$를 식 ②로 둔 다음, 식 ①에서 식 ②를 빼면,

$P_0 - xP_0 = a,\ (1-x)P_0 = a,\ P_0 = \frac{a}{1-x}$,

$$P_0 = \frac{\frac{D_0(1+g)}{1+r}}{1 - \frac{1+g}{1+r}} = \frac{\frac{D_0(1+g)}{\cancel{1+r}}}{\frac{r-g}{\cancel{1+r}}} = \frac{D_0(1+g)}{r-g}$$

$P_0 = \frac{D_0(1+g)}{r-g} = \frac{D_1}{r-g}$: 항상성장모형(constant growth model)[1)]

1) 1962년 Myron Gordon과 Eli Shapiro에 의해 제시되었습니다. 여기서 유의할 점은 배당금이 한 시점 앞서간다는 사실입니다. 예를 들어 P_1의 가격을 구하고자 할 경우 : $\frac{D_2}{r-g}$, P_4의 가격을 구하

민지 경우 ①과 경우 ②의 현재가치는 사례를 통해서 설명해 주시면 훨씬 이해가 쉬울 것 같습니다.

교수 네, 사례를 통해 주식의 현재가치를 구해봅시다. 먼저 영구연금처럼 같은 배당금을 매년 지급하는 경우는 대표적으로 우선주에서 발생합니다.

- 기업 A는 매년 주당 1,000원의 배당금을 지급하기로 하고 우선주를 발행했습니다. 요구수익률이 10%라고 가정하는 경우 우선주의 이론가격은?

  $$P_0 = \frac{D}{r} = \frac{1,000}{0.1} = 10,000\text{원}$$

- 기업 B는 작년에 배당금을 1,000원 지급하고 매년 2%씩 배당금을 올릴 계획입니다. 요구수익률이 10%라고 가정하는 경우 주식의 이론가격은?

  $$P_0 = \frac{D_1}{r-g} = \frac{D_0 \times (1+g)}{r-g} = \frac{1,000 \times (1+0.02)}{0.1-0.02} = 12,750\text{원}$$

민지 경우 ③의 현재가치도 사례를 통해서 설명해 주시면 훨씬 이해가 쉬울 것 같습니다.

교수 기업 C는 작년에 배당금을 1,000원 지급했고 1년 후에는 10%의 배당금을 올리고 2년 후에는 20%의 배당금을 올릴 계획입니다. 3년 후부터는 영구히 5%씩 배당금을 올릴 계획입니다. 요구수익률이 10%라고 가정하는 경우 주식의 이론가격은?

배당금의 현금흐름 :

1		2		3		
1,000(1.1)	+	1,000(1.1)(1.2)	+	1,000(1.1)(1.2)(1.05)	+	⋯

배당금의 현재가치 계산 :

첫째, 1년도 후의 배당금과 2년도 후의 배당금의 현재가치를 구합니다.

$$P_0 = \frac{1,000 \times 1.1}{1.1} + \frac{1,000 \times 1.1 \times 1.2}{1.1^2} = 2,090.91\text{원}$$

고자 할 경우 : $\frac{D_5}{r-g}$, 아주 중요하니 잘 기억해 둡시다.

둘째, 3년도 후부터 발생하는 배당금은 두 단계를 통해 계산합니다.

$P_2 = \dfrac{1{,}000 \times 1.1 \times 1.2 \times 1.05}{0.1 - 0.05} = 27{,}720$원, $P_0 = \dfrac{27{,}720}{1.1^2} = 22{,}909.09$원

따라서 주식의 현재가치는 2,090.91원+22,909.09원=25,000원이 되겠지요.

민지 약간 복잡하긴 한데요. 집에 가서 천천히 공부하면 이해할 수 있을 것 같습니다.

배당성장에 대한 주식가격의 민감성 그래프

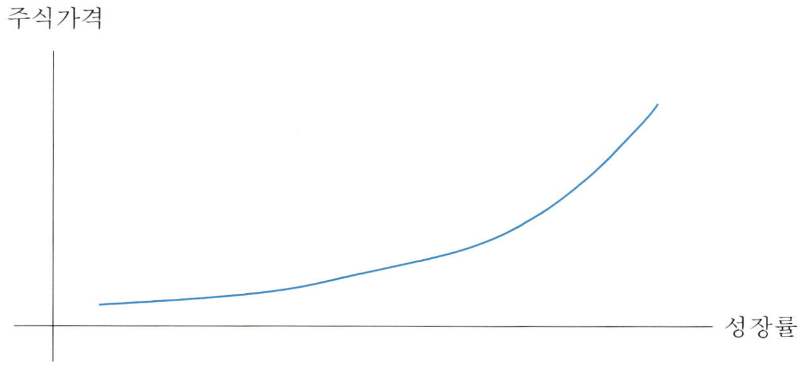

성장률과 주식가격 사이에는 정(+)의 관계가 있음

요구수익률에 대한 주식가격의 민감성 그래프

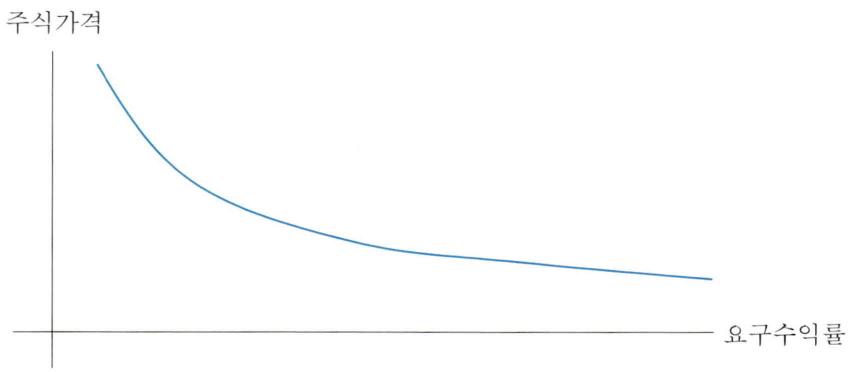

요구수익률과 주식가격 사이에는 역(−)의 관계가 있음

2) 항상성장모형의 응용

교수 항상성장모형은 재무관리에서 많이 사용되고 있습니다. 이를 응용하면 $P_0 = \dfrac{D_1}{r-g}$은 $r = \dfrac{D_1}{P_0} + g$로 변형시킬 수 있습니다. 여기서 r은 주주의 최소요구수익률 혹은 자본비용을 나타내고, $\dfrac{D_1}{P_0}$은 배당수익률(dividend yield)을 나타내며, g는 배당성장률(dividend growth yield) 혹은 자본수익률(capital gain yield)을 나타냅니다.

민지 사례를 통해 좀 더 자세히 설명해 주시면 감사하겠습니다.

교수 10,000원에 거래되고 있는 주식 A는 작년에 배당금을 1,000원 지급하였으며 매년 5%씩 성장할 것으로 기대됩니다. 자본비용은 얼마가 될까요?

$$r = \frac{1,000(1.05)}{10,000} + 0.05 = 0.155$$

교수 위 사례에서 배당수익률과 자본수익률은 각각 얼마인지 계산해 보세요.

민지 배당수익률은 0.105$\left(= \dfrac{1,000(1.05)}{10,000}\right)$, 자본수익률은 배당성장률과 동일 개념이므로 5%입니다.

2 주식의 종류

민지 주식도 채권처럼 여러 종류가 있는지요?

교수 네, 좋은 질문입니다. 채권처럼 복잡하지는 않지만, 주식은 우선주(preferred stock)와 보통주(stock)로 나눕니다.

민지 채권과 비교하면 약간 단순하네요.

교수 네, 그렇다고 볼 수도 있습니다. 각각의 특성을 살펴보겠습니다.

1) 우선주의 특징

교수 우선주(preferred stock)는 배당과 기업파산 시 잔여재산에 대한 우선적 청구권이 있는 주식입니다.

민지 우선주는 보통주에 비해 대체로 낮은 가격에 거래가 되는 것으로 알고 있는데요. 기업에서는 왜 굳이 우선주를 발행하나요?

교수 기업이 우선주를 발행하는 이유는 몇 가지가 있습니다. 첫째, 의결권이 없기 때문에 경영권에 침해를 받지 않는다는 점입니다. 둘째, 채권은 부채에 해당하지만 우선주는 채권에 가까우면서도 자본으로 분류되어 자기자본비중을 높일 수 있어 자본구조를 개선시킬 수 있습니다.

민지 아, 그렇군요. 그럼 우선주의 다른 특징은 어떤 것이 있나요?

교수 앞에서 말한 우선주의 특징 이외의 다른 점들을 보통주와 비교해서 정리해 보면, 첫째, 높고 안정된 배당금을 받을 수 있습니다. 둘째, 반면 거래가 잘 이루어지지 않아 유동성이 높지 않습니다. 셋째, 가격의 변동이 심합니다.

민지 네, 잘 알겠습니다.

2) 보통주의 특징

교수 다음은 보통주에 대해 좀 더 자세히 알아보겠습니다.

교수 우리가 일반적으로 주식이라고 하는 것은 보통주를 말합니다. 보통주의 주주는 주주총회에서 의결권을 가지며 보통주는 일반적으로 유동성은 높은 대신 변동성이 심하지 않습니다. 보통주의 주주는 배당금에 대한 우선권이 없고 기업이 파산하는 경우 잔여재산에 대한 청구권이 채권자와 우선주의 소유주에 비해 후순위에 있습니다.

민지 보통주와 우선주는 나름대로 장점과 단점이 있네요.

교수 그렇지요. 우선주와 보통주의 장점과 단점을 비교하여 정리하면 다음과 같습니다.

우선주	보통주
[장점] 저렴한 가격 높은 배당금 [단점] 의결권이 없음 높은 변동성 낮은 유동성	[장점] 의결권이 있음 낮은 변동성 높은 유동성 [단점] 높은 가격 낮은 배당금

3 채권과 주식의 비교

교수 추가로 채권(부채)과 주식(자기자본)의 차이점은 다음과 같습니다.

채권(부채)	주 식
• 기업의 소유권과 무관 • 의결권(투표권)이 없음 • 이자는 비용으로 세금감면 혜택 • 채권자는 원금과 이자에 대한 법적 청구권이 있음 • 과도한 부채는 채무불이행이나 파산위험	• 기업의 소유권과 직결 • 의결권(투표권)이 있음 • 배당은 비용이 아니므로 세금감면과 무관 • 주주는 배당에 대한 법적 청구권이 없음 • 자기자본에 의한 자본조달은 파산과 무관

민지 주식은 실제 어떻게 거래가 이루어지고 있나요?

교수 좋은 질문입니다. 주식의 표기방식을 살펴보기로 하죠.
주식거래는 투자자, 브로커, 딜러 사이의 매수, 매도 및 딜러스프레드의 관계로 이루어집니다.

- 브로커(broker)는 투자자 사이의 거래를 체결하는 대리인을 말합니다.
- 딜러(dealer)는 자신을 위해 주식을 매매하는 대리인을 말합니다.
- 매수가격(bid price)은 딜러가 매수하는 가격으로 투자자가 매도하는 가격입니다.
- 매도가격(ask price)은 딜러가 매도하는 가격으로 투자자가 매수하는 가격입니다.
- 딜러스프레드(dealer' spread)는 매도가격과 매수가격의 차이로 딜러의 마진을 말합니다.

* 일반적으로 증권회사가 브로커와 딜러의 역할을 수행합니다.

제10장 요약

1. 주식의 가치평가 :

- 제로성장모형 : $P_0 = \dfrac{D}{r}$
- 항상성장모형 : $P_0 = \dfrac{D_1}{r-g}$
- 항상성장모형의 응용 : $r = \dfrac{D_1}{P_0} + g$, 기업의 요구수익률(r)은 배당수익률$\left(\dfrac{D_1}{P_0}\right)$과 배당성장률 혹은 자본수익률($g$)로 구성

2. 우선주와 보통주의 비교 :

우선주	보통주
[장점] 저렴한 가격 높은 배당금 [단점] 의결권이 없음 높은 변동성 낮은 유동성	[장점] 의결권이 있음 낮은 변동성 높은 유동성 [단점] 높은 가격 낮은 배당금

3. 채권과 주식의 비교 :

채권(부채)	주 식
• 기업의 소유권과 무관 • 의결권(투표권)이 없음 • 이자는 비용으로 세금감면 혜택 • 채권자는 원금과 이자에 대한 법적 청구권이 있음 • 과도한 부채는 채무불이행이나 파산 위험	• 기업의 소유권과 직결 • 의결권(투표권)이 있음 • 배당은 비용이 아니므로 세금감면과 무관 • 주주는 배당에 대한 법적 청구권이 없음 • 자기자본에 의한 자본조달은 파산과 무관

연습문제

1 자본수익률(capital gains yield)은 다음 중 어느 것과 동일한가? (　　)

① 배당성장률(dividend growth rate)
② 배당수익률(dividend yield)
③ 총수익률(total yield)
④ 할인율(discount rate)
⑤ 시장수익률(market rate of return)

2 브로커(broker)의 역할에 대해 옳은 것은? (　　)

① 자신을 위해 거래소에서 거래한다.
② 매수자와 매도자를 중간에서 주선한다.
③ 재고자산을 매수하고 매도한다.
④ 매수거래와 매도거래를 언제든지 이행한다.
⑤ 새로운 증권을 딜러에게만 판매한다.

3 본인의 회사가 보유하고 있는 증권을 거래하는 사람은? (　　)

① 증권감독인
② 브로커
③ 딜러
④ 시장감시자
⑤ 시장연락인

4 항상성장모형에서 4년도 주식의 가격은? (　　)

① $D_0 \times (1+r)^5$
② $D_1 \times (1+r)^5$
③ $\dfrac{D_0}{(r-g)^5}$
④ $\dfrac{D_5}{r-g}$
⑤ $\dfrac{D_5}{(r-g)^2}$

5 가나기업은 매년 주당 1,000원의 배당금을 지급하고 있다. 향후 3년간은 배당금이 8%씩 증가하고 그 이후로는 2%씩 증가할 것으로 기대된다. 7년 후 받게 되는 배당금에 대한 올바른 계산은? (　　　)

① $1{,}000(1.08\times3)(1.02)^4$
② $1{,}000(1.08)^3(1.02\times4)$
③ $1{,}000(1.08\times3)(1.02\times4)$
④ $1{,}000(1.08)^3(1.02)^3$
⑤ $1{,}000(1.08)^3(1.02)^4$

6 한국기업은 내년에 1,850원의 배당금을 지급하고 매년 2.25%씩 늘릴 예정이다. 기업에 대한 요구수익률이 16%일 경우 주당가격은? (　　　)

① 13,455원
② 13,610원
③ 13,760원
④ 14,020원
⑤ 14,450원

7 내년부터 1,900원의 배당금을 지급할 것으로 예상되는 주식을 매입하였다. 주식에 대한 요구수익률은 12%이고 배당금은 매년 3.5%씩 증가할 것으로 예상된다. 3년 후에 주식을 매도할 경우 자본수익은? (　　　)

① 1,435원
② 2,435원
③ 2,515원
④ 2,635원
⑤ 2,925원

8 쇠퇴기업은 경영악화로 매년 지급해 오던 배당금을 줄이기로 결정하였다. 최근에 지급한 배당금이 900원이고 매년 5%씩 줄일 예정이다. 기업의 요구수익률이 15%인 경우, 주당 현재가치는? (　　　)

① 3,750원
② 4,075원
③ 4,275원
④ 5,275원
⑤ 5,775원

9 호황기업은 매년 배당금을 1.5%씩 늘려 왔다. 기업의 요구수익률은 14%이며 28,400원에 주식이 거래되고 있다. 최근에 기업이 지불한 배당금은? (　　　)

① 2,000원　② 2,500원
③ 3,000원　④ 3,500원
⑤ 4,500원

10 항상기업은 지난 15년 동안 매년 2,400원의 배당금을 지불하고 있다. 내년에 배당금을 10% 증가시키고 3년 동안 유지한 후 매년 2%씩 배당금을 늘릴 예정이다. 요구수익률이 12%라면 주당가격은? (　　　)

① 23,210원　② 23,510원
③ 24,210원　④ 24,510원
⑤ 25,510원

11 서울기업은 내년에 2,600원의 배당금을 지급하기로 결정했다. 내년 이후에는 회사의 어려움이 예상되어 향후 5년 동안 배당지급을 정지하고 그 이후부터는 매년 1,300원의 배당금을 지급할 것으로 예상된다. 요구수익률이 18%라면 주가는? (　　　)

① 3,010원　② 3,550원
③ 3,890원　④ 4,270원
⑤ 4,880원

12 한국기업은 3년 후부터 배당금으로 800원을 매년 지급하다가 6년 후부터 2%씩 매년 인상할 것으로 기대된다. 요구수익률이 12%인 경우 이론주가는? (　　　)

① 6,060원　② 6,160원
③ 6,470원　④ 6,630원
⑤ 7,220원

13 5년 동안의 배당금이 1,800원, 1,850원, 2,000원, 2,200원, 2,250원인 경우 주식의 평균자본수익률(average capital gains yield)은? (　　　)

① 4.29%　② 4.79%
③ 5.79%　④ 6.79%
⑤ 7.79%

14 주어진 자료에 근거한 배당금은? (   )

주 식	배당수익률	주가수익비율(PER)	종 가	순가격변화
제주기업	2.6%	9.5	38,150원	−0.08

① 990원 ② 1,080원
③ 1,130원 ④ 1,280원
⑤ 1,330원

15 제주기업의 내년 배당금은 1,800원으로 예상되고 향후 5.5% 성장률이 계속 유지될 것으로 기대된다. 주식이 48,500원에 거래되는 경우 요구수익률은? (   )

① 8.02% ② 8.21%
③ 8.51% ④ 8.81%
⑤ 9.21%

16 독도기업의 향후 4년 동안 예상되는 배당금은 5,000원, 12,000원, 18,000원, 1,800원이다. 이후로 연 4%의 배당성장이 영구히 유지되고 요구수익률이 14%인 경우 이론주가는? (   )

① 37,920원 ② 41,060원
③ 43,180원 ④ 46,090원
⑤ 49,310원

17 제주기업의 주식은 48,290원에 거래되고 있다. 요구수익률이 13%이고 배당성장률이 5.5%로 유지되는 경우 최근에 지급된 배당금은? (   )

① 3,230원 ② 3,430원
③ 3,830원 ④ 4,430원
⑤ 4,830원

18 서울기업의 주가는 8.6%씩 매년 증가해 왔다. 현재 주식은 47,000원에 거래되고 요구수익률은 14%다. 배당수익률은? (   )

① 4.40% ② 5.01%
③ 5.40% ④ 5.80%
⑤ 6.10%

문제풀이

1 ①

2 ②

3 ③

4 ④

5 ⑤

6 ①

항상성장모형을 이용하면,

$$P_0 = \frac{D_1}{(r-g)} = \frac{1,850}{0.16-0.0225} = 13,454.55\text{원}(\text{약 } 13,455\text{원})$$

7 ②

3년 후의 주식매도가격－현 시점 주식매입가격＝24,788원－22,353원＝2,435원

$$P_0 = \frac{D_1}{(r-g)} = \frac{1,900}{0.12-0.035} = 22,352.94\text{원}(\text{약 } 22,353\text{원})$$

$$P_3 = \frac{D_4}{(r-g)} = \frac{1,900 \times (1.035)^3}{0.12-0.035} = \frac{2,107}{0.12-0.035} = 24,788.24\text{원}(\text{약 } 24,788\text{원})$$

8 ③

항상성장모형을 이용하여 현재가치를 구하면,

$$P_0 = \frac{D_1}{(r-g)} = \frac{D_0 \times (1-g)}{0.15+0.05} = \frac{900(1-0.05)}{0.15+0.05} = 4,275\text{원}$$

9 ④

항상성장모형을 이용하면,

$$28{,}400\text{원} = \frac{D_0 \times (1.015)}{0.14 - 0.015} = 3{,}497.54(\text{약 } 3{,}500\text{원})$$

10 ⑤

배당금 현금흐름

0	1	2	3	4
2,400	2,400(1.1)	2,400(1.1)	2,400(1.1)	2,400(1.1)(1.02)
	$\frac{2{,}400 \times 1.1}{1.12}$	$\frac{2{,}400 \times 1.1}{1.12^2}$	$\frac{2{,}400 \times 1.1}{1.12^3}$	$\frac{2{,}400 \times 1.1 \times 1.02}{0.12 - 0.02}$

$$\frac{2{,}400 \times 1.1}{1.12} = 2{,}357.14,\quad \frac{2{,}400 \times 1.1}{1.12^2} = 2{,}104.59,\quad \frac{2{,}400 \times 1.1}{1.12^3} = 1{,}879.10$$

4년 후부터 발생하는 연금은 두 단계를 거쳐 현재가치를 구한다.

$$P_3 = \frac{2{,}400 \times 1.1 \times 1.02}{0.12 - 0.02} = 26{,}928\text{원},\quad \frac{26{,}928}{1.12^3} = 19{,}166.82\text{원}$$

따라서 현재가치는 25,507.65원(약 25,510원)

11 ⑤

1년 후의 배당금의 현재가치, $\frac{2{,}600}{1.18} = 2{,}203.39$원

$P_6 = \frac{1{,}300}{0.18} = 7{,}222.22$원이고 이것의 현재가치, $P_0 = \frac{7{,}222.22}{1.18^6} = 2{,}675.34$원

따라서 주식의 현재가치 = 2,203.39원 + 2,675.34원 = 4,878.73원(약 4,880원)

12 ②

배당금 현금흐름

0	1	2	3	4	5	6
			800	800	800	800(1.02)
			$\frac{800}{1.12^3}$	$\frac{800}{1.12^4}$	$\frac{800}{1.12^5}$	$P_5 = \frac{800(1.02)}{0.12 - 0.02} = 8{,}160$원

따라서 현재가치 = 1,531.78원 + $\frac{8{,}160}{1.12^5}$ = 6,161.98원(약 6,160원)

13 ③

$$\left[\frac{1{,}850-1{,}800}{1{,}800}+\frac{2{,}000-1{,}850}{1{,}850}+\frac{2{,}200-2{,}000}{2{,}000}+\frac{2{,}250-2{,}200}{2{,}200}\right]\div 4=0.0579$$

14 ①

배당수익률$=\dfrac{D}{38{,}150}=0.026$, $D=991.9$원(약 990원)

15 ⑤

항상성장모형의 요구수익률,

$r=\dfrac{D_1}{r}+g=\dfrac{1{,}800}{48{,}500}+0.055=0.0921$(약 9.21%)

16 ①

배당금 현금흐름

0	1	2	3	4	5
	5,000원	12,000원	18,000원	1,800원	1,800×(1.04)

현금흐름의 현재가치 추정,

$\dfrac{5{,}000}{1.14}+\dfrac{12{,}000}{1.14^2}+\dfrac{18{,}000}{1.14^3}+\dfrac{1{,}800}{1.14^4}=26{,}834.81$원

항상성장률을 따르는 현금흐름의 현재가치 추정,

$P_4=\dfrac{1{,}800(1.04)}{0.14-0.04}=18{,}720$원의 $P_0=\dfrac{18{,}720}{1.14^4}=11{,}083.74$원

따라서 이론주가는 26,834.81원+11,083.74원=37,918.55원(약 37,920원)

17 ②

항상성장모형을 이용하면,

$48{,}290=\dfrac{D_0(1+0.055)}{0.13-0.055}$, $D_0=3{,}432.94$원(약 3,430원)

18 ③

항상성장모형을 이용한 배당수익률 추정,

$r=\dfrac{D_1}{P_0}+g=\dfrac{D_1}{P_0}+0.086=0.14$, $\dfrac{D_1}{P_0}=0.054$

chapter

11

자본비용

학습내용

민호 제11장에서는 어떤 내용을 학습하나요?

교수 본장에서는 자본비용에 관한 내용을 공부합니다. 총자본비용은 자기자본비용과 타인자본비용으로 구성됩니다. 자기자본비용은 항상성장모형과 자본자산가격결정모형으로부터 추정하고 타인자본비용은 장기채권의 만기수익률로부터 추정합니다. 둘을 합쳐서 가중평균자본비용을 구하게 됩니다. 또한 자본비용과 법인세에 관한 내용도 학습합니다.

1. 자본비용의 개념
2. 자기자본비용
3. 부채비용
4. 총자본비용
5. 가중평균자본비용과 법인세

1 자본비용의 개념

교수 약간 어리석은 질문이지만 여러분은 이미 수익과 비용의 개념을 아시죠?

민호 네, 서로 반대의 개념이죠.

교수 맞습니다. 우리, 이렇게 생각해 보도록 하죠. 여러분, 저축한다고 할 때 가능한 한 많은 이자를 주는 금융기관을 찾아서 맡기겠죠?

민호 당연합니다. 많은 이익을 가져다주니까요.

교수 맞습니다. 그럼 은행의 입장에서는 어떨까요?

민호 은행은 가능한 한 적은 이자를 주고 싶겠죠. 비용이니까요.

교수 네, 그렇죠. 같은 이자율을 가지고 은행이냐 고객이냐의 입장에 따라 비용이 되기도 하고 이익이 되기도 하지요.

민호 자본비용하고는 무슨 관계가 있나요?

교수 네, 여러분은 입장에 따른 비용과 이익의 차이를 이해했기 때문에 이제 기업의 측면에서 설명해 보기로 하겠습니다. 제1장에서 공부한 것처럼 기업은 활동을 지속하기 위해서 자본이라는 것이 필요합니다. 그리고 총자본은 자기자본과 타인자본(부채)으로 나누어지고요. 총자본을 조달하는 데 비용이라는 개념이 발생합니다. 고객은 수익률을 고려하면서 그 회사의 주식과 채권을 매입합니다. 은행의 이자율과 달리 기업에 투자한 투자자의 측면에서는 최소한의 수익률인 요구수익률을 원하게 됩니다. 고객의 최소요구수익률은 기업의 자본조달비용이 됩니다. 그럼 자본비용을 어떻게 구할 수 있을까요?

교수 우리가 앞에서 투자안의 가치평가에서 NPV 평가법에 대해 공부했죠?

민호 네, 기억이 납니다. 그때 NPV 에서 가장 어려운 부분이 할인율을 구하는 것이라고 하셨어요.

교수 맞아요. 잘 기억하시는군요. 그 할인율을 우리가 지금 공부하려고 하는 요구수익률 혹은 자본비용이라고 합니다.

민호 아, 그렇군요. 재무관리는 내용이 서로 얽혀서 반복되는 것 같습니다.

교수 그렇죠. 그런데 자기자본과 부채를 조달하는 데 비용이 각각 다릅니다. 이들 비용을 먼저 각각 구해보도록 하겠습니다. 이전에 공부했지만 자기자본비용부터 구해봅시다.

2 자기자본비용

교수 자기자본비용은 어떻게 구할까요?

민호 글쎄요?

교수 우리가 이미 공부를 했습니다. 자기자본비용은 두 가지 방법을 통해서 구할 수 있었습니다. 과거에 배운 내용을 기억해 보겠습니다. 혹시 주식의 현재가치를 구할 때 항상성장모형(DGM) 기억하시죠? 또한 자본자산가격결정모형($CAPM$) 기억하시나요?

민호 배운 것 같기는 한데요….

교수 에잇, 최근에 공부했잖아요!ㅠㅠ 민호 학생, 공부 좀 하시길…. 항상성장모형은 재무관리에서 많이 사용되고 있습니다. 항상성장모형$\left(P_0 = \frac{D_1}{r-g}\right)$의 변형을 통해 $r = \frac{D_1}{P_0} + g$로 전환할 수 있습니다. 여기서 r은 주주의 최소요구수익률 혹은 자본비용을 나타내고, $\frac{D_1}{P_0}$은 배당수익률(Dividend yield)을 나타내며, g는 배당성장률(Dividend growth yield) 혹은 자본수익률(Capital gain yield)을 나타냅니다. 따라서 자본비용은 배당수익률과 배당성장률(자본수익률)의 합으로 나타낼 수 있습니다.

교수 이해를 돕기 위해 사례를 한번 들어보겠습니다. 기업 A는 내년부터 주당 1,000원의 배당금을 지급할 것이며 매년 5%씩 성장할 것으로 예상됩니다. 현재 주가는 10,000원이라고 가정할 때 자기자본비용은?

$D_1 = 1{,}000$원, $g = 0.05$, $P_0 = 10{,}000$원

따라서 $r_E = \frac{1{,}000}{10{,}000} + 0.05 = 0.15$

민호 이건 가물가물하지만, 어슴푸레 기억이 납니다.

교수 만약에 배당성장률 g가 주어지지 않는 경우 어떻게 추정하는지 알아보도록 하겠습니다.

연 도	배당금	배당금변화량	배당금변화율
20×1	100원	–	–
20×2	120원	20원	$\frac{120-100}{100} = 0.20$
20×3	150원	30원	$\frac{150-120}{120} = 0.25$
20×4	180원	30원	$\frac{180-150}{150} = 0.20$
20×5	198원	18원	$\frac{198-180}{180} = 0.10$

따라서 평균성장률$(g) = \frac{0.2 + 0.25 + 0.2 + 0.1}{4} = 0.1875$

교수 이렇게 추정할 수 있겠지요?

민호 네, 할 수 있을 것 같습니다.

교수 다음은 배당성장모형의 장·단점을 살펴보겠습니다.

장 점	단 점
• 추정하기가 쉬움 • 사용하기가 쉬움 • 이해하기가 쉬움	• 배당금을 지급하는 기업에만 적용할 수 있음 • 배당금이 일정하게 성장하지 못하는 기업에는 적용할 수 없음 • 일반적으로 배당성장률과 같게 자기자본비용이 증가하지는 않음 • 위험을 고려하지 않음 • 역사적 성장률과 미래 성장률은 다를 수 있음

교수 항상성장모형이 기억나셨나요? 다음은 $CAPM(SML)$을 통한 자기자본비용을 추정해 보도록 하겠습니다. 여러분 자본자산가격결정모형($CAPM$)의 공식 기억하시죠?

$EBIT$: $E(r_E) = r_f + [E(r_M) - r_f] \times \beta_E$

위 식을 분해해 보면 자기자본비용은 무위험수익률(r_f), 시장위험프리미엄($[E(r_M) - r_f]$), 체계적 위험(β_E)으로 나누어집니다.

민호 각각의 요소를 어떻게 구하는지 다시 한번 설명해 주세요.

교수 무위험자산은 국채·통안증권 환매조건부채권(RP : repurchase agreement) 금리, 시장위험프리미엄은 코스피 기대수익률－무위험수익률, 체계적 위험인 베타는 $\frac{\sigma_{EM}}{\sigma_M^2}$을 통해 추정할 수 있습니다.

앞의 DGM처럼 사례를 들어보도록 하겠습니다.

무위험수익률 : 5%, 시장위험프리미엄 : 6%, 기업 A의 베타 : 1.1일 경우 $CAPM$을 통한 자기자본비용은?

$0.05 + 0.06 \times 1.1 = 0.116$이 됩니다.

민호 예전에 배운 내용이라 이해가 빨리 되네요.

교수 ㅎㅎㅎ 이제야 기억이 돌아오는 모양이네요. 다행입니다.

교수 $CAPM$의 장 · 단점을 살펴보겠습니다.

장 점	단 점
• 체계적 위험을 반영함 • 베타를 추정 가능한 모든 기업에 적용할 수 있음	• 시간에 따라 변하는 기대 시장위험프리미엄을 추정하기 힘듦 • 시간에 따라 변하는 베타를 추정하기 힘듦 • 미래 수익률을 추정하는 데 과거 자료를 이용하는 한계점이 있음

민호 DGM과 $CAPM$ 둘 다 장점들과 단점들이 존재하네요.

교수 맞습니다. 일반적으로 DGM과 $CAPM$으로부터 추정한 비용의 차이가 존재하기 때문에 실무에서는 배당성장모형과 자본자산가격결정모형을 병행해서 사용합니다.

민호 어떻게 병행하죠? 사례를 통해 설명해 주실 수 있으세요?

교수 네, 기업 B의 경우를 사례로 들어보겠습니다. 베타 : 1.5, 시장위험프리미엄 : 9%, 무위험수익률 : 5%, 배당성장률 : 6%, 작년 배당금 : 1,000원, 주식가격 : 10,000원인 경우 자기자본비용은?

배당성장모형(DGM) : $r = \dfrac{D_1}{P_0} + g$,

$$r_A = \frac{1{,}060(=1{,}000 \times 1.06)}{10{,}000} + 0.06 = 0.166$$

자본자산가격결정모형($CAPM$) : $E(r_E) = r_f + [E(r_M) - r_f] \times \beta_E$,

$$r_A = 0.05 + 0.09 \times 1.5 = 0.185$$

민호 이렇게 차이가 나면 어떻게 하나요?

교수 좋은 질문입니다. 실무에서는 평균값을 구해서 사용합니다.

즉, $r_A = \dfrac{0.166 + 0.185}{2} = 0.1755$

민호 네, 그런 방법이 있네요.

3 부채비용

교수 이번에는 타인자본비용을 구해보도록 하겠습니다. 부채비용은 일반적으로 장기부채의 조달비용을 말합니다. 장기부채의 요구수익률은 채권의 만기수익률을 통해 추정할 수 있습니다. 우리는 여기서 부채비용은 표면이자율, 즉 이표율이 아님을 유의해야 합니다. 다시 말해 만기수익률은 고객의 측면에서는 요구수익률이 되고 기업의 측면에서는 부채의 조달비용이 되는 것이죠.

민호 이것도 예제를 제시해 주시면 이해가 훨씬 빠를 것 같습니다.

교수 기업 C의 사례를 들어보도록 하겠습니다. 만기 : 10년, 표면이자율(이표율) : 5%, 연 2회 지급, 액면가 : 1,000원, 현재 910원에 거래되는 채권의 만기수익률은?

교수 재무계산기를 이용해서 구해보죠.
20 N, 25 PMT, 1,000 FV, −910 PV, CPT I/Y? 3.11%×2=6.22%
따라서 부채비용, 즉 부채에 대한 요구수익률은 6.22%가 됩니다.

교수 구할 수 있겠죠? 다음은 우선주에 대한 부채비용을 추정해 보겠습니다.

민호 네, 근데 우선주의 조달비용은 왜 추정해야 하나요?

교수 저번 시간에 주식은 보통주와 우선주로 나눌 수 있다는 것을 알았습니다. 이들의 조달비용도 부채비용처럼 다르게 계산됩니다. 물론 우선주의 비중이 적기 때문에 무시하는 경우가 종종 있지만 일단 추정해 보기로 하겠습니다. 우선주의 특징은 같은 배당금을 매번 지속적으로 지급할 것으로 기대하기 때문에 영구연금의 현금흐름공식을 이용하면 됩니다.

예를 들어 기업 D는 매년 100원의 배당금을 지급하기로 약속하고 우선주를 발행했으며 현재 1,000원에 거래가 이루어진다고 할 때 요구수익률은?

$P_0 = \frac{D}{r}$, $r_P = \frac{D}{P_0}$

따라서 $r_P = \frac{100}{1,000} = 0.1$이 됩니다.

4 총자본비용

교수 지금까지 자기자본비용과 타인자본비용(부채)을 각각 구하는 방법을 복습했습니다. 다음은 이를 합한 총자본비용을 구하도록 하겠습니다. 총자본은 자기자본규모와 부채규모가 다르고 조달비용이 다르므로 단순히 $\frac{\text{자기자본비용} + \text{부채비용}}{2}$으로 구할 수 없습니다. 따라서 자기자본과 부채의 가중치를 먼저 구하고 각각의 조달비용을 곱해서 더하는 절차를 통해 자본의 가중평균비용을 구하게 됩니다.

따라서 자본의 가중평균비용($WACC$: Weighted Average Cost of Capital)은 다음의 순서대로 구합니다.

첫째, 자기자본규모와 부채규모를 추정하고 각각의 가중치(weight)를 구합니다.

자기자본(equity)의 규모 : 총발행주식수×주당 시장가격

부채(debt)의 규모 : 총채권발행수×채권 시장가격

자본구조를 쉽게 이해하기 위해 잠시 재무상태표를 살펴보면,

재무상태표(B/S)	
차변[자산(Assets)]	대변[부채(Debt)와 자기자본(Equity)]
V	D E

따라서 기업의 가치 혹은 총자본은 부채와 자기자본의 합으로 구하며 단기부채와 우선주는 규모가 크지 않기 때문에 무시하기로 합니다.

따라서 $V = D + E$, 식의 양변을 V로 나누어 주면, $1 = \frac{D}{V} + \frac{E}{V}$가 되어 부채의 가중치$\left(W_D = \frac{D}{V}\right)$와 자기자본의 가중치$\left(W_E = \frac{E}{V}\right)$를 구할 수 있습니다.

교수 사례를 들어보기로 하겠습니다.

민호 감사합니다.

교수 자기자본의 시장가치가 6억 원이고 부채의 시장가치가 4억 원인 기업 A의 사례를 살펴보겠습니다. 기업의 자본구조에서 자기자본과 부채가 차지하는 가중치는 각각 얼마가 될까요?

재무상태표(B/S)	
차변[자산(Assets)]	대변[부채(Debt)와 자기자본(Equity)]
10억 원(V)	4억 원(D) 6억 원(E)

자기자본의 가중치(W_E) : $W_E = \frac{600,000,000}{1,000,000,000} = 0.6$

부채의 가중치(W_D) : $W_D = \frac{400,000,000}{1,000,000,000} = 0.4$

참고로 가중치의 합은 항상 1인 것 아시죠?

민호 확률처럼 분모가 같으니까 그렇죠?

교수 네, 잘 아시네요.

5 가중평균자본비용과 법인세

교수 자본비용을 추정할 때 법인세를 고려하는 경우 자본비용이 달라질 수 있습니다. 다음의 사례를 통해 설명하면 훨씬 쉽게 이해할 수 있을 것으로 판단됩니다.

	부채가 없는 기업	부채가 1,000원 (이자율 10%)
이자와 법인세차감전 이익($EBIT$)	1,000원	1,000원
이자	0원	100원
과세소득	1,000원	900원
법인세(30%)	300원	270원

부채를 사용하지 않는 기업의 경우는 과세소득이 1,000원이 되어 세금으로 300원(=1,000원×0.3)을 내지만 부채를 사용하는 기업의 경우는 이자를 먼저 차감함에 따라 과세소득이 1,000원에서 100원이 줄어들어 900원이 되기 때문에 270원(=900원×0.3)만 납부하면 됩니다. 따라서 기업은 채권자에게 지급되는 이자를 30원 부담하는 대신 세금은 30원 줄이게 됩니다. 이는 이자비용으로부터 발생한 절세에 해당합니다.

민호 좀 이해가 안 되는 부분이 있습니다. 기업의 입장에서 이자비용으로 30원을 지급하는 경우나 세금으로 30원을 지급하는 경우나 동일한 지출이 아닌가요?

교수 아주 좋은 질문입니다. 그러나 같은 비용이 아닙니다. 기업의 가치는 자산의 가치라는 것은 아시죠. 그럼 자산의 가치는 주주의 가치와 채권자의 가치의 합과 같습니다. 따라서 주주에게 배당금이 지급되는 거나 채권자에게 이자가 지급되는 것은 순수비용으로 보지 않는 거죠. 둘 다 자산의 가치를 상승시키는 데 공헌하게 되는 겁니다. 그러나 세금은 기업의 가치를 높이는 데 직접적인 공헌을 하지는 않는다는 겁니다.

민호 아, 그럼 이자는 채권자의 가치를 증가시키니까 결국 기업의 가치를 증가시키는 데 일조하는 것으로 이해해야겠네요?

교수 그렇게 이해하면 되겠습니다.

교수 다시 돌아가서 이를 법인세절감효과(Tax Shield Effects)라고 합니다. 따라서 실제 이자비용은 100원이 아니라 70원이 되어 이자율은 7%로 낮춰지게 됩니다.

부채 × 이자율 × (1 − 법인세율) = 실질이자

1,000원 × 10% × (1 − 0.3) = 70원, $\frac{70}{1,000} = 0.07(7\%)$

즉, 세후부채비용 $= r_D \times (1 - T_c)$, $0.1 \times (1 - 0.3) = 0.07(7\%)$

민호 질문이 있습니다. 그럼 배당금도 절세효과가 있나요?

교수 아닙니다. 결론적으로 배당금은 절세효과가 없습니다.

교수 손익계산서를 잘 기억해 보시면 쉽게 알 수 있습니다. 배당금은 법인세를 납부한 다음 당기순이익에서 유보금과 분배하기 때문에 법인세절감효과가 없습니다. 결론적으로 법인세절감효과를 감안한 총자본비용($WACC$)의 수식은 아래와 같이 표기할 수 있습니다.

$$WACC: r_A = \frac{E}{V} \times r_E + \frac{D}{V} \times r_D \times (1 - T_c)$$

여기서 r_A : 총자본비용 혹은 총자산조달비용, V : 부채와 자기자본의 합으로 자산의 가치, E : 자기자본의 시장가치, D : 부채의 시장가치, r_E : 자기자본비용, r_D : 부채비용

민호 사례를 한번 제시해 주세요.

교수 그럼 사례를 들어보겠습니다. 다음 자료를 이용하여 $WACC$를 구하세요.

자기자본	부 채
• 발생주식수 : 5,000,000 • 주당시장가치 : 10,000원 • 베타계수 : 1.2 • 시장위험프리미엄 : 8% • 무위험수익률 : 4%	• 부채의 액면가 : 10,000,000,000원 • 고시 가격 : 110% • 액면이자율(이표율) : 8%(연 2회 지급) • 만기 : 10년

법인세율 : 35%

① $CAPM$을 이용하여 자기자본비용을 구합니다.

$CAPM$: $r_E = r_f + [E(r_M) - r_f] \times \beta$, $r_E = 0.04 + 0.08 \times 1.2 = 0.136$

② 부채비용을 구합니다.

1,000,000,000 FV, −1,100,000,000 PV, 40,000,000 PMT, 20 N, CPT I/Y? 3.31×2=6.62%

따라서 $r_D = 6.62\%$

③ 세후부채비용을 구합니다.

$r_D \times (1 - T_c) = 0.0662 \times (1 - 0.35) = 0.043(4.3\%)$

④ 자본구조의 가중치를 구합니다.

자기자본총계(E) : $5{,}000{,}000$주 $\times 10{,}000 = 50{,}000{,}000{,}000$원

부채총계(D) : $10{,}000{,}000{,}000$원 $\times 1.1 = 11{,}000{,}000{,}000$원

자본총계(총자산) = $50{,}000{,}000{,}000$원 + $11{,}000{,}000{,}000$원

= $61{,}000{,}000{,}000$원

자기자본가중치(W_E) : $W_E = \frac{E}{V} = \frac{50{,}000{,}000{,}000}{61{,}000{,}000{,}000} = 0.82$

부채가중치(W_D) : $W_D = \frac{D}{V} = \frac{11{,}000{,}000{,}000}{61{,}000{,}000{,}000} = 0.18$

⑤ 총자본비용($WACC$)을 구합니다.

$$WACC = \frac{E}{V} \times r_E + \frac{D}{V} \times r_D \times (1 - T_c) = 0.82 \times 0.136 + 0.18 \times 0.043$$
$$= 0.1193(11.93\%)$$

교수 크게 복잡하고 생소한 내용이 아니니까 수업 끝나고 천천히 공부해 보세요.

민호 네, 잘 알겠습니다.

제11장 요약

1. 자본비용의 계산 :
   - 자본비용은 투자자들이 기업에 요구하는 최소요구수익률, 기업의 자본조달비용
   - 자본의 가중평균비용($WACC$) : $WACC = \frac{E}{V} \times r_E + \frac{D}{V} \times r_D \times (1 - T_c)$

2. 자본비용의 추정방법 :

   ① 총자기자본규모와 총부채규모를 추정
   ② 자기자본과 부채의 가중치를 계산
   ③ 자기자본의 비용과 부채의 비용을 추정
   ④ 법인세를 고려한 실질 부채비용을 추정
   ⑤ 자기자본비용과 부채비용을 결합

3. 가중치의 계산 :

   ① 총자산의 가치(V)를 추정
   ② 자기자본의 가중치(W_E)$= \frac{E}{V}$
   ③ 부채의 가중치(W_D)$= \frac{D}{V}$, 단, 가중치의 합은 1

4. 자기자본비용의 추정방법 :

   ① 항상성장모형 : $r = \frac{D_1}{P_0} + g$,
   요구수익률(자본비용)=배당수익률+배당성장률(자본수익률)
   ② 자본자산가격결정모형($CAPM$) : $r = r_f + [E(r_M) - r_f] \times \beta$,
   요구수익률(자본비용)=무위험수익률+시장위험프리미엄×베타

5. 부채비용의 추정방법 :

   기업이 발행한 장기채권의 만기수익률을 이용함

연습문제

1 기업이 최소한 벌어들여야 하는 수익률은? (   )

① 가중평균자본비용($WACC$)
② 자기자본비용(cost of equity)
③ 부채비용(cost of debt)
④ 만기수익률(YTM)
⑤ 시장수익률(market rate of return)

2 수성기업의 베타는 1.61이고 표준편차는 27.4%이다. 시장수익률과 무위험수익률이 각각 13.2%, 4.8%인 경우 기업의 자기자본비용은? (   )

① 17.92%
② 18.32%
③ 18.92%
④ 21.02%
⑤ 24.42%

3 국화기업은 연 1회 배당금을 지급한다. 최근에 주당 2,450원의 배당금을 지급했으며 3.3%씩 매년 증가할 것으로 예상된다. 기업의 베타는 1.09이고 주가는 36,000원이다. 무위험수익률이 4.2%이고 시장수익률이 12.6%인 경우 자기자본비용은? (   )

① 10.25%
② 11.05%
③ 11.85%
④ 12.95%
⑤ 13.45%

4 알파기업은 지난 4년 동안 배당금으로 120원, 180원, 200원, 250원을 지급하였다. 주가는 12,600원이고 베타는 1.26이다. 무위험수익률과 시장위험프리미엄이 각각 3.2%, 9.1%인 경우 자기자본비용은? (   )

① 14.34%
② 16.91%
③ 19.78%
④ 22.96%
⑤ 24.03%

5 갤럭시기업의 시장수익률은 14.8%이고 무위험수익률은 4.45%이다. 갤럭시기업은 시장보다 54% 이상의 체계적 위험을 가지고 있으며 배당성장률은 5.5%이다. 시장가격이 39,000원이고 배당수익률이 3.6%인 경우 자기자본비용은? (　　)

① 14.75%　　② 15.31%
③ 15.82%　　④ 16.28%
⑤ 16.73%

6 참새기업은 액면가가 10,000원이고 이표율이 8%인 10년 만기 채권을 보유하고 있으며 7년 후에 만기가 도래한다. 거래가격이 액면가격의 108.4%인 경우 채권의 세전비용은? (　　)

① 6.47%　　② 6.82%
③ 7.34%　　④ 7.70%
⑤ 8.23%

7 메이저기업은 액면가 1,000,000원이고 이표율이 8.5%(연 2회 지급)인 30년 만기의 채권을 6년 전에 발행하였다. 현재 101%에 거래가 이루어지며 법인세율이 35%인 경우 세후부채비용은? (　　)

① 5.26%　　② 5.46%
③ 5.76%　　④ 6.26%
⑤ 6.46%

8 우주기업은 배당금을 매년 5,500원 지급하는 조건으로 우선주를 발행하였으며 42,000원에 거래가 이루어지고 있다. 세율이 34%인 경우 우선주의 비용은? (　　)

① 12.28%　　② 12.84%
③ 13.10%　　④ 15.07%
⑤ 15.59%

9 자기자본비용은 15.8%, 세전부채비용은 7.7%, 법인세율은 32%, 부채-자기자본비율은 0.40인 경우, 기업의 $WACC$는? (　　)

① 11.28%　　② 11.78%
③ 12.28%　　④ 12.78%
⑤ 13.28%

10 부채와 자기자본으로 구성된 한국기업의 $WACC$는 11.3%이고 부채-자기자본비율은 0.58%이며 세후부채비용은 6.4%이다. 자본구조의 조정을 통해 자기자본에만 의존하는 경우 자본비용은? (　　)

① 15.85%　　② 16.35%
③ 16.85%　　④ 17.35%
⑤ 17.85%

11 화성기업은 21,000주의 주식을 상장하였고 68,000원에 거래가 이루어지며 수익률은 13.2%이다. 액면가 1,000,000원의 채권을 7% 이표율(연 2회 지급)로 500주 상장하였다. 이 채권은 시장에서 1,068,000원에 거래되며 6년 후에 만기가 도래한다. 법인세율은 35%이다. 기업은 가게확장을 위해 123억 원을 위의 자금조달비용에 근거하여 조달할 예정이다. 투자 후 10년에 걸쳐 11억 원씩의 현금흐름이 발생할 것으로 기대된다. 투자설비는 10년 동안 정액법으로 감가상각이 이루어지며 10년 후 67억 원에 처분될 예정이다. 기업의 선택과 NPV는? (　　)

① 기각, NPV 약 −41억2천5백만 원　　② 기각, NPV 약 −51억2천5백만 원
③ 기각, NPV 약 −31억2천5백만 원　　④ 채택, NPV 약 +31억2천5백만 원
⑤ 채택, NPV 약 +41억2천5백만 원

12 태양기업은 현재보다 좀 위험한 새로운 투자계획(현 수익률+3%)을 고려하고 있다. 초기비용은 172억 원이며 20년 동안 정액법으로 감가상각이 이루어진다. 재고비용으로 6억8천7백만 원이 추가로 지출될 예정이다. 새로운 투자에 따른 현금유입은 매년 27억8천만 원으로 20년간 발생할 것으로 기대된다. 설비는 20년 후에 13억 원에 매각될 것으로 예상된다.

기업의 총발행주식수는 60,000주이며 주당 49,000원에 거래된다. 배당금은 주당 1,840원이 지급되었고 향후 3.5%씩 증가할 것으로 예상된다. 연 12%의 배당금을 지급할 조건으로 우선주 10,000주(액면가 100,000원)가 발행되었으며 시장에서의 거래가격은 주당 98,000원이다. 기업은 액면가 11억 원에 해당하는 채권을 연 1회 9% 이표를 지급하는 조건으로 발행하였고 거래가격은 액면가 대비 102%이며 만기까지 16년이 남아 있다. 법인세율이 33%인 경우 기업의 선택과 NPV는? (　　)

① 채택, NPV 약 23억8천만 원　　② 채택, NPV 약 27억7천만 원
③ 채택, NPV 약 37억7천만 원　　④ 기각, NPV 약 −27억7천만 원
⑤ 기각, NPV 약 −37억7천만 원

13 가나기업의 부채-자기자본비율은 0.72이고, 자기자본비용은 15.1%이며, 세후부채비용은 7.2%이다. 2%의 추가수익률을 가져다주는 새로운 투자안을 고려하고 있다. 이 경우 $WACC$ 는? (　　)

① 11.79%　　② 12.79%
③ 13.79%　　④ 14.14%
⑤ 14.79%

14 다음 정보를 이용하여 $WACC$ 를 구하면? (　　)

[보통주]	265,000주, 시장가격 : 76,000원, 베타 : 0.92, 내년도 기대배당금 : 2,480원, 배당성장률 : 4%
[부채]	8,500주, 14년 만기, 7.1% 이표채(연 2회 지급), 액면가 : 100,000원, 시장가격 : 102.6%
[우선주]	7,500주, 발행가 : 100,000원, 6% 배당지급, 시장가격 : 88,000원
[시장정보]	기대수익률 : 13.2%, 무위험수익률 : 4.5%, 법인세율 : 34%

① 8.07%　　② 8.57%
③ 9.07%　　④ 9.57%
⑤ 10.07%

15 사랑기업의 부채-자기자본비율은 0.55이고 자기자본비용은 15.4%이며 세전부채비용은 7.8%이다. 법인세가 34%인 경우 $WACC$ 는? (　　)

① 10.20%　　② 10.72%
③ 10.91%　　④ 11.48%
⑤ 11.76%

문제풀이

1 ①

2 ②

$CAPM$을 통해 자기자본비용을 추정하면,

$r = r_f + [E(r_M) - r_f] \times \beta$, $r = 0.048 + [0.132 - 0.048] \times 1.61 = 0.18324$(약 18.32%)

3 ③

DGM을 통해 자기자본비용을 추정하면,

$$r = \frac{D_1}{P_0} + g = \frac{2{,}450 \times (1.033)}{36{,}000} + 0.033 = 0.1033$$

$CAPM$을 통해 자기자본비용을 추정하면,

$r = r_f + [E(r_M) - r_f] \times \beta$, $r = 0.042 + [0.126 - 0.042] \times 1.09 = 0.13356$(약 13.36%)

평균을 통해 자본비용을 계산하면, $\frac{0.1033 + 0.1336}{2} = 0.11845$(약 11.85%)

4 ④

배당성장률을 통해 자기자본비용을 추정하면,

$$g = \frac{\left[\frac{180 - 120}{120} + \frac{200 - 180}{180} + \frac{250 - 200}{200}\right]}{3} = 0.2870$$

$$r = \frac{D_1}{P_0} + g = \frac{250 \times (1.287)}{12{,}600} + 0.287 = 0.3125$$

$CAPM$을 통해 자기자본비용을 추정하면,

$r = r_f + [E(r_M) - r_f] \times \beta$, $r = 0.032 + 0.091 \times 1.26 = 0.14666$(약 14.67%)

평균을 통해 자본비용을 계산하면, $\frac{0.3125 + 0.1467}{2} = 0.2296$(약 22.96%)

5 ①

DGM을 통해 자기자본비용을 추정하면,

배당수익률 + 배당성장률 = 0.055 + 0.036 = 0.091(9.1%)

$CAPM$을 통해 자기자본비용을 추정하면,

$r = r_f + [E(r_M) - r_f] \times \beta$, $r = 0.0445 + [0.148 - 0.0445] \times 1.54 = 0.20389$(약 20.39%)

평균을 통해 자본비용을 계산하면, $\frac{0.091+0.2039}{2}=0.14745$(약 14.75%)

6 ①

재무계산기를 이용하면,

7 N, 10,000 FV, −10,840 PV, 800 PMT, CPT I/Y? 6.47%

7 ②

재무계산기를 이용하면,

48 N, 1,000,000 FV, −1,010,00 PV, 42,500 PMT, CPT I/Y? 4.20%×2=8.40%

세후부채비용$=(1-0.35)\times 0.084=0.0546$(5.46%)

8 ③

영구연금의 현금흐름이 발생하므로,

$P_0=\frac{D}{r}$, $r=\frac{D}{P_0}=\frac{5,500}{42,000}=0.13095$(약 13.10%)

9 ④

$\frac{\text{부채}}{\text{자기자본}}=0.4$이므로, 자기자본 : 1, 부채 : 0.4가 된다.

$$WACC=\frac{E}{V}\times r_E+\frac{D}{V}\times r_D\times(1-T_c)=\frac{1}{1.4}\times 0.158+\frac{0.4}{1.4}\times 0.077\times(1-0.32)$$
$$=0.1278(12.78\%)$$

10 ⑤

$WACC=\frac{E}{V}\times r_E+\frac{D}{V}\times r_D\times(1-T_c)$, $\frac{1}{1.58}\times r_E+\frac{0.58}{1.58}\times 0=0.113$,

$r_E=0.17854$(약 17.85%)

11 ①

현금흐름을 추정하면,

0	1	2	3	4	5	6	7	8	9	10
−123억	11억	11억	11억	11억	11억	11억	11억	11억	11억	11억

NPV를 구하기 위해 요구수익률을 구하면,

총자본	자기자본	부 채
1,962,000,000원	21,000주×68,000=1,428,000,000원	500주×1,068,000=534,000,000원

자기자본비중$=\frac{1,428,000,000}{1,962,000,000}=0.7278$, 부채비중$=1-0.7278=0.2722$

부채비용은 재무계산기를 이용하면,

12 N, 1,000,000 FV, −1,068,000 PV, 35,000 PMT, CPT I/Y? 2.82%×2=5.64%

세후부채비용$=(1-0.35)\times 0.0564=0.03666$(약 3.67%)

$WACC=\frac{E}{V}\times r_E+\frac{D}{V}\times r_D$, $0.7278\times 0.132+0.2722\times 0.0367=0.1061$(약 10.61%)

$$NPV=-12,300,000,000+\frac{1,100,000,000}{0.1061}\left[1-\frac{1}{(1.1061)^{10}}\right]+\frac{6,700,000,000\times(1-0.35)}{(1.1061)^{10}}$$

$$=-12,300,000,000+6,585,474,531+1,588,708,562=-4,125,816,907\text{원}$$

12 ②

현금흐름을 추정하면,

0	1	2	…	20
−(172억 원+6억8천7백만 원) =−178.87억원	27.8억 원	27.8억 원	…	27.8억 원

총자본비용을 추정하면,

총자본	자기자본	부 채	우선주
5,042,000,000원	60,000주×49,000 =2,940,000,000원	1,100,000,000×1.02 =1,122,000,000원	10,000×98,000 =980,000,000원

자기자본비중$=\frac{2,940,000,000}{5,042,000,000}=0.5831$, 부채비중$=\frac{1,122,000,000}{5,042,000,000}=0.2225$, 우선주$=0.1944$

DGM을 통해 자기자본비용을 추정하면, $r=\frac{1,840(1.035)}{49,000}+0.035=0.0739$

우선주비용은, $r=\frac{100,000\times 0.12}{98,000}=0.1224$

부채비용은 재무계산기를 이용하면,

32 N, 1,100,000,000 FV, −1,122,000,000 PV, 49,500,000 PMT, CPT I/Y? 4.38%×2=8.76%

세후부채비용$=(1-0.33)\times 0.0876=0.0587$(약 5.87%)

총자본비용은 $WACC=\frac{E}{V}\times r_E+\frac{D}{V}\times r_D+\frac{P}{V}\times r_P$

$$=0.5831\times 0.1039+0.2225\times 0.0587+0.1944\times 0.1224=0.09744+0.03$$

$$=0.12744$$

$$NPV = -17,200,000,000 + \frac{2,780,000,000}{0.12744}\left[1 - \frac{1}{(1.12744)^{20}}\right] + \frac{1,300,000,000 \times (1-0.33) + 687,000,000}{(1.12744)^{20}}$$

$$= -17,200,000,000 + 19,833,251,934 + 141,481,180 = +2,774,733,114\text{원}$$

13 ③

$$WACC = \frac{E}{V} \times r_E + \frac{D}{V} \times r_D = \frac{1}{1.72} \times 0.151 + \frac{0.72}{1.72} \times 0.072 = 0.1179 + 0.02 = 0.1379(13.79\%)$$

14 ④

총자본	자기자본	부 채	우선주
21,672,100,000원	265,000주×76,000 =20,140,000,000원	8,500주×100,000×1.026 =872,100,000원	7,500주×88,000 =660,000,000원

자기자본비중 : 0.9293, 부채비중 : 0.0402, 우선주비중 : 0.0305

*CAPM*을 통해 자기자본비용을 추정하면,

$r = r_f + [E(r_M) - r_f] \times \beta = 0.045 + [0.132 - 0.045] \times 0.92 = 0.12504$

*DGM*을 통해 자기자본비용을 추정하면,

$r = \frac{2,480}{76,000} + 0.04 = 0.07263$

따라서 평균자기자본비용＝0.09884

우선주비용은, $r = \frac{6,000}{88,000} = 0.06818$

부채비용은 재무계산기를 이용하면,

28 N, 100,000 FV, －102,600 PV, 3,550 PMT, CPT I/Y? 3.40%×2＝6.80%

총자본비용＝0.9293×0.0988＋0.0402×0.068(1－0.34)＋0.0305×0.0682＝0.0957(9.57%)

15 ⑤

$$WACC = \frac{E}{V} \times r_E + \frac{D}{V} \times r_D = \frac{1}{1.55} \times 0.154 + \frac{0.55}{1.55} \times 0.078 \times (1-0.34) = 0.1176(11.76\%)$$

chapter

12

자본구조이론

학습내용

상구 제12장에서는 어떤 내용을 학습하나요?

교수 본장에서는 자본구조이론에 관해 학습합니다. M&M의 자본구조이론, 파산비용과 자본구조, 대리인비용과 자본구조, 순위이론 등에 관해 학습합니다.

1. 자본구조이론
2. M&M의 자본구조이론
3. 파산비용과 자본구조
4. 대리인비용과 자본구조
5. 순위이론

1 자본구조이론

교수 이번 장에서는 자본구조이론을 공부하겠습니다. 자본구조(capital structure)에 대해 들어보셨죠?

상구 네, 첫 장에서 재무관리의 기능에서 자본계획을 달성하기 위해 자금을 조달하는 방법으로 타인자본과 자기자본의 구성을 자본구조라고 배운 것 같습니다.

교수 잘 기억하네요. 맞습니다. 자본구조는 기업의 이익을 극대화하면서 자본조달비용을 최소화하는 자기자본과 타인자본의 구성을 말합니다. 즉, 최적 자본구조(optimal capital structure)는 기업의 가치를 최대화하는 동시에 총자본의 가중평균비용을 최소화하는 자본구조입니다. 기업의 가치를 최대화하므로 동시에 주식의 가치 역시 최대화하게 됩니다. 여기서 기업의 가치는 미래에 발생하는 현금흐름을 현재가치로 전환하는 것으로 할인율이 중요합니다. 가능한 할인율인 자본비용이 낮으면 낮을수록 현재가치는 증가하게 되겠지요. 따라서 자본비용을 최소화하는 부채비율$\left(\frac{\text{부채}}{\text{자기자본}}\right)$을 최적 자본구조라고 말합니다. 자본구조이론은 일반적으로 M&M이론, 수정 M&M이론, 기타이론으로 나누어 접근할 수 있습니다.

2 M&M의 자본구조이론

교수 1958년 프랑코 모디글리아니(Franco Modigliani)와 머튼 밀러(Merton Miller)는 완전자본시장의 가정하에 기업가치와 자본구조는 무관하다는 자본구조이론을 발표하였습니다. 이들의 이론은 두 사람의 이름 첫자를 따서 M&M이론이라고 부릅니다. M&M이론은 제1명제와 제2명제로 나누어지며 다음과 같은 기본적 가정을 두었습니다.

① 기업은 무위험 영구부채와 자기자본만을 통해 자본을 조달한다.
② 기업은 동일한 총자본규모하에 자본구조를 변경할 수 있다.
③ 순이익은 전액 주주에게 배당으로 지급된다.
④ 기업의 모든 현금흐름은 무성장 영구연금(perpetuity)의 현금흐름을 따른다.
⑤ 자본시장은 다음과 같은 불완전성이 없는 완전자본시장(perfect capital market)이다.
- 세금, 거래비용, 공매 제한, 파산비용, 대리인비용, 정보 비대칭 등의 거래마찰요인이 없다.
- 개인과 기업은 무위험이자율로 무제한의 차입과 대출을 통해 자금조달이 가능하다.
- 모든 자산은 무한한 수의 다른 자산으로 분할이 가능하다.
- 투자자들은 증권의 시장가격에 영향을 미칠 수 없는 가격순응자(price taker)이다.

⑥ 기업은 동질적 영업위험을 가진 위험집단(same risk class)으로 분류 가능하다.

1) 법인세를 고려하지 않는 경우의 자본구조이론

[M&M의 명제 Ⅰ]

명제 Ⅰ : 기업의 가치는 자본구조와 무관하다.
부채기업의 가치＝부채가 없는 기업의 가치 : $V_L = V_U$

교수 법인세가 존재하지 않는 경우, 기업의 시장가치는 기업의 기대영업이익과 영업위험에 의해 결정되며 자본조달방법인 자본구조와 무관하다는 주장입니다.

영업현금흐름 : 파이

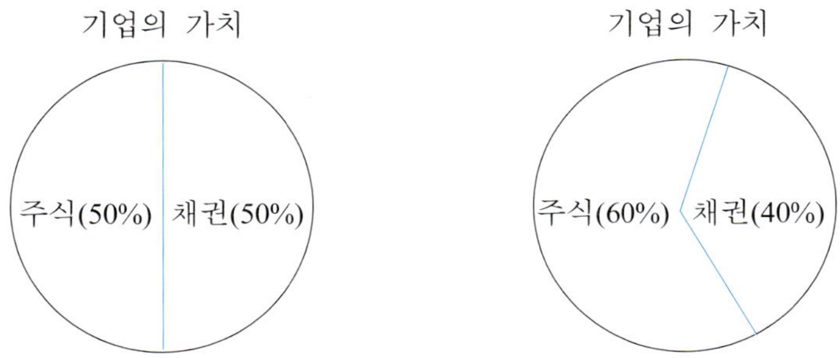

자본구조에 관계없이 기업가치는 동일함

[M&M의 명제 Ⅱ]

명제 Ⅱ : 부채가 증가함에 따라 주주의 위험부담도 증가하기 때문에 자기자본비용도 함께 증가한다. 자기자본비용 : $r_E^L = r_A^U + (r_A^U - r_D) \times \dfrac{D}{E}$

여기서, E : 자기자본의 현재가치, D : 부채의 현재가치,
r_E^L : 부채기업의 자기자본비용, r_D : 부채조달비용,
r_A^U : 무부채기업의 자본비용

교수 기업의 부채에 대한 의존도가 증가하면 기업의 재무위험이 증가하게 되고 주주들은 추가로 위험보상을 요구하게 됩니다. 따라서 명제 Ⅱ의 식에서 보듯 $(r_E^U - r_D)$와 같은 재무위험에 대한 단위당 위험프리미엄이 부채비율$\left(\dfrac{D}{E}\right)$에 비례하여 증가하게 됩니다.

[M&M의 명제 Ⅲ]

M&M(1958년)의 명제 Ⅲ : 저렴한 부채조달비용이 부채증가에 따른 자기자본비용을 완전히 상쇄하기 때문에 총자본비용($WACC$)은 불변한다.

교수 자본조달비용의 변화가 기업의 가치에 어떤 영향을 미치는가를 살펴보면, 기업의 가치는 미래현금흐름을 총자본비용($WACC$)으로 할인하여 추정합니다. 비록 부채조달비용은 자기자본조달비용보다 저렴하지만 부채비중의 증가는 재무위험을 증가시키기 때문에 자기자본비용의 증가로 이어지면서 부채로 인한 이점이 완전히 상쇄됩니다. 결국 총자본비용은 일정하게 되기 때문에 기업의 가치는 자본구조의 변화에 영향을 받지 않게 됩니다.

상구 사례를 통해 설명해 주셨으면 합니다.

교수 다음의 사례를 살펴보도록 하겠습니다.

자본구조의 구성	부채가 없는 경우 주식수 : 1,000,000주	부채가 있는 경우(금리 10%) 주식수 : 500,000주
총자본금	자기자본 : 100억 원	자기자본 : 50억 원, 차입금 : 50억 원
영업이익	12억 원	12억 원
지급이자	0	5억 원
당기순이익	12억 원	7억 원
자기자본이익률	12%	14%
주당순이익	1,200원	1,400원

교수 부채가 없는 상태에서 주주의 요구수익률은 무위험이자율(10%)에 위험프리미엄 2%를 합한 12%라고 가정합시다. 그러나 주주는 자기자본의 50%를 부채를 통해 조달하면 주당 영업위험이 2배로 증가하며 위험프리미엄도 2배로 증가하여 4%를 요구하게 됩니다. 당기순이익이 전액 배당금으로 지급되는 경우를 가정하기 때문에 주가는 다음과 같이 구할 수 있습니다.

부채가 없는 경우의 주가 : $\frac{1,200}{0.12} = 10,000$원,

기업의 가치 : $10,000$원 $\times 1,000,000 = 1$백억 원

부채가 있는 경우의 주가 : $\frac{1,400}{0.14} = 10,000$원,

기업의 가치 : $10,000$원 $\times 500,000 = 50$억 원(자기자본) $+ 50$억 원(부채)
$= 1$백억 원

교수 위에서처럼 자본구조와 관계없이 기업의 가치는 같습니다.

부채비용이 총자본비용(가중평균자본비용)에 어떠한 영향을 미치는가를 구해보면,

부채가 없는 자기자본이 100%인 경우 : 12%

자기자본이 50%, 부채가 50%인 경우 : $0.5 \times 0.14 + 0.5 \times 0.10 = 12\%$
따라서 자본구조와 관계없이 총자본비용은 같은 결과를 보입니다. 이는 부채증가에 따른 재무위험의 증가가 저렴한 부채비용효과를 상쇄하기 때문입니다.

M&M(1958년)의 제2명제 : 부채비율 변화에 따른 자기자본비용과 총자본비용의 변화

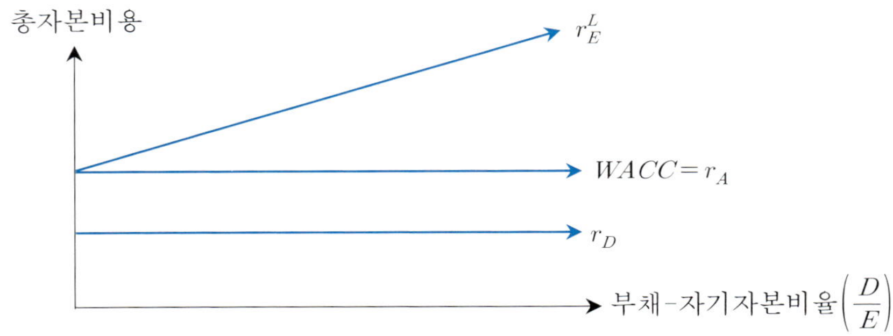

$$r_E^L = r_A^U + (r_A^U - r_D) \times \frac{D}{E}$$

$$r_A = WACC = \frac{E}{V} \times r_E^L + \frac{D}{V} \times r_D, \quad V = D + E$$

r_A : 총자본비용(cost of asset)의 영어약자로 자본조달비용(cost of capital) 혹은 가중평균자본비용($WACC$)

2) 법인세를 고려한 경우의 자본구조이론(M&M의 수정 자본구조이론)

[수정 M&M의 명제 Ⅰ]

M&M(1963년)의 명제 Ⅰ : 부채를 사용하는 기업의 가치(V_L)는 부채를 사용하지 않는 기업의 가치(V_U)에 이자비용의 법인세 절감액의 현가(T_cD)를 더한 것과 같다. $V_L = V_U + T_cD$

교수 부채를 사용하지 않는 기업의 가치는 세후 기대현금흐름의 할인을 통해 추정할 수 있습니다. 이 경우 세후 기대현금흐름은 세후 기대영업이익으로 추정 가능합니다.

현금흐름 : $CF_U = E(NOI) \times (1 - T_c)$

부채를 사용하지 않는 기업의 현재가치 : $V_U = \dfrac{E(NOI) \times (1 - T_c)}{r_U}$

교수 부채를 사용하는 기업의 현금흐름은 주주에게 지급되는 현금흐름과 채권자에게 지급되는 현금흐름을 합하여 추정할 수 있습니다.

현금흐름 : $CF_L = [E(NOI) - r_D D] \times (1 - T_c) + r_D D$

$= E(NOI) \times (1 - T_c) + T_c r_D D$

부채를 사용하는 기업의 현재가치 :

$V_L = E_L + D$(부채를 사용하는 경우 자기자본+부채)

$$= \frac{E(NOI) \times (1 - T_c)}{r_U} + \frac{T_c r_D D}{r_D}$$

$$= V_U + T_c D$$

특히 위에서 $T_c D$를 감세효과(tax shield effect)라고 하며 법인세가 존재하는 경우 부채를 사용하는 기업의 이자비용에 대한 법인세절감액은 부채비중이 커질수록 증가합니다. 기업의 이자비용은 재무회계상 비용으로 인식되기 때문에 과세표준을 감소시키는 효과가 있습니다. 따라서 영업이익이 같더라도 부채기업의 과세표준은 무부채기업보다 작습니다. 이러한 차이를 이자비용의 감세효과라고 합니다. 앞의 법인세가 존재하지 않는 경우 부채기업과 무부채기업의 가치는 같은 반면, 법인세가 존재할 경우 감세효과로 인해 기업가치가 증가하게 됩니다.

수정 M&M의 제1명제 : 자본구조와 기업가치

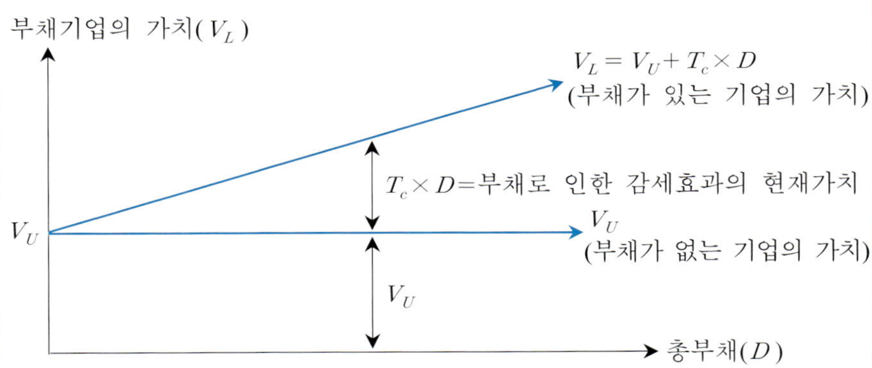

[수정 M&M의 명제 Ⅱ]

M&M(1963년)의 명제 Ⅱ: 자기자본비용은 부채가 늘어남에 따라 상승하여 부채사용에 따른 감세효과를 완전히 상쇄하지는 못한다.

자기자본비용 : $r_E^L = r_A^U + (r_A^U - r_D) \times (1 - T_c) \times \dfrac{D}{E}$

교수 앞의 법인세가 존재하지 않는 경우의 자기자본비용의 공식 $r_E^L = r_A^U + (r_A^U - r_D) \times \dfrac{D}{E}$와 비교하면, 법인세가 존재할 경우 $(1 - T_c)$는 1보다 작은 값이므로 재무위험에 대한 위험프리미엄은 법인세가 없는 경우보다 작습니다. 직관적으로 보면 부채 사용으로 인해 기업가치가 증가하기 때문에 재무위험 한 단위에 대한 위험프리미엄이 감소하는 것이 타당합니다.

[수정 M&M의 명제 Ⅲ]

M&M(1963년)의 명제 Ⅲ : 총비용(가중평균비용)은 부채비율이 증가함에 따라 점점 감소한다.

총자본비용: $WACC(r_A) = r_A^U \times \left[1 - T_c \times \dfrac{D}{V_L}\right]$

$WACC = \dfrac{E}{V_L} \times r_E^L + \dfrac{D}{V_L} \times r_D \times (1 - T_c)$의 식에서

r_E^L에 $r_A^U + (r_A^U - r_D) \times (1 - T_c) \times \dfrac{D}{E}$를 대입

$$= \frac{E}{V_L} \times \left[r_A^U + (r_A^U - r_D) \times (1 - T_c) \times \frac{D}{E}\right] + \frac{D}{V_L} \times r_D \times (1 - T_c)$$

$$= \frac{E}{V_L} \times r_A^U + \frac{A}{V_L} \times (r_A^U - r_D) \times (1 - T_c) \times \frac{D}{E} + \frac{D}{V_L} \times r_D \times (1 - T_c)$$

$$= \frac{E}{V_L} \times r_A^U + (r_A^U - r_D) \times (1 - T_c) \times \frac{D}{V_L} + \frac{D}{V_L} \times r_D \times (1 - T_c)$$

$$= \frac{E}{V_L} \times r_A^U + \frac{D}{V_L}[(r_A^U - r_D) \times (1 - T_c) + r_D \times (1 - T_c)]$$

$$= \frac{E}{V_L} \times r_A^U + \frac{D}{V_L} \times r_A^U \times (1 - T_c)$$

$$= \frac{V_L - D}{V_L} \times r_A^U + \frac{D}{V_L} \times r_A^U \times (1 - T_c)$$

$$= \left(1 - \frac{D}{V_L}\right) \times r_A^U + \frac{D}{V_L} \times r_A^U \times (1 - T_c)$$

$$= r_A^U - \frac{D}{V_L} \times r_A^U + \frac{D}{V_L} \times r_A^U \times (1 - T_c)$$

$$= r_A^U + \left[- \frac{D}{V_L} \times r_A^U + \frac{D}{V_L} \times r_A^U - \frac{D}{V_L} \times T_c \times r_A^U \right]$$

$$= r_A^U - \frac{D}{V_L} \times T_c \times r_A^U$$

$$= r_A^U \times \left[1 - T_c \times \frac{D}{V_L} \right]$$

수정 M&M의 제2명제와 제3명제 : 부채비율 변화에 따른 자기자본비용과 총자본비용의 변화

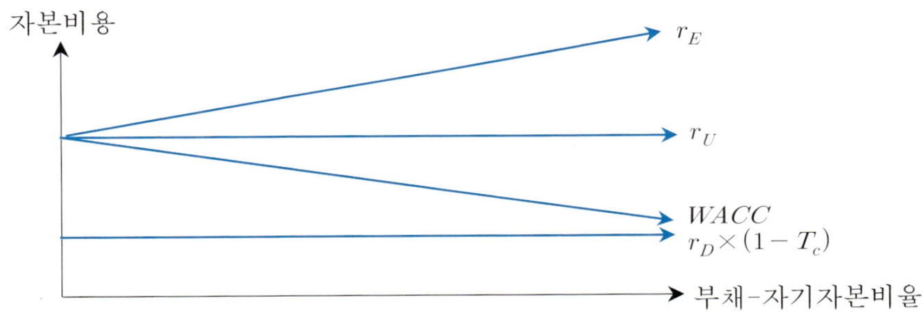

- 법인세가 존재하는 경우 부채기업의 자기자본비용은 부채가 증가함에 따라 늘어난다.
- 법인세가 존재하는 경우 부채기업의 $WACC$는 부채가 증가함에 따라 줄어든다.

3 파산비용과 자본구조

교수 여러분, 파산이라는 용어를 들어봤죠?

상구 네, 기업이 망하는 것 아닌가요?

교수 네, 원론적으로는 맞는 말입니다. 기업은 부채의 이자와 원금을 정해진 기간에 상환해야 하는 재무적 의무(financial obligation)를 다하지 못하는 경우 재무적 곤경(financial distress)에 직면하게 됩니다. 이런 상황이 지속되면 기업의 주인(주주 혹은 채무자)은 채권자들에게 부채의 이자와 원금을 상환하기 위해 총자산을 매각하는 파산(bankruptcy)에 빠지게 됩니다. 영업위험이 같다면 기업의 부채비율이 높을수록 고정이자를 갚지 못할 확률은 증가합니다. 파산비용은 파산과 관계되는 비용으로 직접비용과 간접비용으로 나눌 수 있습니다. 직접비용은 기업이 실제로 파산하는 경우 발생하는 비용으로 주로 행정 및 법적 비용에 해당합니다. 반면 간접비용은 기업의 파산 가능성이 증가하는 경우 기회비용을 포함해서 기업에 불리하게 작용하는 비용을 말합니다.

직접비용	간접비용
파산처리에 들어가는 • 법률 및 소송 비용 • 회계사비용 • 감정사비용 • 부채의 대리인비용 및 수수료	• 고금리와 같은 불리한 자금조달 • 주요 종업원의 직장 이직 • 주요 공급업자의 상실 • 고객의 신뢰도 상실에 따른 매출 감소 • 운전자본 및 소요자금 조달을 위해 주요 고정자산을 헐값에 매각

교수 위의 내용 이외에도 기업은 자금조달의 어려움으로 인해 매력적인 투자기회도 포기해야 하는 경우가 발생하기 때문에 기업의 수익성도 나빠질 수 있습니다. 기존의 파산기업 사례들을 통해 기업이 파산에 이르게 되면 재무적 곤경 비용과 파산비용을 합하여 상당히 큰 손실이 발생하는 것으로 알려져 있습니다.

상구 그러면 파산비용은 예측할 수 있는 건가요?

교수 네, 파산비용은 파산이 실제로 일어날 때 발생하는 비용이라기보다는 부채가 증가하면서 파산 가능성의 확률이 높아짐에 따라 예상되는 기대 파산비용이라고 할 수 있습니다. 따라서 미래에 발생하는 파산비용의 현재가치를 차감하게 됩니다. 따라서 파산비용을 반영한 최적 자본구조 방정식은 다음과 같이 구합니다.

[**정태이론**]

> 법인세 감면효과와 파산비용을 고려한 경우 기업의 가치(V_L) :
> $V_L = V_U + T_c D - PV(BC)$
> 여기서 $PV(BC)$는 파산비용의 현재가치

교수 위 식에서 알 수 있듯이 부채를 사용하는 기업은 부채의 감세효과로 인해 기업가치가 상승하다가 부채의 비중이 증가함에 따라 기업파산에 대한 우려로 비용이 증가하게 됩니다. 이처럼 부채를 통한 긍정적 효과와 파산비용의 부정적 효과가 동시에 나타나는 상반관계(trade-off relationship)가 나타나게 됩니다. 따라서 감세효과와 파산비용이 정확히 같아지는 점이 최적 부채비율이 되며 최적 자본구조가 됩니다.

상구 그럼 감세효과와 파산비용이 맞아떨어지는 최적 부채비율을 정확히 추정할 수 있나요?

교수 유감스럽게도 현실적으로는 개별기업의 최적 부채비율을 정확하게 보여주는 이론적 근거는 아직 도출되지 못했습니다.

파산비용과 법인세가 존재하는 경우 기업의 가치와 비용

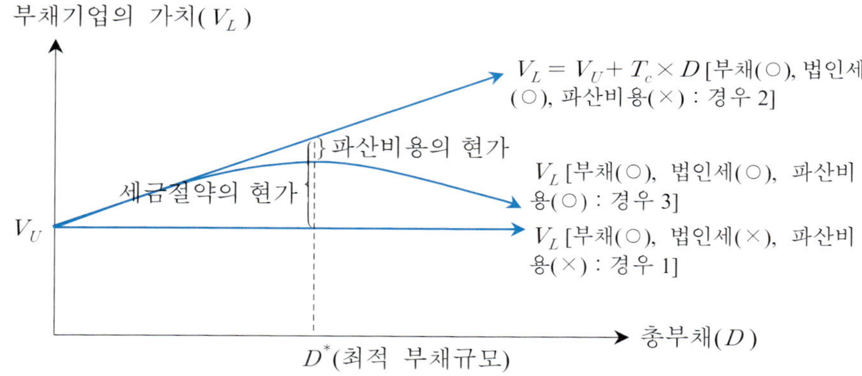

- 법인세와 파산비용이 존재하는 경우 세금효과로부터 발생하는 기업의 이익은 파산비용에 의해 상쇄됨
- 최적 자본구조는 부채로부터 발생하는 자본이득이 추가로 발생하는 파산비용과 같아지는 지점

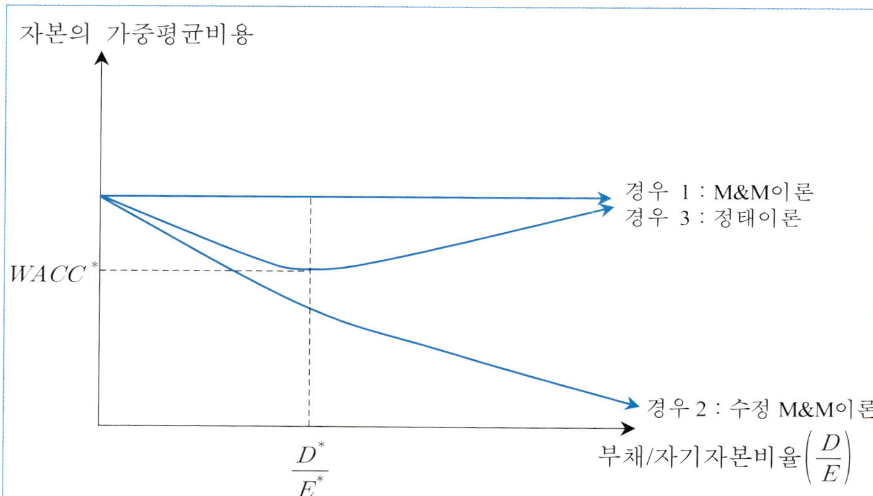

- 경우 1 : 법인세와 파산비용이 없는 경우로 부채기업의 가치와 자본비용($WACC$)은 자본구조와 무관
- 경우 2 : 법인세는 존재하고 파산비용이 없는 경우로 부채가 증가하면 기업가치는 증가하고 자본비용($WACC$)은 감소
- 경우 3 : 법인세와 파산비용이 있는 경우로 부채기업의 가치는 최적 부채규모(D^*)에 도달하고 자본비용($WACC$)은 최적 부채비율$\left(\frac{D^*}{E^*}\right)$에 도달

4 대리인비용과 자본구조

교수 다음은 대리인비용을 고려하는 경우 최적 자본구조에 대해 공부하기로 하겠습니다. 여러분, 혹시 여기서 대리인(agent)[1]이 누군지는 아실까요?

상구 주주를 대신해서 기업을 운영하는 전문경영자를 말하는 것 아닌가요?

교수 맞습니다. 대리인은 주인인 주주(채권자)를 대신해서 기업을 운영하는 경영자(소유경영자 혹은 내부 주주)를 말하며 이들 간의 관계를 대리관계라고 합니다.

상구 그런데요. 여기서 대리인비용은 전문경영자를 고용할 때 발생하는 비용을 말하나요?

교수 좋은 질문입니다. 그전에 대리인 문제(agency problem)에 관해 먼저 이해할 필요가 있습니다. 대리인 문제는 주주와 경영자 사이의 이해충돌을 말합니다. 즉 경영자가 고용주인 주주가 원하는 방향으로 기업을 경영하면 문제가 없겠지만 주주의 이해와 상반되는 방향으로 의사결정을 하는 경우가 발생합니다. 이런 경우를 대비해서 경영자가 주주의 목적에 벗어나지 않도록 제약을 가하고 감독하게 되는데, 이때 발생하는 비용을 대리인비용(agency cost)이라 합니다. 이처럼 금전적 혹은 비금전적으로 발생하는 대리인비용을 젠슨과 메클링(M. Jensen and W. Meckling)[2]은 크게 세 가지로 분류하였습니다.

---

1) ① 주주(stockholder, shareholder, principle)는 기업의 주인으로 경영자에게 권한을 위임하는 주체 혹은 위임자
② 경영자(management, agent)는 주주를 대신해서 기업을 운영하는 대리인
③ 채권자(creditor, debt-holder)는 법적으로 이자와 원금의 청구권을 가지며 경영자에게 권한을 위임하는 위임자

2) Jensen, M. C. and W. H. Meckling(1976), "Theory of the firm : Managerial behavior, agency costs and ownership structure," *Journal of Financial Economics*, 3(4), 305-360.

감시비용 (monitoring cost)	대리인이 주주의 목적에 반해 이탈 여부를 감시하거나 제한하기 위해 주주나 채권자가 부담하는 비용을 말합니다. 인센티브(incentive), 스톡옵션(stock option) 등을 들 수 있습니다.
확증비용 (bonding cost)	대리인이 주주에 반하는 행위를 하지 않고 있음을 확증하기 위해 스스로 부담하는 비용을 말합니다. 예를 들어 경영성과나 재무제표를 외부공인회계사를 통해 감사를 받게 하는 등의 일련의 조치를 말합니다.
잔여손실 (residual loss)	감시비용과 확증비용에도 불구하고 제거되지 않는 비용을 말합니다. 주주가 기업을 경영할 경우 기업가치와 경영자가 기업을 경영할 경우 기업가치의 차이를 말합니다. 잔여손실은 대리관계가 존재하는 한 피할 수 없는 비용입니다.

교수 구체적으로 말하면, 경영자와 주주 사이의 대리관계에서 발생하는 비용을 자기지분의 대리비용(agency cost of equity)이라고 하며 주주와 채권자 사이의 대리관계에서 발생하는 대리비용을 부채의 대리비용(agency cost of debt)이라고 정의하였습니다.

상구 자기지분의 대리비용은 기업에서 부담하게 되는 비용으로 이해가 가지만 부채의 대리비용은 뭘 말하는 건가요?

교수 간단하게 말하면 채권자는 기업에 빌려준 원금과 이자에 대한 청구권만을 행사하기 때문에 안정적 투자정책을 선호하게 됩니다. 그러나 주주는 잔여재산에 대한 청구권을 행사하기 때문에 위험자산에 투자하여 더 많은 수익을 낼 수 있는 투자정책을 선호하게 됩니다. 주주들은 자신의 이익을 극대화하기 위해 채권자들의 이익을 희생하고 전체적 차원에서 기업의 가치를 훼손하는 투자선택을 하게 됩니다. 기업의 부채증가는 주주와 채권자 사이의 이해상충(conflict of interest)으로 이어져 정상적인 경영활동이나 투자 및 자본조달을 방해함으로써 추가적 문제와 비용 발생으로 이어집니다. 경영자는 주주의 이익 극대화의 요구에 응하기 위해 다음과 같은 선택을 통해 채권자들을 더욱 곤경에 빠뜨리게 합니다.

- 위험 선호게임(risk incentive) : 주주는 높은 이익을 추구하고자 고위험에 투자하는 이기적 전략을 추구합니다. 결과적으로 발생하는 큰 위험은 채권자에게 돌아가고 주주는 큰 영향을 받지 않습니다.
- 과소투자유인(under investment incentive) : 파산 가능성이 증가하면 비록 정(+)의 NPV를 가져오는 투자안에도 투자를 꺼립니다. 회사가 파산하면 주주들이 보유하고 있는 주식은 휴지조각이 되기 때문입니다.
- 과도한 배당(cash in run, milking the property) : 기업의 파산 가능성이 증가하면 주주들은 파산 이전에 현금을 가져가는 전략을 추구합니다.

결과적으로 기업의 부채가 증가할수록 부채의 파산비용과 대리비용도 증가하게 됩니다. 이를 반영한 최적 자본구조는 다음과 같이 구할 수 있습니다.

법인세 감면효과와 파산비용 및 대리비용을 고려한 경우 기업의 가치(V_L) :
$V_L = V_U + T_c D - PV(BC) - PV(AC)$
여기서 $PV(AC)$는 대리비용의 현재가치

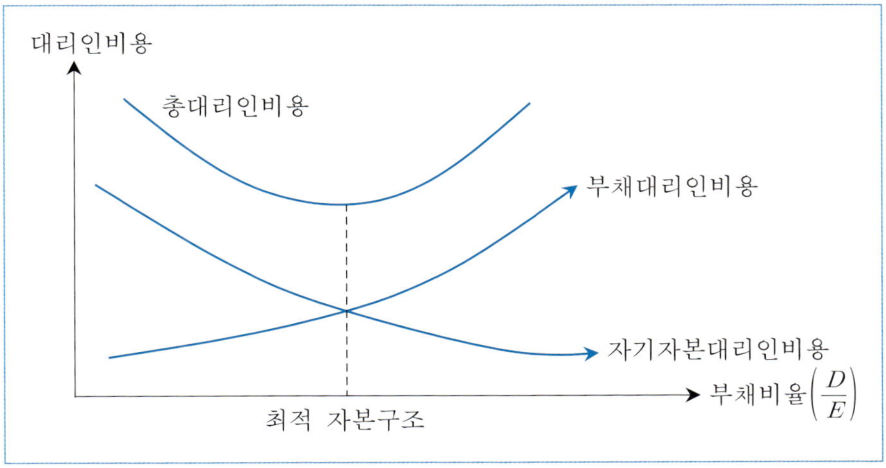

5 순위이론

교수 기존의 자본구조이론이 부채에 대한 의존을 지나치게 강조한 반면, 이에 대한 대안으로 기업들은 자금이 필요한 경우 유보이익과 같은 내부자본을 먼저 이용하고, 내부자본조달로도 부족할 경우 외부자본조달 수단 중 먼저 부채발행을 통해 재원을 마련합니다. 부채발행으로도 부족한 경우 주식발행을 통해 자본을 조달하게 됩니다.

상구 기업이 자본조달을 할 때 왜 내부자본, 부채발생, 주식발행 순서대로 하게 되나요?

교수 쉽게 말해 이 자금조달 순서는 자본비용이 낮은 순입니다. 앞에서 부채의 자본비용이 주식의 자본비용보다 낮다는 것은 살펴봤습니다. 내부자본은 회사가 원래 가지고 있던 자금을 이용하는 것이므로 발행비용이 없으니 비용이 더 높을 이유가 없겠죠? 이론적으로 이 순서는 정보비대칭이 낮은 순서라고 설명합니다. 유보금은 전기 재무제표에서도 확인할 수 있으므로 누구나 확실히 알 수 있는 내용입니다. 부채와 주식의 경우 옵션가격결정모형에서 이론적으로 부채의 정보비대칭이 주식보다 낮다는 결론을 그대로 적용한 것입니다. 흔히 신규 주식발행은 이론상 최후의 자금조달 수단으로 간주합니다.

상구 그러면 순위이론에서 최적 자본구조는 어떻게 되나요?

교수 순위이론에서 최적 자본구조는 없습니다. 현재의 자본구조는 순위에 따라 자금조달을 한 결과로 나타나는 것일 뿐 경영자가 어떤 의도를 가지고 한 것이 아니기 때문입니다.

제12장 요약

1. 자본구조이론 :

- 자본구조 : 자기자본과 타인자본의 구성
- 최적 자본구조 : 기업의 이익을 극대화하면서 자본조달비용을 최소화하는 자기자본과 부채의 구성

2. M&M의 자본구조이론 :

1) 완전자본시장 가정
2) 법인세를 고려하지 않는 경우의 자본구조이론
   ① M&M의 명제 Ⅰ(기업가치) : 기업의 가치는 자본구조와 무관($V_L = V_U$)
   ② M&M의 명제 Ⅱ(자기자본비용) : 부채가 증가함에 따라 자기자본비용도 증가
   자기자본비용 : $r_E^L = r_A^U + (r_A^U - r_D) \times \dfrac{D}{E}$
   ③ M&M의 명제 Ⅲ(총자본비용) : 저렴한 부채조달비용이 상승하는 자기자본비용을 완전히 상쇄시킴 ⇒ 총자본비용($WACC$)은 불변
3) 법인세를 고려한 경우의 자본구조이론
   ① 수정 M&M의 명제 Ⅰ(기업가치) : $V_L = V_U + T_c D$
   ② 수정 M&M의 명제 Ⅱ(자기자본비용) : 자기자본비용이 부채사용에 따른 감세효과를 상쇄 못함
   자기자본비용 : $r_E^L = r_A^U + (r_A^U - r_D) \times (1 - T_c) \times \dfrac{D}{E}$
   ③ 수정 M&M의 명제 Ⅲ(총자본비용) : 부채비율이 증가함에 따라 총자본비용은 감소
   $WACC = r_A^U \times \left[1 - T_c \times \dfrac{D}{V_L}\right]$

3. 파산비용과 자본구조 :

정태이론 : 법인세 감면효과와 파산비용을 고려한 기업가치

$V_L = V_U + T_c D - PV(BC)$

4. 대리인비용과 자본구조 :

법인세 감면효과, 파산비용 및 대리인비용을 고려한 기업가치

$V_L = V_U + T_c D - PV(BC) - PV(AC)$

5. 순위이론 :

자본조달 순서 : 내부유보금 ⇒ 타인자본(부채) ⇒ 주식발행

연습문제

1 기업이 이자지급의 증가로 얻을 수 있는 혜택은? (　　　)

① 이자세금감면효과(interest tax shield effect)
② 이자율에 대한 정태이론(static theory of interest rates)
③ M&M 가정 Ⅰ
④ 재무위험(financial risk)
⑤ 홈메이드 레버리지(homemade leverage)

2 직접파산비용과 간접파산비용을 포함하는 비용은? (　　　)

① 자본구조비용(capital structure costs)
② 재무곤경비용(financial distress costs)
③ 재무레버리지(financial leverage)
④ 홈메이드 레버리지(homemade leverage)
⑤ 자본비용(costs of capital)

3 기업가치의 극대화를 위해 자본구조에서 포괄적으로 최소화해야 하는 것은? (　　　)

① 자기자본비용(costs of equity)　② 부채비용(costs of debt)
③ 가중평균자본비용($WACC$)　④ 파산비용(bankruptcy costs)
⑤ 대리인비용(agency costs)

4 부채가 증가함에 따라 기업의 가치도 증가함을 지지하는 이론은? (　　　)

① 법인세 없는 M&M 명제 Ⅰ　② 법인세 없는 M&M 명제 Ⅱ
③ 자본구조의 정태이론　④ 법인세 있는 M&M 명제 Ⅰ
⑤ 해당 없음

5 법인세 없는 M&M 명제 Ⅱ는? (　　　)

① 기업의 자본구조와 높은 관련성
② 부채-자기자본비율이 감소하면 자기자본비용은 증가한다.
③ 자기자본비용은 $ROA \times$부채-자기자본비율과 같다.
④ 부채-자기자본비율이 증가해도 ROE는 항상 일정하다.
⑤ 부채-자기자본비율이 증가하면 자기자본비용도 증가한다.

6 이자세금감면효과(interest tax shield effect)의 현재가치는? (　　　)

① $T_c \times D$
② $D \times (1 - T_c)$
③ $D/(1 - T_c)$
④ D/T_c
⑤ $D - D \times T_c$

7 기업의 가치를 최대화시키는 지점에 대한 옳은 설명은? (　　　)

① 추가부채의 세금혜택이 0이 된다.
② $WACC$가 최소화된다.
③ 재무파산비용이 0이 된다.
④ 부채-자기자본비용이 0이 된다.
⑤ 자기자본비용이 최소화된다.

8 자본구조의 정태이론과 관련 있는 설명은? (　　　)

① 추가부채가 발생하자마자 기업가치는 하락한다.
② 기업의 실제가치는 부채의 증가분만큼 상승한다.
③ 기업이 최적 부채 수준에서 운영될 때 기업의 가치는 극대화된다.
④ 기업가치의 선형함수는 항상 양(+)의 기울기를 갖는다.
⑤ 부채-자기자본비율이 감소할 때마다 기업의 가치는 자동으로 감소한다.

9 하우스기업의 세전부채비용은 7.9%, ROA는 11.7%, 부채-자기자본비율은 0.45이다. 법인세를 무시하는 경우 자기자본비용은? (　　　)

① 11.87%
② 12.03%
③ 12.98%
④ 13.41%
⑤ 14.41%

10 태백기업의 자기자본비용은 19.8%, 세전부채비용은 9.4%, ROA는 17.1%이다. 법인세를 무시하는 경우 부채-자기자본비율은? (　　)

① 0.30　　② 0.35
③ 0.40　　④ 0.45
⑤ 0.50

11 하우스까페의 법인세율은 30%, 과세금액은 35,280,000원, 이자비용은 16,700,000원이다. 이자세금감면의 가치는? (　　)

① 5,010,000원　　② 5,395,000원
③ 5,708,000원　　④ 9,584,000원
⑤ 10,584,000원

12 리치기업의 이표율은 7.75%이고 최근 수익률은 7.67%이며 채권보유금액은 24억 원이다. 과세율이 34%인 경우 세금효과의 현재가치는? (　　)

① 7억1천6백만 원　　② 8억1천6백만 원
③ 8억5천6백만 원　　④ 9억1천6백만 원
⑤ 9억5천6백만 원

13 자기자본만으로 구성된 완전기업의 이자와 세금 차감 전 이익이 영구적으로 879,000,000원 발생한다. 최근 자기자본비용은 18.3%이고 법인세율은 34%이며 8.5% 이표율을 가진 6,200,000,000원의 채권을 액면가로 발행할 예정이다. 이 경우 기업의 가치는? (　　)

① 4,278,164,000원　　② 4,978,164,000원
③ 5,278,164,000원　　④ 5,978,164,000원
⑤ 6,278,164,000원

14 자기자본으로 구성된 알프스기업의 $EBIT$는 826,000,000원으로 매년 영구적으로 발생한다. 최근 6.75%에 650,000,000원의 차입을 고려하고 있다. 세율이 34%이고 자기자본비용이 17.2%인 경우 기업의 가치는? (　　)

① 3,169,535,000원　　② 3,187,271,000원
③ 3,307,535,000원　　④ 3,390,535,000원
⑤ 3,506,418,000원

15 기업의 부채비용은 7.5%, 자기자본비용은 16.2%, 부채-자기자본비율은 0.450이다. 법인세가 없는 경우 $WACC$는? (　　)

① 12.20%　② 12.50%
③ 12.90%　④ 13.20%
⑤ 13.50%

16 무부채기업인 서해기업의 자기자본비용은 16%, 최근 기업가치는 540,000,000원, 법인세율은 34%이다. 7.5%에 160,000,000원을 차입하여 자사주매입을 한다면 기업의 가치는? (　　)

① 494,400,000원　② 504,400,000원
③ 524,400,000원　④ 554,400,000원
⑤ 594,400,000원

17 한국기업의 부채-자기자본비율은 1.2, $WACC$는 10.1%, 부채비용은 7.5%이다. 법인세가 없는 경우 자기자본비용은? (　　)

① 12.60%　② 13.22%
③ 13.62%　④ 13.82%
⑤ 14.22%

문제풀이

1 ①

2 ②

3 ③

4 ④

5 ⑤

6 ①

7 ②

8 ③

9 ④

$$WACC = \frac{E}{V} \times r_E + \frac{D}{V} \times r_D$$

$$0.117 = \frac{1}{1.45} \times r_E + \frac{0.45}{1.45} \times 0.079,\ \ r_E = 0.1341(13.41\%)$$

10 ②

$$WACC = \frac{E}{E+D} \times r_E + \frac{D}{E+D} \times r_D,\ \ 0.171 = \frac{E}{E+D} \times 0.198 + \frac{D}{E+D} \times 0.094$$

$$0.171(E+D) = E \times 0.198 + D \times 0.094,\ \ 0.198E - 0.171E = 0.171D - 0.094D,$$

$$\frac{D}{E} = \frac{0.027}{0.077} = 0.35$$

11 ①

$T_c \times D = 0.3 \times 16{,}700{,}000$원 $= 5{,}010{,}000$원

12 ②

세금효과 :

$T_c \times D = 0.34 \times 2{,}400{,}000{,}000$원 $= 816{,}000{,}000$원

13 ③

$$V_U = [879{,}000{,}000 \times (1 - 0.34)]/0.183 = 3{,}170{,}163{,}934.43$$

$V_L = [3{,}170{,}163{,}934.43 + (0.34 \times 6{,}200{,}000{,}000) = 5{,}278{,}163{,}934.43$(약 5,278,164,000원)

14 ④

$V_U = [826{,}000{,}000 \times (1-0.34)]/0.172 = 3{,}169{,}534{,}883.72$

$V_L = 3{,}169{,}534{,}883.72 + (0.34 \times 650{,}000{,}000) = 3{,}390{,}534{,}883.72$(약 3,390,535,000원)

15 ⑤

$$WACC = \frac{E}{V} \times r_E + \frac{D}{V} \times r_D$$

$$\frac{1}{1.45} \times 0.162 + \frac{0.45}{1.45} \times 0.075 = 0.135(13.50\%)$$

16 ⑤

$V_L = 540{,}000{,}000 + (0.34)(160{,}000{,}000) = 594{,}400{,}000$원

17 ②

$$WACC = \frac{E}{V} \times r_E + \frac{D}{V} \times r_D$$

$$\frac{1}{2.2} \times r_E + \frac{1.2}{2.2} \times 0.075 = 0.101,\ \ r_E = 0.1322(13.22\%)$$

부록

가치계산표

〈표 A-1〉 **단일금액 1원의 미래가치** $F_n = (1+r)^n$ 기간이자율(r)

기간수 (n)	1%	2%	3%	4%	5%	6%	7%	8%	9%	10%
1	1.0100	1.0200	1.0300	1.0400	1.0500	1.0600	1.0700	1.0800	1.0900	1.1000
2	1.0201	1.0404	1.0609	1.0816	1.1025	1.1236	1.1449	1.1664	1.1881	1.2100
3	1.0303	1.0612	1.0927	1.1249	1.1576	1.1910	1.2250	1.2597	1.2950	1.3310
4	1.0406	1.0824	1.1255	1.1699	1.2155	1.2625	1.3108	1.3605	1.4116	1.4641
5	1.0510	1.1041	1.1593	1.2167	1.2763	1.3382	1.4026	1.4693	1.5386	1.6105
6	1.0615	1.1262	1.1941	1.2653	1.3401	1.4185	1.5007	1.5869	1.6771	1.7716
7	1.0721	1.1487	1.2299	1.3159	1.4071	1.5036	1.6058	1.7138	1.8280	1.9487
8	1.0829	1.1717	1.2668	1.3686	1.4775	1.5938	1.7182	1.8509	1.9926	2.1436
9	1.0937	1.1951	1.3048	1.4233	1.5513	1.6895	1.8385	1.9990	2.1719	2.3579
10	1.1046	1.2190	1.3439	1.4802	1.6289	1.7908	1.9672	2.1589	2.3674	2.5937
11	1.1157	1.2434	1.3842	1.5395	1.7103	1.8983	2.1049	2.3316	2.5804	2.8531
12	1.1268	1.2682	1.4258	1.6010	1.7959	2.0122	2.2522	2.5182	2.8127	3.1384
13	1.1381	1.2936	1.4685	1.6651	1.8856	2.1329	2.4098	2.7196	3.0658	3.4523
14	1.1495	1.3195	1.5126	1.7317	1.9799	2.2609	2.5785	2.9372	3.3417	3.7975
15	1.1610	1.3459	1.5580	1.8009	2.0789	2.3966	2.7590	3.1722	3.6425	4.1772
16	1.1726	1.3728	1.6047	1.8730	2.1829	2.5404	2.9522	3.4259	3.9703	4.5950
17	1.1843	1.4002	1.6528	1.9479	2.2920	2.6928	3.1588	3.7000	4.3276	5.0545
18	1.1961	1.4282	1.7024	2.0258	2.4066	2.8543	3.3799	3.9960	4.7171	5.5599
19	1.2081	1.4568	1.7535	2.1068	2.5270	3.0256	3.6165	4.3157	5.1417	6.1159
20	1.2202	1.4859	1.8061	2.1911	2.6533	3.2071	3.8697	4.6610	5.6044	6.7275
21	1.2324	1.5157	1.8603	2.2788	2.7860	3.3996	4.1406	5.0338	6.1088	7.4002
22	1.2447	1.5460	1.9161	2.3699	2.9253	3.6035	4.4304	5.4365	6.6586	8.1403
23	1.2572	1.5769	1.9736	2.4647	3.0715	3.8197	4.7405	5.8715	7.2579	8.9543
24	1.2697	1.6084	2.0328	2.5633	3.2251	4.0489	5.0724	6.3412	7.9111	9.8497
25	1.2824	1.6406	2.0938	2.6658	3.3864	4.2919	5.4274	6.8485	8.6231	10.8347
26	1.2953	1.6734	2.1566	2.7725	3.5557	4.5494	5.8074	7.3964	9.3992	11.9182
27	1.3082	1.7069	2.2213	2.8834	3.7335	4.8223	6.2139	7.9881	10.2451	13.1100
28	1.3213	1.7410	2.2879	2.9987	3.9201	5.1117	6.6488	8.6271	11.1671	14.4210
29	1.3345	1.7758	2.3566	3.1187	4.1161	5.4184	7.1143	9.3173	12.1722	15.8631
30	1.3478	1.8114	2.4273	3.2434	4.3219	5.7435	7.6123	10.0627	13.2677	17.4494
35	1.4166	1.9999	2.8139	3.9461	5.5160	7.6861	10.6766	14.7853	20.4140	28.1024
40	1.4889	2.2080	3.2620	4.8010	7.0400	10.2857	14.9745	21.7245	31.4094	45.2593
45	1.5648	2.4379	3.7816	5.8412	8.9850	13.7646	21.0025	31.9204	48.3273	72.8905
50	1.6446	2.6916	4.3839	7.1067	11.4674	18.4202	29.4570	46.9016	74.3575	117.3909
60	1.8167	3.2810	5.8916	10.5196	18.6792	32.9877	57.9464	101.2571	176.0313	304.4816
70	2.0068	3.9996	7.9178	15.5716	30.4264	59.0759	113.9894	218.6064	416.7301	789.7470
80	2.2167	4.8754	10.6409	23.0498	49.5614	105.7960	224.2344	471.9548	986.5517	2048.4002

기간이자율(r)

기간수 (n)	11%	12%	13%	14%	15%	16%	17%	18%	19%	20%
1	1.1100	1.1200	1.1300	1.1400	1.1500	1.1600	1.1700	1.1800	1.1900	1.2000
2	1.2321	1.2544	1.2769	1.2996	1.3225	1.3456	1.3689	1.3924	1.4161	1.4400
3	1.3676	1.4049	1.4429	1.4815	1.5209	1.5609	1.6016	1.6430	1.6852	1.7280
4	1.5181	1.5735	1.6305	1.6890	1.7490	1.8106	1.8739	1.9388	2.0053	2.0736
5	1.6851	1.7623	1.8424	1.9254	2.0114	2.1003	2.1924	2.2878	2.3864	2.4883
6	1.8704	1.9738	2.0820	2.1950	2.3131	2.4364	2.5652	2.6996	2.8398	2.9860
7	2.0762	2.2107	2.3526	2.5023	2.6600	2.8262	3.0012	3.1855	3.3793	3.5832
8	2.3045	2.4760	2.6584	2.8526	3.0590	3.2784	3.5115	3.7589	4.0214	4.2998
9	2.5580	2.7731	3.0040	3.2519	3.5179	3.8030	4.1084	4.4355	4.7854	5.1598
10	2.8394	3.1058	3.3946	3.7072	4.0456	4.4114	4.8068	5.2338	5.6947	6.1917
11	3.1518	3.4785	3.8359	4.2262	4.6524	5.1173	5.6240	6.1759	6.7767	7.4301
12	3.4985	3.8960	4.3345	4.8179	5.3503	5.9360	6.5801	7.2876	8.0642	8.9161
13	3.8833	4.3635	4.8980	5.4924	6.1528	6.8858	7.6987	8.5994	9.5964	10.6993
14	4.3104	4.8871	5.5348	6.2613	7.0757	7.9875	9.0075	10.1472	11.4198	12.8392
15	4.7846	5.4736	6.2543	7.1379	8.1371	9.2655	10.5387	11.9737	13.5895	15.4070
16	5.3109	6.1304	7.0673	8.1372	9.3576	10.7480	12.3303	14.1290	16.1715	18.4884
17	5.8951	6.8660	7.9861	9.2765	10.7613	12.4677	14.4265	16.6722	19.2441	22.1861
18	6.5436	7.6900	9.0243	10.5752	12.3755	14.4625	16.8790	19.6733	22.9005	26.6233
19	7.2633	8.6128	10.1974	12.0557	14.2318	16.7765	19.7484	23.2144	27.2516	31.9480
20	8.0623	9.6463	11.5231	13.7435	16.3665	19.4608	23.1056	27.3930	32.4294	38.3376
21	8.9492	10.8038	13.0211	15.6676	18.8215	22.5745	27.0336	32.3238	38.5910	46.0051
22	9.9336	12.1003	14.7138	17.8610	21.6447	26.1864	31.6293	38.1421	45.9233	55.2061
23	11.0263	13.5523	16.6266	20.3616	24.8915	30.3762	37.0062	45.0076	54.6487	66.2474
24	12.2392	15.1786	18.7881	23.2122	28.6252	35.2364	43.2973	53.1090	65.0320	79.4968
25	13.5855	17.0001	21.2305	26.4619	32.9190	40.8742	50.6578	62.6686	77.3881	95.3962
26	15.0799	19.0401	23.9905	30.1666	37.8568	47.4141	59.2697	73.9490	92.0918	114.4755
27	16.7386	21.3249	27.1093	34.3899	43.5353	55.0004	69.3455	87.2598	109.5893	137.3706
28	18.5799	23.8839	30.6335	39.2045	50.0656	63.8004	81.1342	102.9666	130.4112	164.8447
29	20.6237	26.7499	34.6158	44.6931	57.5755	74.0085	94.9271	121.5005	155.1893	197.8136
30	22.8923	29.9599	39.1159	50.9502	66.2118	85.8499	111.0647	143.3706	184.6753	237.3763
35	38.5749	52.7996	72.0685	98.1002	133.1755	180.3141	243.5035	327.9973	440.7006	590.6682
40	65.0009	93.0510	132.7816	188.8835	267.8635	378.7212	533.8687	750.3783	1051.6675	1469.7716
45	109.5302	163.9876	244.6414	363.6791	538.7693	795.4438	1170.4794	1716.6839	2509.6506	3657.2620
50	184.5648	289.0022	450.7359	700.2330	1083.6574	1670.7038	2566.2153	3927.3569	5988.9139	9100.4382
60	524.0572	897.5969	1530.0535	2595.9187	4383.9987	7370.2014	12335.3565	20555.1400	34104.9709	56347.5144
70	1488.0191	2787.7998	5193.8696	9623.6450	17735.720	32513.165	59293.942	107582.22	194217.03	348888.96
80	4225.1128	8658.4831	17630.941	35676.982	71750.879	143429.72	285015.80	563067.66	1106004.5	2160228.5

〈표 A-2〉 단일금액 1원의 현재가치 $P_n = \frac{1}{(1+r)^n}$ 기간이자율(r)

기간수 (n)	1%	2%	3%	4%	5%	6%	7%	8%	9%	10%
1	0.9901	0.9804	0.9709	0.9615	0.9524	0.9434	0.9346	0.9259	0.9174	0.9091
2	0.9803	0.9612	0.9426	0.9246	0.9070	0.8900	0.8734	0.8573	0.8417	0.8264
3	0.9706	0.9423	0.9151	0.8890	0.8638	0.8396	0.8163	0.7938	0.7722	0.7513
4	0.9610	0.9238	0.8885	0.8548	0.8227	0.7921	0.7629	0.7350	0.7084	0.6830
5	0.9515	0.9057	0.8626	0.8219	0.7835	0.7473	0.7130	0.6806	0.6499	0.6209
6	0.9420	0.8880	0.8375	0.7903	0.7462	0.7050	0.6663	0.6302	0.5963	0.5645
7	0.9327	0.8706	0.8131	0.7599	0.7107	0.6651	0.6227	0.5835	0.5470	0.5132
8	0.9235	0.8535	0.7894	0.7307	0.6768	0.6274	0.5820	0.5403	0.5019	0.4665
9	0.9143	0.8368	0.7664	0.7026	0.6446	0.5919	0.5439	0.5002	0.4604	0.4241
10	0.9053	0.8203	0.7441	0.6756	0.6139	0.5584	0.5083	0.4632	0.4224	0.3855
11	0.8963	0.8043	0.7224	0.6496	0.5847	0.5268	0.4751	0.4289	0.3875	0.3505
12	0.8874	0.7885	0.7014	0.6246	0.5568	0.4970	0.4440	0.3971	0.3555	0.3186
13	0.8787	0.7730	0.6810	0.6006	0.5303	0.4688	0.4150	0.3677	0.3262	0.2897
14	0.8700	0.7579	0.6611	0.5775	0.5051	0.4423	0.3878	0.3405	0.2992	0.2633
15	0.8613	0.7430	0.6419	0.5553	0.4810	0.4173	0.3624	0.3152	0.2745	0.2394
16	0.8528	0.7284	0.6232	0.5339	0.4581	0.3936	0.3387	0.2919	0.2519	0.2176
17	0.8444	0.7142	0.6050	0.5134	0.4363	0.3714	0.3166	0.2703	0.2311	0.1978
18	0.8360	0.7002	0.5874	0.4936	0.4155	0.3503	0.2959	0.2502	0.2120	0.1799
19	0.8277	0.6864	0.5703	0.4746	0.3957	0.3305	0.2765	0.2317	0.1945	0.1635
20	0.8195	0.6730	0.5537	0.4564	0.3769	0.3118	0.2584	0.2145	0.1784	0.1486
21	0.8114	0.6598	0.5375	0.4388	0.3589	0.2942	0.2415	0.1987	0.1637	0.1351
22	0.8034	0.6468	0.5219	0.4220	0.3418	0.2775	0.2257	0.1839	0.1502	0.1228
23	0.7954	0.6342	0.5067	0.4057	0.3256	0.2618	0.2109	0.1703	0.1378	0.1117
24	0.7876	0.6217	0.4919	0.3901	0.3101	0.2470	0.1971	0.1577	0.1264	0.1015
25	0.7798	0.6095	0.4776	0.3751	0.2953	0.2330	0.1842	0.1460	0.1160	0.0923
26	0.7720	0.5976	0.4637	0.3607	0.2812	0.2198	0.1722	0.1352	0.1064	0.0839
27	0.7644	0.5859	0.4502	0.3468	0.2678	0.2074	0.1609	0.1252	0.0976	0.0763
28	0.7568	0.5744	0.4371	0.3335	0.2551	0.1956	0.1504	0.1159	0.0895	0.0693
29	0.7493	0.5631	0.4243	0.3207	0.2429	0.1846	0.1406	0.1073	0.0822	0.0630
30	0.7419	0.5521	0.4120	0.3083	0.2314	0.1741	0.1314	0.0994	0.0754	0.0573
35	0.7059	0.5000	0.3554	0.2534	0.1813	0.1301	0.0937	0.0676	0.0490	0.0356
40	0.6717	0.4529	0.3066	0.2083	0.1420	0.0972	0.0668	0.0460	0.0318	0.0221
45	0.6391	0.4102	0.2644	0.1712	0.1113	0.0727	0.0476	0.0313	0.0207	0.0137
50	0.6080	0.3715	0.2281	0.1407	0.0872	0.0543	0.0339	0.0213	0.0134	0.0085
60	0.5504	0.3048	0.1697	0.0951	0.0535	0.0303	0.0173	0.0099	0.0057	0.0033
70	0.4983	0.2500	0.1263	0.0642	0.0329	0.0169	0.0088	0.0046	0.0024	0.0013
80	0.4511	0.2051	0.0940	0.0434	0.0202	0.0095	0.0045	0.0021	0.0010	0.0005

기간이자율(r)

기간수 (n)	11%	12%	13%	14%	15%	16%	17%	18%	19%	20%
1	0.9009	0.8929	0.8850	0.8772	0.8696	0.8621	0.8547	0.8475	0.8403	0.8333
2	0.8116	0.7972	0.7831	0.7695	0.7561	0.7432	0.7305	0.7182	0.7062	0.6944
3	0.7312	0.7118	0.6931	0.6750	0.6575	0.6407	0.6244	0.6086	0.5934	0.5787
4	0.6587	0.6355	0.6133	0.5921	0.5718	0.5523	0.5337	0.5158	0.4987	0.4823
5	0.5935	0.5674	0.5428	0.5194	0.4972	0.4761	0.4561	0.4371	0.4190	0.4019
6	0.5346	0.5066	0.4803	0.4556	0.4323	0.4104	0.3898	0.3704	0.3521	0.3349
7	0.4817	0.4523	0.4251	0.3996	0.3759	0.3538	0.3332	0.3139	0.2959	0.2791
8	0.4339	0.4039	0.3762	0.3506	0.3269	0.3050	0.2848	0.2660	0.2487	0.2326
9	0.3909	0.3606	0.3329	0.3075	0.2843	0.2630	0.2434	0.2255	0.2090	0.1938
10	0.3522	0.3220	0.2946	0.2697	0.2472	0.2267	0.2080	0.1911	0.1756	0.1615
11	0.3173	0.2875	0.2607	0.2366	0.2149	0.1954	0.1778	0.1619	0.1476	0.1346
12	0.2858	0.2567	0.2307	0.2076	0.1869	0.1685	0.1520	0.1372	0.1240	0.1122
13	0.2575	0.2292	0.2042	0.1821	0.1625	0.1452	0.1299	0.1163	0.1042	0.0935
14	0.2320	0.2046	0.1807	0.1597	0.1413	0.1252	0.1110	0.0985	0.0876	0.0779
15	0.2090	0.1827	0.1599	0.1401	0.1229	0.1079	0.0949	0.0835	0.0736	0.0649
16	0.1883	0.1631	0.1415	0.1229	0.1069	0.0930	0.0811	0.0708	0.0618	0.0541
17	0.1696	0.1456	0.1252	0.1078	0.0929	0.0802	0.0693	0.0600	0.0520	0.0451
18	0.1528	0.1300	0.1108	0.0946	0.0808	0.0691	0.0592	0.0508	0.0437	0.0376
19	0.1377	0.1161	0.0981	0.0829	0.0703	0.0596	0.0506	0.0431	0.0367	0.0313
20	0.1240	0.1037	0.0868	0.0728	0.0611	0.0514	0.0433	0.0365	0.0308	0.0261
21	0.1117	0.0926	0.0768	0.0638	0.0531	0.0443	0.0370	0.0309	0.0259	0.0217
22	0.1007	0.0826	0.0680	0.0560	0.0462	0.0382	0.0316	0.0262	0.0218	0.0181
23	0.0907	0.0738	0.0601	0.0491	0.0402	0.0329	0.0270	0.0222	0.0183	0.0151
24	0.0817	0.0659	0.0532	0.0431	0.0349	0.0284	0.0231	0.0188	0.0154	0.0126
25	0.0736	0.0588	0.0471	0.0378	0.0304	0.0245	0.0197	0.0160	0.0129	0.0105
26	0.0663	0.0525	0.0417	0.0331	0.0264	0.0211	0.0169	0.0135	0.0109	0.0087
27	0.0597	0.0469	0.0369	0.0291	0.0230	0.0182	0.0144	0.0115	0.0091	0.0073
28	0.0538	0.0419	0.0326	0.0255	0.0200	0.0157	0.0123	0.0097	0.0077	0.0061
29	0.0485	0.0374	0.0289	0.0224	0.0174	0.0135	0.0105	0.0082	0.0064	0.0051
30	0.0437	0.0334	0.0256	0.0196	0.0151	0.0116	0.0090	0.0070	0.0054	0.0042
35	0.0259	0.0189	0.0139	0.0102	0.0075	0.0055	0.0041	0.0030	0.0023	0.0017
40	0.0154	0.0107	0.0075	0.0053	0.0037	0.0026	0.0019	0.0013	0.0010	0.0007
45	0.0091	0.0061	0.0041	0.0027	0.0019	0.0013	0.0009	0.0006	0.0004	0.0003
50	0.0054	0.0035	0.0022	0.0014	0.0009	0.0006	0.0004	0.0003	0.0002	0.0001
60	0.0019	0.0011	0.0007	0.0004	0.0002	0.0001	0.0001	0.0000	0.0000	0.0000
70	0.0007	0.0004	0.0002	0.0001	0.0001	0.0000	0.0000	0.0000	0.0000	0.0000
80	0.0002	0.0001	0.0001	0.0000	0.0000	0.0000	0.0000	0.0000	0.0000	0.0000

〈표 A-3〉 정상연금 1원의 미래가치 $FA_n = \sum_{t=1}^{n}(1+r)^{n-t} = \frac{(1+r)^n - 1}{r}$ 기간이자율(r)

기간수 (n)	1%	2%	3%	4%	5%	6%	7%	8%	9%	10%
1	1.0000	1.0000	1.0000	1.0000	1.0000	1.0000	1.0000	1.0000	1.0000	1.0000
2	2.0100	2.0200	2.0300	2.0400	2.0500	2.0600	2.0700	2.0800	2.0900	2.1000
3	3.0301	3.0604	3.0909	3.1216	3.1525	3.1836	3.2149	3.2464	3.2781	3.3100
4	4.0604	4.1216	4.1836	4.2465	4.3101	4.3746	4.4399	4.5061	4.5731	4.6410
5	5.1010	5.2040	5.3091	5.4163	5.5256	5.6371	5.7507	5.8666	5.9847	6.1051
6	6.1520	6.3081	6.4684	6.6330	6.8019	6.9753	7.1533	7.3359	7.5233	7.7156
7	7.2135	7.4343	7.6625	7.8983	8.1420	8.3938	8.6540	8.9228	9.2004	9.4872
8	8.2857	8.5830	8.8923	9.2142	9.5491	9.8975	10.2598	10.6366	11.0285	11.4359
9	9.3685	9.7546	10.1591	10.5828	11.0266	11.4913	11.9780	12.4876	13.0210	13.5795
10	10.4622	10.9497	11.4639	12.0061	12.5779	13.1808	13.8164	14.4866	15.1929	15.9374
11	11.5668	12.1687	12.8078	13.4864	14.2068	14.9716	15.7836	16.6455	17.5603	18.5312
12	12.6825	13.4121	14.1920	15.0258	15.9171	16.8699	17.8885	18.9771	20.1407	21.3843
13	13.8093	14.6803	15.6178	16.6268	17.7130	18.8821	20.1406	21.4953	22.9534	24.5227
14	14.9474	15.9739	17.0863	18.2919	19.5986	21.0151	22.5505	24.2149	26.0192	27.9750
15	16.0969	17.2934	18.5989	20.0236	21.5786	23.2760	25.1290	27.1521	29.3609	31.7725
16	17.2579	18.6393	20.1569	21.8245	23.6575	25.6725	27.8881	30.3243	33.0034	35.9497
17	18.4304	20.0121	21.7616	23.6975	25.8404	28.2129	30.8402	33.7502	36.9737	40.5447
18	19.6147	21.4123	23.4144	25.6454	28.1324	30.9057	33.9990	37.4502	41.3013	45.5992
19	20.8109	22.8406	25.1169	27.6712	30.5390	33.7600	37.3790	41.4463	46.0185	51.1591
20	22.0190	24.2974	26.8704	29.7781	33.0660	36.7856	40.9955	45.7620	51.1601	57.2750
21	23.2392	25.7833	28.6765	31.9692	35.7193	39.9927	44.8652	50.4229	56.7645	64.0025
22	24.4716	27.2990	30.5368	34.2480	38.5052	43.3923	49.0057	55.4568	62.8733	71.4027
23	25.7163	28.8450	32.4529	36.6179	41.4305	46.9958	53.4361	60.8933	69.5319	79.5430
24	26.9735	30.4219	34.4265	39.0826	44.5020	50.8156	58.1767	66.7648	76.7898	88.4973
25	28.2432	32.0303	36.4593	41.6459	47.7271	54.8645	63.2490	73.1059	84.7009	98.3471
26	29.5256	33.6709	38.5530	44.3117	51.1135	59.1564	68.6765	79.9544	93.3240	109.1818
27	30.8209	35.3443	40.7096	47.0842	54.6691	63.7058	74.4838	87.3508	102.7231	121.0999
28	32.1291	37.0512	42.9309	49.9676	58.4026	68.5281	80.6977	95.3388	112.9682	134.2099
29	33.4504	38.7922	45.2189	52.9663	62.3227	73.6398	87.3465	103.9659	124.1354	148.6309
30	34.7849	40.5681	47.5754	56.0849	66.4388	79.0582	94.4608	113.2832	136.3075	164.4940
35	41.6603	49.9945	60.4621	73.6522	90.3203	111.4348	138.2369	172.3168	215.7108	271.0244
40	48.8864	60.4020	75.4013	95.0255	120.7998	154.7620	199.6351	259.0565	337.8824	442.5926
45	56.4811	71.8927	92.7199	121.0294	159.7002	212.7435	285.7493	386.5056	525.8587	718.9048
50	64.4632	84.5794	112.7969	152.6671	209.3480	290.3359	406.5289	573.7702	815.0836	1163.9085
60	81.6697	114.0515	163.0534	237.9907	353.5837	533.1282	813.5204	1253.2133	1944.7921	3034.8164
70	100.6763	149.9779	230.5941	364.2905	588.5285	967.9322	1614.1342	2720.0801	4619.2232	7887.4696
80	121.6715	193.7720	321.3630	551.2450	971.2288	1746.5999	3189.0627	5886.9354	10950.574	20474.002

기간이자율(r)

기간수 (n)	11%	12%	13%	14%	15%	16%	17%	18%	19%	20%
1	1.0000	1.0000	1.0000	1.0000	1.0000	1.0000	1.0000	1.0000	1.0000	1.0000
2	2.1100	2.1200	2.1300	2.1400	2.1500	2.1600	2.1700	2.1800	2.1900	2.2000
3	3.3421	3.3744	3.4069	3.4396	3.4725	3.5056	3.5389	3.5724	3.6061	3.6400
4	4.7097	4.7793	4.8498	4.9211	4.9934	5.0665	5.1405	5.2154	5.2913	5.3680
5	6.2278	6.3528	6.4803	6.6101	6.7424	6.8771	7.0144	7.1542	7.2966	7.4416
6	7.9129	8.1152	8.3227	8.5355	8.7537	8.9775	9.2068	9.4420	9.6830	9.9299
7	9.7833	10.0890	10.4047	10.7305	11.0668	11.4139	11.7720	12.1415	12.5227	12.9159
8	11.8594	12.2997	12.7573	13.2328	13.7268	14.2401	14.7733	15.3270	15.9020	16.4991
9	14.1640	14.7757	15.4157	16.0853	16.7858	17.5185	18.2847	19.0859	19.9234	20.7989
10	16.7220	17.5487	18.4197	19.3373	20.3037	21.3215	22.3931	23.5213	24.7089	25.9587
11	19.5614	20.6546	21.8143	23.0445	24.3493	25.7329	27.1999	28.7551	30.4035	32.1504
12	22.7132	24.1331	25.6502	27.2707	29.0017	30.8502	32.8239	34.9311	37.1802	39.5805
13	26.2116	28.0291	29.9847	32.0887	34.3519	36.7862	39.4040	42.2187	45.2445	48.4966
14	30.0949	32.3926	34.8827	37.5811	40.5047	43.6720	47.1027	50.8180	54.8409	59.1959
15	34.4054	37.2797	40.4175	43.8424	47.5804	51.6595	56.1101	60.9653	66.2607	72.0351
16	39.1899	42.7533	46.6717	50.9804	55.7175	60.9250	66.6488	72.9390	79.8502	87.4421
17	44.5008	48.8837	53.7391	59.1176	65.0751	71.6730	78.9792	87.0680	96.0218	105.9306
18	50.3959	55.7497	61.7251	68.3941	75.8364	84.1407	93.4056	103.7403	115.2659	128.1167
19	56.9395	63.4397	70.7494	78.9692	88.2118	98.6032	110.2846	123.4135	138.1664	154.7400
20	64.2028	72.0524	80.9468	91.0249	102.4436	115.3797	130.0329	146.6280	165.4180	186.6880
21	72.2651	81.6987	92.4699	104.7684	118.8101	134.8405	153.1385	174.0210	197.8474	225.0256
22	81.2143	92.5026	105.4910	120.4360	137.6316	157.4150	180.1721	206.3448	236.4385	271.0307
23	91.1479	104.6029	120.2048	138.2970	159.2764	183.6014	211.8013	244.4868	282.3618	326.2369
24	102.1742	118.1552	136.8315	158.6586	184.1678	213.9776	248.8076	289.4945	337.0105	392.4842
25	114.4133	133.3339	155.6196	181.8708	212.7930	249.2140	292.1049	342.6035	402.0425	471.9811
26	127.9988	150.3339	176.8501	208.3327	245.7120	290.0883	342.7627	405.2721	479.4306	567.3773
27	143.0786	169.3740	200.8406	238.4993	283.5688	337.5024	402.0323	479.2211	571.5224	681.8528
28	159.8173	190.6989	227.9499	272.8892	327.1041	392.5028	471.3778	566.4809	681.1116	819.2233
29	178.3972	214.5828	258.5834	312.0937	377.1697	456.3032	552.5121	669.4475	811.5228	984.0680
30	199.0209	241.3327	293.1992	356.7868	434.7451	530.3117	647.4391	790.9480	966.7122	1181.8816
35	341.5896	431.6635	546.6808	693.5727	881.1702	1120.7130	1426.4910	1816.6516	2314.2137	2948.3411
40	581.8261	767.0914	1013.7042	1342.0251	1779.0903	2360.7572	3134.5218	4163.2130	5529.8290	7343.8578
45	986.6386	1358.2300	1874.1646	2590.5648	3585.1285	4965.2739	6879.2907	9531.5771	13203.424	18281.310
50	1668.7712	2400.0182	3459.5071	4994.5213	7217.7163	10435.649	15089.502	21813.094	31515.336	45497.191
60	4755.0658	7471.6411	11761.950	18535.133	29219.992	46057.509	72555.039	114189.67	179494.58	281732.57
70	13518.356	23223.332	39945.151	68733.179	118231.47	203201.03	348782.01	597673.46	1022189.6	1744439.8
80	38401.025	72145.696	135614.93	254828.44	478332.53	896429.47	1676557.7	3128148.1	5821071.3	10801137.

〈표 A-4〉 **정상연금 1원의 현재가치** $PA_n = \sum_{t=1}^{n} \frac{1}{(1+r)^t} = \frac{1-(1+r)^{-n}}{r}$ 기간이자율(r)

기간수 (n)	1%	2%	3%	4%	5%	6%	7%	8%	9%	10%
1	0.9901	0.9804	0.9709	0.9615	0.9524	0.9434	0.9346	0.9259	0.9174	0.9091
2	1.9704	1.9416	1.9135	1.8861	1.8594	1.8334	1.8080	1.7833	1.7591	1.7355
3	2.9410	2.8839	2.8286	2.7751	2.7232	2.6730	2.6243	2.5771	2.5313	2.4868
4	3.9020	3.8077	3.7171	3.6299	3.5460	3.4651	3.3872	3.3121	3.2397	3.1699
5	4.8534	4.7135	4.5797	4.4518	4.3295	4.2124	4.1002	3.9927	3.8897	3.7908
6	5.7955	5.6014	5.4172	5.2421	5.0757	4.9173	4.7665	4.6229	4.4859	4.3553
7	6.7282	6.4720	6.2303	6.0021	5.7864	5.5824	5.3893	5.2064	5.0330	4.8684
8	7.6517	7.3255	7.0197	6.7327	6.4632	6.2098	5.9713	5.7466	5.5348	5.3349
9	8.5660	8.1622	7.7861	7.4353	7.1078	6.8017	6.5152	6.2469	5.9952	5.7590
10	9.4713	8.9826	8.5302	8.1109	7.7217	7.3601	7.0236	6.7101	6.4177	6.1446
11	10.3676	9.7868	9.2526	8.7605	8.3064	7.8869	7.4987	7.1390	6.8052	6.4951
12	11.2551	10.5753	9.9540	9.3851	8.8633	8.3838	7.9427	7.5361	7.1607	6.8137
13	12.1337	11.3484	10.6350	9.9856	9.3936	8.8527	8.3577	7.9038	7.4869	7.1034
14	13.0037	12.1062	11.2961	10.5631	9.8986	9.2950	8.7455	8.2442	7.7862	7.3667
15	13.8651	12.8493	11.9379	11.1184	10.3797	9.7122	9.1079	8.5595	8.0607	7.6061
16	14.7179	13.5777	12.5611	11.6523	10.8378	10.1059	9.4466	8.8514	8.3126	7.8237
17	15.5623	14.2919	13.1661	12.1657	11.2741	10.4773	9.7632	9.1216	8.5436	8.0216
18	16.3983	14.9920	13.7535	12.6593	11.6896	10.8276	10.0591	9.3719	8.7556	8.2014
19	17.2260	15.6785	14.3238	13.1339	12.0853	11.1581	10.3356	9.6036	8.9501	8.3649
20	18.0456	16.3514	14.8775	13.5903	12.4622	11.4699	10.5940	9.8181	9.1285	8.5136
21	18.8570	17.0112	15.4150	14.0292	12.8212	11.7641	10.8355	10.0168	9.2922	8.6487
22	19.6604	17.6580	15.9369	14.4511	13.1630	12.0416	11.0612	10.2007	9.4424	8.7715
23	20.4558	18.2922	16.4436	14.8568	13.4886	12.3034	11.2722	10.3711	9.5802	8.8832
24	21.2434	18.9139	16.9355	15.2470	13.7986	12.5504	11.4693	10.5288	9.7066	8.9847
25	22.0232	19.5235	17.4131	15.6221	14.0939	12.7834	11.6536	10.6748	9.8226	9.0770
26	22.7952	20.1210	17.8768	15.9828	14.3752	13.0032	11.8258	10.8100	9.9290	9.1609
27	23.5596	20.7069	18.3270	16.3296	14.6430	13.2105	11.9867	10.9352	10.0266	9.2372
28	24.3164	21.2813	18.7641	16.6631	14.8981	13.4062	12.1371	11.0511	10.1161	9.3066
29	25.0658	21.8444	19.1885	16.9837	15.1411	13.5907	12.2777	11.1584	10.1983	9.3696
30	25.8077	22.3965	19.6004	17.2920	15.3725	13.7648	12.4090	11.2578	10.2737	9.4269
35	29.4086	24.9986	21.4872	18.6646	16.3742	14.4982	12.9477	11.6546	10.5668	9.6442
40	32.8347	27.3555	23.1148	19.7928	17.1591	15.0463	13.3317	11.9246	10.7574	9.7791
45	36.0945	29.4902	24.5187	20.7200	17.7741	15.4558	13.6055	12.1084	10.8812	9.8628
50	39.1961	31.4236	25.7298	21.4822	18.2559	15.7619	13.8007	12.2335	10.9617	9.9148
60	44.9550	34.7609	27.6756	22.6235	18.9293	16.1614	14.0392	12.3766	11.0480	9.9672
70	50.1685	37.4986	29.1234	23.3945	19.3427	16.3845	14.1604	12.4428	11.0844	9.9873
80	54.8882	39.7445	30.2008	23.9154	19.5965	16.5091	14.2220	12.4735	11.0998	9.9951

기간이자율(r)

기간수 (n)	11%	12%	13%	14%	15%	16%	17%	18%	19%	20%
1	0.9009	0.8929	0.8850	0.8772	0.8696	0.8621	0.8547	0.8475	0.8403	0.8333
2	1.7125	1.6901	1.6681	1.6467	1.6257	1.6052	1.5852	1.5656	1.5465	1.5278
3	2.4437	2.4018	2.3612	2.3216	2.2832	2.2459	2.2096	2.1743	2.1399	2.1065
4	3.1024	3.0373	2.9745	2.9137	2.8550	2.7982	2.7432	2.6901	2.6386	2.5887
5	3.6959	3.6048	3.5172	3.4331	3.3522	3.2743	3.1993	3.1272	3.0576	2.9906
6	4.2305	4.1114	3.9975	3.8887	3.7845	3.6847	3.5892	3.4976	3.4098	3.3255
7	4.7122	4.5638	4.4226	4.2883	4.1604	4.0386	3.9224	3.8115	3.7057	3.6046
8	5.1461	4.9676	4.7988	4.6389	4.4873	4.3436	4.2072	4.0776	3.9544	3.8372
9	5.5370	5.3282	5.1317	4.9464	4.7716	4.6065	4.4506	4.3030	4.1633	4.0310
10	5.8892	5.6502	5.4262	5.2161	5.0188	4.8332	4.6586	4.4941	4.3389	4.1925
11	6.2065	5.9377	5.6869	5.4527	5.2337	5.0286	4.8364	4.6560	4.4865	4.3271
12	6.4924	6.1944	5.9176	5.6603	5.4206	5.1971	4.9884	4.7932	4.6105	4.4392
13	6.7499	6.4235	6.1218	5.8424	5.5831	5.3423	5.1183	4.9095	4.7147	4.5327
14	6.9819	6.6282	6.3025	6.0021	5.7245	5.4675	5.2293	5.0081	4.8023	4.6106
15	7.1909	6.8109	6.4624	6.1422	5.8474	5.5755	5.3242	5.0916	4.8759	4.6755
16	7.3792	6.9740	6.6039	6.2651	5.9542	5.6685	5.4053	5.1624	4.9377	4.7296
17	7.5488	7.1196	6.7291	6.3729	6.0472	5.7487	5.4746	5.2223	4.9897	4.7746
18	7.7016	7.2497	6.8399	6.4674	6.1280	5.8178	5.5339	5.2732	5.0333	4.8122
19	7.8393	7.3658	6.9380	6.5504	6.1982	5.8775	5.5845	5.3162	5.0700	4.8435
20	7.9633	7.4694	7.0248	6.6231	6.2593	5.9288	5.6278	5.3527	5.1009	4.8696
21	8.0751	7.5620	7.1016	6.6870	6.3125	5.9731	5.6648	5.3837	5.1268	4.8913
22	8.1757	7.6446	7.1695	6.7429	6.3587	6.0113	5.6964	5.4099	5.1486	4.9094
23	8.2664	7.7184	7.2297	6.7921	6.3988	6.0442	5.7234	5.4321	5.1668	4.9245
24	8.3481	7.7843	7.2829	6.8351	6.4338	6.0726	5.7465	5.4509	5.1822	4.9371
25	8.4217	7.8431	7.3300	6.8729	6.4641	6.0971	5.7662	5.4669	5.1951	4.9476
26	8.4881	7.8957	7.3717	6.9061	6.4906	6.1182	5.7831	5.4804	5.2060	4.9563
27	8.5478	7.9426	7.4086	6.9352	6.5135	6.1364	5.7975	5.4919	5.2151	4.9636
28	8.6016	7.9844	7.4412	6.9607	6.5335	6.1520	5.8099	5.5016	5.2228	4.9697
29	8.6501	8.0218	7.4701	6.9830	6.5509	6.1656	5.8204	5.5098	5.2292	4.9747
30	8.6938	8.0552	7.4957	7.0027	6.5660	6.1772	5.8294	5.5168	5.2347	4.9789
35	8.8552	8.1755	7.5856	7.0700	6.6166	6.2153	5.8582	5.5386	5.2512	4.9915
40	8.9511	8.2438	7.6344	7.1050	6.6418	6.2335	5.8713	5.5482	5.2582	4.9966
45	9.0079	8.2825	7.6609	7.1232	6.6543	6.2421	5.8773	5.5523	5.2611	4.9986
50	9.0417	8.3045	7.6752	7.1327	6.6605	6.2463	5.8801	5.5541	5.2623	4.9995
60	9.0736	8.3240	7.6873	7.1401	6.6651	6.2492	5.8819	5.5553	5.2630	4.9999
70	9.0848	8.3303	7.6908	7.1421	6.6663	6.2498	5.8823	5.5555	5.2631	5.0000
80	9.0888	8.3324	7.6919	7.1427	6.6666	6.2500	5.8823	5.5555	5.2632	5.0000

찾아보기

저자소개

문규현(Moon, Gyu Hyen)

경남대학교 경영학과 졸업
University of Pittsburgh 졸업(경영학석사)
성균관대학교 경영학과 졸업(경영학박사, 재무관리전공)
하나은행 및 하나경제연구소
협성대학교 경영대학 조교수
국립안동대학교 경영학과 조교수
현) 경기대학교 경영학과 교수
한국재무관리학회 상임이사 및 편집위원, 한국선물학회 편집위원, 한국금융공학회 상임이사 및 편집위원
공인회계사 출제위원
서울시, 경기도, LH공사, 경기주택도시공사, 서울도시공사 등 외부심사위원, 수원지방검찰청 시민위원 등

강상구(Kang, Sang Koo)

고려대학교 경영학과 졸업
고려대학교 일반대학원 경영학과 졸업(경영학석사, 재무론전공)
고려대학교 일반대학원 경영학과 졸업(경영학박사, 재무론전공)
현) 경기대학교 경영학과 조교수
한국금융공학회 편집위원, 한국중소기업학회 편집위원

긍정 재무관리

2022년 2월 20일 제1판 1쇄 인쇄
2022년 2월 25일 제1판 1쇄 발행

저 자 문규현 · 강상구
발 행 인 권 영 섭
발 행 처 (주)신 영 사
경기도 파주시 심학산로 12(출판문화단지)
등 록 : 1988. 5. 2 / 제406-1988-000020호
전 화 : 031-946-2894(代)
F A X : 031-946-0799
e - mail : sys28945@naver.com
홈페이지 : http://www.shinyoungsa.co.kr

정가 20,000원 ISBN 978-89-5501-792-2